Laskow

Heilende Energie

Leonard Laskow

Heilende Energie

Einführung in die Medizin der inneren Kräfte

Aus dem Amerikanischen von
Maria Müller

IRISIANA

IRISIANA
Eine Buchreihe herausgegeben von
Margit und Rüdiger Dahlke

Die Originalausgabe erschien unter den Titel
Healing with Love
bei Harper San Francisco

Die Deutsche Bibliothek – CIP-Einheitsaufnahme
Laskow, Leonard:
Heilende Energie: Einführung in die Medizin der inneren Kräfte /
Leonard Laskow. [Übers. aus dem Amerikan. von Maria Müller]. –
München: Hugendubel, 1995
(Irisiana)
Einheitssacht.: Healing with love <dt.>
ISBN 3-88034-795-6

Umschlaggestaltung: Zembsch' Werkstatt, München
Produktion: Tillmann Roeder, München
Satz: Uhl + Massopust, Aalen
Druck und Bindung: Ebner, Ulm
Printed in Germany

ISBN 3-88034-795-6

Inhalt

Abbildungen

Übungen

Jenem Geist gewidmet, der in uns allen
grenzenlose Liebe ins physische Leben bringt
und dadurch das Unendliche endlich
und das Endliche unendlich macht.

Gebet für Heiler

Herr, mach mich zu einem Werkzeug Deiner Gesundheit:
Wo Krankheit ist, laß mich Heilung bringen;
Wo Verletzung ist,
Hilfe;
Wo Traurigkeit ist,
Trost;
Wo Verzweiflung ist,
Hoffnung;
Wo Tod ist,
Annehmen und Frieden.

Ich bitte Dich:
Laß mich nicht Rechtfertigung suchen,
Sondern Trost spenden;
Nicht Gehorsam,
Sondern Verständnis;
Nicht Ehre,
Sondern Liebe...
Denn wir heilen
Durch Hingabe,
Wir trösten
Durch Zuhören
Und wir werden zu ewigem Leben geboren
Durch den Tod.

Danksagung

Viele Menschen haben dazu beigetragen, daß dieses Buch entstehen konnte.

Besonderen Dank möchte ich meinem lieben Freund und Kollegen Hal Zina Bennett sagen, für seinen fachmännischen Ratschlag, seine Einsicht und seine Unterstützung bei der Bearbeitung des Manuskripts. Der Geist unserer Zusammenarbeit war für mich eine stete Quelle großer Freude und Inspiration.

Auch meinem Freund Lazaris bin ich sehr zu Dank verbunden für das reiche, umfassende Wissen, das ich von ihm gelernt habe, und seine tiefe Liebe. Seine grenzenlose Freundschaft und seinen Beitrag zu diesem Buch und meinem Leben werde ich immer in Ehren halten.

Ein ganz besonderes Dankeschön geht an Linda Prout, die mir als Herausgeberin mit Rat und Tat zur Seite stand.

Auch Robert Simmons, Kamerad und Kollege, hat mir wertvolle Einsichten vermittelt und war ein weiser und liebevoller Freund, wenn ich ihn am meisten brauchte.

Auch allen Freunden und Kollegen, die sich die Zeit zum Lesen des Manuskripts nahmen und mir viele Anregungen zukommen ließen, möchte ich auf diesem Weg danken: Bob und Ann Nunley, Jach Pursel, Vivian King, Phyllis Mar, Bob und Phronda Smith, Vernon Woolf, Jim Armstrong, David Berenson, Jim Beal, Jon Cowen und Bill Moulton. Euer Beitrag war für mich äußerst wertvoll.

Auch meinem lieben Freund Poonjaji bin ich sehr zu Dank verpflichtet. Er ist ein Erleuchteter, mit dessen Hilfe ich zu meinem wahren Selbst gefunden habe.

Karen Malik danke ich für ihre bedingungslose Liebe und dafür, daß sie mich an ihrer spirituellen Gnade teilhaben ließ.

Die Zusammenarbeit mit Tom Grady, Vizepräsident und Mitverleger bei Harper, San Francisco, war für mich ein großes Glück. Ich schätze seine kreativen Einsichten, seine Vision und seine inspirative Unterstützung sehr.

Ein Dankeschön geht auch an Kevin Bentley für die große Hilfe beim Herausgeben dieses Buches.

Glen Rein, Kollege und Autor eines Artikels, der im Anhang aufgeführt wird, hat einen großen wissenschaftlichen Beitrag zum holoenergetischen Heilungsmodell geleistet. Unsere gemeinsamen Experimente und Forschungen waren eine Quelle der Inspiration und neuen Entdeckungen für mich.

Ein ganz besonderes Dankeschön geht an Barry und Gloria Blum, Ed Lewis, David Wise und Bill Fahr für ihre Liebe und Freundschaft.

Meiner Frau Barbara bin ich zutiefst dankbar für ihre herzliche und aufrichtige Liebe und Unterstützung.

Und schließlich möchte ich mich noch bei all meinen Patienten und Workshop-Teilnehmern bedanken; sie haben ihre Erfahrungen mit mir geteilt; diese Erfahrungen haben dieses Buch erst möglich gemacht.

Zum Umgang mit diesem Buch

Heilende Energie enthält Informationen und Anleitungen für ein Programm, das ich als holoenergetisches Heilen bezeichne. Es ist an all diejenigen gerichtet, die sich selbst heilen möchten, aber auch an professionelle Heiler. Ich bin zwar selbst Arzt, habe mich aber bemüht, die Anleitungen und den Text so zu schreiben, daß auch Leser ohne medizinischen Hintergrund leicht und mit Spaß darangehen können. Auch meine Erfahrungen als Lehrer für andere Ärzte und Heilpraktiker sind in dieses Buch mit eingeflossen. Ich habe versucht, ein Gleichgewicht zu erreichen, so daß alle Leser, nicht nur diejenigen aus Heilberufen, angesprochen werden.

Am besten lesen Sie das Buch einmal ganz durch, bevor Sie das Programm in die Praxis umsetzen. Holoenergetisches Heilen ist viel einfacher, wenn Sie ein klares Bild von den wissenschaftlichen und intuitiven Aspekten des Prozesses haben. Die Anleitungen gehen Schritt für Schritt vor und sollen zum einen ein Führer bei der Selbstheilung sein und zum anderen ein Modell, das professionelle Heiler in ihre Arbeit integrieren können.

Das diesem Buch zugrundeliegende Material basiert auf wissenschaftlichen Belegen und meiner eigenen Erfahrung; Sie werden jedoch sehr bald merken, daß holoenergetisches Heilen auch sehr stark die intuitiven Seiten mit einbezieht. Die Hilfsmittel, mit denen Sie Zugang zur Intuition finden und die so gewonnenen Informationen überprüfen können, werden später dargestellt. Ich habe die Erfahrung gemacht, daß bei der intuitiven Arbeit der ›Innere‹ Führer oder Helfer die beste Unterstützung ist. So wie Ihnen ein Freund, der aus einem anderen Land kommt, Ihren ersten Besuch dort sehr erleichtern kann, hilft Ihnen Ihr Innerer Führer auf Ihrer Reise ins unbekannte Land der Intuition. Anleitungen dazu, wie man Kontakt mit dem Inneren Führer aufnimmt, finden Sie im Abschnitt »Ressourcen«. Wenn Sie mit Ihrem Inneren Führer bereits in Kontakt sind, wird er oder sie beim Erforschen des holoenergetischen Heilungsprozesses eine unschätzbare Hilfe sein.

Falls Sie sich für die wissenschaftlichen Aspekte des holoenergetischen Heilens interessieren, finden Sie im Anhang A einen Artikel von Dr. Glen Rein, »Die wissenschaftliche Basis für das Heilen mit feinstofflichen Energien«. Rein ist Neurochemiker und hat an der Stanford University in Kalifornien und am Mount Sinai Hospital in New York gearbeitet. Er beschreibt Prinzipien, die ich bei meinem Heilungsmodell verwende und weiterentwickelt habe.

Ich möchte an dieser Stelle betonen, daß dieses Buch nicht eine notwendige medizinische Versorgung ersetzen soll. Bei vielen Krankheiten arbeiten im Heilungsprozeß mehrere Kräfte zusammen; dazu gehören Ärzte und andere Heilberufe, die Familie des Kranken, der Wille des Patienten, an seiner Gesundung mitzuarbeiten, und natürlich die Natur. Für unsere Gesundheit ist es am besten, wenn all diese Ressourcen in Betracht gezogen werden.

Heilen und Liebe – Eine Einführung in das holoenergetische Heilen

Wenn wir selbst geheilt werden, werden wir zum Beispiel für andere. Und wenn wir anderen bei ihrer Heilung helfen möchten, werden wir auch selbst geheilt. So werden Beziehungen zu einem Tempel der Heilung, in dem wir uns gemeinsam auf das Wagnis des Heilens einlassen und erkennen, daß wir im Grunde eins sind.

Frances Vaughan und *Roger Walsh*

Heilen ist ein natürlicher Vorgang, und die Liebe heilt.

Um den Heilungsprozeß zu beschleunigen, können wir unsere Gedanken und unsere Hände, unser Herz und unser höheres Bewußtsein einsetzen. Die folgenden Kapitel zeigen auf, wie wir unsere Energien nutzen und verstärken können, um Gesundheit und Ganzheit in unser Leben und das Leben anderer zu bringen.

Ich habe fünfundzwanzig Jahre lang als Arzt gearbeitet und dabei ein gutes Gespür dafür entwickelt, wie Krankheiten wirkungsvoll behandelt werden können. Dabei wurde mir allerdings auch klar, daß der Arzt eben nur behandelt. Die wirkliche Heilung geschieht durch die Natur.

Damit ist gemeint, daß der natürliche Impuls des Lebens danach strebt, sich zu heilen, wieder ganz zu werden. Bei jedem chirurgischen Eingriff war ich darauf angewiesen, daß der Heilungsprozeß meinen Patienten wieder vollständig genesen ließ. Ohne den natürlichen Heilungsimpuls kann auch der beste Arzt den Patienten nicht wirklich gesund machen.

Ich wollte wissen, wie Heiler vor dem Zeitalter der Chirurgie und der Antibiotika Menschen gesund machten. Welche Hilfsmittel standen ihnen zur Verfügung, und wie gingen sie an die Krankheit und den Heilungsvorgang heran? Auf diese Fragen gab es in jeder Kultur andere Antworten, doch in einem waren sie sich gleich: Immer gab es jemanden, der den natürlichen Heilungsprozeß unterstützte, den Patienten ermunterte, sich auf den Genesungsprozeß einzulassen. Oder anders ausgedrückt: Der aktive Bestandteil waren nicht Chirurgie, Antibiotika und andere mechanische Methoden. Es war vielmehr die Liebe: der Impuls hin zur Einheit, zum Nicht-Getrenntsein, zur Ganzheit. In sogenannten primitiven Gesellschaften zeigte sich diese Liebe zum Beispiel in Form von Tänzen, Gebeten oder Gesängen durch die Familie des Kranken, seine Freunde und die Gemeinschaft. Zur Zeit unserer Großväter waren es die guten Wünsche der Familie und der Freunde und die Unterstützung des freundlichen Arztes, der Hausbesuche machte und am Bett des Kranken Wache hielt.

Neuere medizinische Untersuchungen haben ergeben, daß es zwischen den nicht genau definierbaren Größen wie Krankenwache, Liebe und Pflege und den meßbaren Größen wie verminderte Infektion, schnellere Heilung von beschädigtem Gewebe und dem erhöhten Energiepegel des Patienten sehr wohl eine Verbindung gibt. Menschen, die von ihrer Familie und Freunden unterstützt und ermutigt werden, genesen schneller als Menschen, die ganz alleine dastehen. Diese schnellere Gesundung weist darauf hin, daß das Immunsystem bei den ersteren besser funktioniert als bei letzteren.

Die Vorstellung, daß wir unsere Heilerfähigkeiten so einsetzen können, daß vorhersagbare positive Ergebnisse erzielt werden, faszinierte mich. Und so begann ich meine Forschungsreise ins Reich des Heilens. Am Anfang war ich eher skeptisch, doch bald schon hatte ich Ergebnisse vor Augen, die aus medizinischer Sicht nicht erklärbar waren und dennoch erstaunlich effektiv und unbestreitbar.

Um diese Forschungen weiterführen zu können, hatte ich nur eine Wahl: meinen Erfahrungen zu trauen, trotz ihrer Grenzen, und mich mit ganzem Engagement auf die Suche zu machen, um das zu finden, was für mich die Wahrheit war. Und so legte ich eine Zeitlang alles beiseite, was man mich zu glauben gelehrt hatte. Immer wieder rief ich mir ins Gedächtnis, daß einige der größten Entdeckungen der Menschheit nur möglich gewesen waren, weil einige wenige Menschen es gewagt hatten, für eine gewisse Zeit die als wahr und unverbrüchlich erachteten Überzeugungen einmal außer acht zu lassen. Und schließlich ist es noch gar nicht so lange her, da glaubten die Menschen, die Erde sei eine Scheibe!

Die Erfahrungen, Prinzipien, Methoden und Prozesse, die dabei für mich nützlich waren, möchte ich nun mit Ihnen teilen. Dieses Material präsentiere ich hier nicht wie ein Wissenschaftler, für den nur Daten zählen, sondern als Arzt, für den die Wahrheit sich in effektiven Ergebnissen zeigt.

Was ich dabei entdeckt habe und in diesem Buch darlege, ist ein neues Modell, welches ich als holoenergetisches Heilen bezeichne; ›holo‹ bedeutet ›ganz‹; also Heilen mit der Energie des ›Ganzen‹, mit der Synergie des Ganzen, das größer ist als die Summe seiner Teile. Dieses Modell beruht auf einer erweiterten Bewußtheit, Liebe und der Kraft, die entsteht, wenn man sich bewußt für den Wandel entscheidet. Die Leitprinzipien sind (1) Wissen, mit dem wir das, was wir wollen, lokalisieren und klären ; (2) Liebe, die uns mit dem verbindet, was wir wollen; (3) der Wille, mit dem wir unsere Wünsche in die Tat umsetzen; und (4) der Geist, der unser Wissen, unsere Liebe und unseren Willen leitet.

Holoenergetisches Heilen benutzt Energie, Intention, Imagination und Einsicht, um die physische, emotionale, mentale und spirituelle Dimension menschlichen Lebens zu erreichen. Dieses System ist nicht-invasiv und arbeitet effektiv und elegant, wobei mit einem Minimum an Energie ein Maximum an Wandel erreicht wird. Das Heilungsmodell kann sowohl zur Selbstheilung als auch im Rahmen eines jeden anderen Heilsystems eingesetzt werden, sei es die Allopathie, die Homöopathie, Akupunktur, Chiropraktik, Psychotherapie, Krankenpflege, Körperarbeit, Zahnmedizin, Körper- oder Beschäftigungstherapie und viele andere mehr. Jeder, der in Heilberufen arbeitet, könnte sich die holoenergetischen Techniken und Methoden zu eigen machen; sie können in den jeweiligen Schulen und Instituten unterrichtet werden. Dabei lernen einige schneller, andere langsamer, was ganz natürlich ist. Doch jeder kann es lernen.

Viele Menschen in Heilberufen empfanden ihren Beruf ursprünglich wirklich als menschliche ›Berufung‹. Die oft lange und strenge Ausbildung mit ihrer Wissenschaftsorientierung hat vielleicht dazu geführt, daß diese anfängliche Motivation in Vergessenheit geriet. Psychoenergetisches Heilen kann diesen Aspekt wieder mehr in den Vordergrund rücken und dadurch die medizinische Praxis wieder mit mehr Menschlichkeit bereichern. Dies war zumindest meine Erfahrung, und ich hoffe, daß auch die Leser dieses Buches diese Erfahrung machen dürfen.

Grundprinzipien des Heilens

Bevor wir uns mit holoenergetischem Heilen befassen, müssen wir verstehen, daß Wandel möglich ist und daß wir die Wahl haben. Trans-Formation beginnt mit der Erkenntnis und der Feststellung, was gerade in einer Form ist und geändert werden sollte. Dann schwingen wir mit dieser Form und übernehmen die Verantwortung dafür; die freiwerdende Energie re-formieren wir dann entsprechend unseren Intentionen.

Holoenergetisches Heilen basiert auf der Annahme, daß Materie Energie in Form von Schwingungen ist und daß, wie wir aus der Physik wissen, Materie und Energie austauschbar sind. Der Körper besteht aus unzähligen Atomen, den Bausteinen der Materie. Atome wiederum bestehen aus positiv geladenen Protonen, negativ geladenen Elektronen und neutralen Neutronen. Diese Teilchen sind wirbelnde, pulsierende Energiefelder, die mit anderen Energiefeldern interagieren und sich gegenseitig durchdringen. Das bedeutet also, daß das, was wir als unsere physischen Körper wahrnehmen, eigentlich Energiefelder sind, die eine bestimmte Form angenommen haben.

Ganz allgemein ausgedrückt könnte man Energie als die Fähigkeit beschreiben, auf etwas anderes einzuwirken und Einfluß zu nehmen. Unsere Fähigkeit, Energie zu entdecken, beruht teilweise auf unserer Fähigkeit, sie zu messen und wahrzunehmen. Vor sechzig Jahren war es uns noch nicht möglich, subatomare Partikel zu messen; und so gibt es auch heute noch viele feinste Energien, die wir weder mit unseren fünf Sinnen noch mit unseren ausgeklügeltsten wissenschaflichen Instrumenten entdecken können. Dafür brauchen wir unsere Intuition.

Energie kann je nach Meßart als Welle oder auch in anderer Form wahrgenommen werden. Auf der subatomaren Ebene ist eine Unterscheidung zwischen Energie, Form und Feld nicht mehr möglich. Diese Begriffe machen uns nur verständlich und sichtbar, wie Energie Form annimmt. Manche sehen im Bewußtsein die Matrix, durch die Materie und Energie sich in unserer dreidimensionalen Wirklichkeit als Funktion unserer Sinneswahrnehmung entfalten und manifestieren.

Im holoenergetischen Heilungsmodell bestimmt die Intention des beobachtenden Bewußtseins (des Heilers – entweder wir selbst oder jemand anders) die formgebende Wahrnehmung und leitet die Energietransformation ein. Diese ›Intention des Beobachters‹ wandelt eine bestimmte ›Materie‹ in Wellen und die Wellenform in ›Materie‹ um.

Intention ist geplante Wahl. Bewußte oder unbewußte Intention wandelt eine bestimmte Materie in Wellenform um und macht es uns dadurch möglich, in Resonanz zu kommen mit dem, was wir beeinflussen wollen. In diesem Sinne ist Bewußtsein wie ein fundamentales Feld, also eine Art Ur-Ozean, aus dem Schwingungswellen auftauchen, welche lokalisierte Energiewirbel, die sogenannte ›Materie‹ bilden. So schafft also das Energiefeld die Form, die eine resonante Struktur als Materie annimmt. Sobald ein Feld strukturiert ist, organisiert es sich selbst, geht seinen Weg vom Unendlichen ins Endliche, kann sich selbst erhalten und Einfluß nehmen auf anderes.

In diesem Modell in-formiert das Bewußtsein die subtilen Energien, die das elektromagnetische Spektrum beeinflussen. Elektromagnetische Energie schafft für alle Elektronen ein elektrostatisches Feld, welches andere geladene Teilchen beeinflußt. Wenn die Elektronen ihre Geschwindigkeit senken oder sich schneller bewegen, entstehen elektromagnetische Felder, die wiederum die geladenen Teilchen beeinflussen. Eine bestimmte Ladungsform nimmt also Einfluß auf ein bestimmtes Feld und umgekehrt. Die Felder, die unseren Körper umgeben, sind nicht auf das elektromagnetische Spektrum beschränkt; sie reflektieren und repräsentieren sowohl unseren emotionalen und mentalen als auch unseren körperlichen Zustand.

Die Struktur des Wassers scheint sich in unserem Körper am leichtesten durch geänderte Felder beeinflussen zu lassen. Der menschliche Körper besteht zu über 60 Prozent aus Wasser. Das Wassermolekül ist zusammengesetzt aus zwei Wasserstoff- und einem Sauerstoffatom, die eine energetische Bindung eingehen. Bei unstrukturiertem Wasser nimmt die Bindung zwischen den beiden Wasserstoffatomen einen Winkel von 105° ein. Wird Energie zugeführt, die mit der Wasserstoffbindung resoniert, also schwingt, wird sie absorbiert; die Wasserstoffbindung dehnt sich dabei auf 109° aus. Diese neue Energie trägt eine Information in sich, die die Form des Wassers ändert. Dabei ändern sich auch einige physikalische Eigenschaften des Wassers, zum Beispiel der pH-Wert, die Oberflächenspannung, die Löslichkeit und die Lichtabsorptionsfähigkeit. Hinzu kommt, daß die natürliche Frequenz von strukturiertem Wasser anders ist als bei unstrukturiertem Wasser; es vibriert und reagiert mit unterschiedlichen Frequenzen. Außerdem spaltet es sich leichter in geladene Partikel, sogenannte Ionen, auf. Bei der Heilarbeit erzeugen wir ein Feld, welches Wasser strukturiert und somit die Ionisierung und den pH-Wert verändert. Die wiederum ändert den Ablauf lebenswichtiger enzymgesteuerter Prozesse.

Dr. Justa Smith hat in von einem Heiler behandelten Wasser das Enzym Trypsin gemessen und festgestellt, daß seine Tätigkeit sich von dem in unbehandeltem Wasser unterschied. Ein ähnliches Experiment wurde von Dr. Bernard Grad durchgeführt. Er goß Pflanzensamen mit heiler-behandeltem Wasser und stellte fest, daß sie viel schneller wuchsen als die Kontrollsamen, die mit unstrukturiertem Wasser versorgt worden waren.[1]

---

1 vgl. J. Smith, »The Influence on Enzyme Growth by the ›Laying on of Hands‹«, in: *The Dimensions of Healing: A Symposium,* Los Altos 1972, und B. Grad, »The Biological Effects of the ›Laying on of Hands‹ on Animals and Plants: Implications for Biology«, in: *Parapsychology: Its Relation to Physics, Biology, and Psychiatry*, hrsg. von G. Schneidler, McTucken 1967.

Ich selbst habe zum Beispiel wasserhaltige Nährlösung ›behandelt‹, um dadurch das Wachstum von Tumorzellen zu hemmen; bei Vergleichsmessungen mit Zellen, die mit nichtbehandelter Nährlösung, aber ansonsten unter gleichen Bedingungen gezüchtet wurden, ließ sich eine Wachstumsminderung von 40 Prozent feststellen. Das weist darauf hin, daß die mit Heilenergie behandelte Nährlösung in der Lage war, die Information zur Wachstumshemmung der Tumorzellen zu speichern und zu übertragen. Dies bedeutet auch, daß diese Art von Heilung nicht einfach auf einen Placeboeffekt zurückzuführen ist (für nähere Informationen siehe Anhang A, Seite 309).

Dolores Krieger berichtet, daß sich bei Patienten, die durch Berührung behandelt wurden (›Therapeutic Touch‹), wo die Feldinteraktion zwischen Heiler und Geheiltem das wichtigste Austauschmedium ist, die Hämoglobinwerte änderten. Dies zeigt, daß Veränderungen im Energiefeld sich auch auf die körperliche Form auswirken können. Es ist außerdem ein weiterer Beweis für Rupert Sheldrakes Theorie, daß, wenn es im größeren universellen Feld erst einmal Muster gibt und Veränderungen in unserem Feld mit den Veränderungen im größeren Feld übereinstimmen, eine neue Form ensteht.[2]

Der Körper besitzt eine hoch-organisierte Struktur; um diese erhalten zu können, müssen seine physische Form und seine energetische Form (Feld) eine kompatible Resonanz aufweisen. Oder anders ausgedrückt: Körper und Geist müssen in einem resonanten Gleichgewicht stehen. Sowohl die Form als auch das Feld (Körper und Geist) sind daran beteiligt, holographische stehende Wellen zu schaffen. Diese Wellen sind die Signatur (bzw. der sichtbare Beweis) dafür, daß zwischen Form und Feld ein resonantes Gleichgewicht besteht, und eine Signatur kann zu einer selbstorganisierenden Kraft werden.

Eine negative Gedankenform wie Haß kann zu einer stehenden Welle beitragen; der andere Teil, die physische Form, kann sich dann zum Beispiel als Tumor zeigen. Zwischen der Gedankenform und dem Tumor kann eine kompatible Resonanz vor-

2 vgl. Dolores Krieger, *Therapeutic Touch*, Englewood Cliffs 1979, und Rupert Sheldrake, *A New Science of Life*, Los Angeles 1981.

handen sein, sie sind im Gleichgewicht. In sich selbst ist diese stehende Welle also in Balance; doch in bezug auf den Rest der betroffenen Person kann ein Ungleichgewicht entstehen und so im Gesamtfeld die Harmonie beeinträchtigen.

Wir hören oft, daß Gesundheit eine Sache des Gleichgewichts ist. Wie wir gesehen haben, gibt es ein Gleichgewicht zwischen Feld und Form, zwischen physischem, emotionalem und mentalem Zustand; darin spiegelt sich die Beziehung des Selbst zum Selbst. Auch zwischen diesem Zustand und unserer Umwelt gibt es ein Gleichgewicht, das die Beziehung des Selbst zu allem, was nicht dieses Selbst ist, widerspiegelt. Und dann gibt es noch eine vierte Ebene des Gleichgewichts: das Gleichgewicht zwischen unserem physischen, emotionalen, mentalen und unserem spirituellen Zustand, ein Spiegel für das Gleichgewicht zwischen dem Selbst und seinen höheren spirituellen Aspekten. Auf dieser spirituellen Ebene haben wir ein Gespür für den Sinn und Zweck, noch bevor dies sich in Form oder Ausdruck zeigt. Wenn unser Alltag keine Verbindung mit dem spirituellen Sinn hat, sei uns dies nun bewußt oder nicht, ist der Keim der Krankheit bereits gesät.

Die Frage ›Warum?‹ ist die Frage nach dem Sinn. Arthur Young schreibt in seinem Buch *Which Way Out*, daß jede Maschine vier Aspekte hat: einzelne Teile, einen Plan, eine Kraftquelle und einen Sinn. Die moderne Medizin kümmert sich hauptsächlich um die Pathologie der ›Teile‹ – die Organe, Gliedmaßen, Zellen, Moleküle etc. –, die unseren physischen Körper ausmachen. Die westliche Medizin ist noch einen Schritt weitergegangen und beschäftigt sich mit dem ›Plan‹, der konzeptuellen und genetischen ›Blaupause‹ der Teile. Körperenergien und energetische Formen von Krankheit werden immer genauer erforscht. Doch die allopathische Medizin hat noch nicht erkannt, daß hinter dem Plan ein Sinn steckt. Worin liegt der Sinn unseres Seins, unseres Tuns, unseres Habens? Wie wirkt sich Wissen und Sinnschaffung auf unser Leben aus? Im holoenergetischen Heilungsmodell sind dies die wichtigsten Elemente.

Die Wissenschaft erkennt mittlerweile, daß wir energetisch, nervlich, hormonell, anatomisch und immunologisch organisiert sind. Darüber hinaus sind wir auch durch ein Funktionsbewußtsein organisiert. Jede Zelle, jedes Organ, der ganze Körper ist sich seiner Funktion bewußt, er weiß, was seine Aufgabe ist. Dabei weiß vielleicht nicht jedes ›Teil‹ um den größeren Sinn des Organismus; dennoch stehen die vielen einzelnen Funktionen im Einklang mit dem höheren Sinn.

Wenn wir unsere physische Natur einmal als dreidimensional organisiert ansehen, kann man das Funktionsbewußtsein als die vierte Dimension betrachten. Das Bewußtsein des Sinns wäre die fünfte Dimension, in der der Sinn die Funktion organisiert und ihr Bedeutung verleiht. Sinn geht also der Ordnung und Funktion voraus und gibt beiden ihren Wert. Ist die Ausrichtung auf den Sinn gestört, entstehen Un-Ordnung und Dysfunktion – also Krankheit.

Im holoenergetischen Heilungsansatz ist die Verbundenheit der heilenden Intention mit dem Sinn sehr wichtig, denn es ist die Intention des beobachtenden Bewußtseins, die der Auslöser für die Transformation von Energie in Materie ist. Deshalb ist die Frage nach dem Sinn des Lebens im wahrsten Sinn des Wortes äußerst ›sinnvoll‹. Wir merken, daß Sinn nicht nur entdeckt, sondern auch geschaffen werden muß. Wir können unseren Sinn schaffen und damit unserem Leben Bedeutung geben. Ideale wie Wahrheit, Weisheit, Liebe, Freude und Frieden helfen uns, Sinn in unser Leben zu bringen, und sind Führer für alles, was wir tun.

Um funktionieren zu können, brauchen wir Grenzen. Unsere Grundsätze und expansiven Überzeugungen geben uns Grenzen, die unser Wachstum führen; enge, einschränkende Überzeugungen und Blockaden schränken dagegen das Wachstum ein. Grenzen enstehen durch Ideale, Grundsätze, Einstellungen, Blockaden, Sinninhalte und den Lohn, der uns erwartet. Wir können unsere Grenzen im Einklang mit unseren Idealen und Sinninhalten setzen oder sie uns durch andere aufzwingen lassen. Wenn wir uns durch unsere Blockaden einschränken (»Ich bin es nicht wert, geliebt zu werden, mir kann man nicht vergeben, ich bin völlig wertlos!«), kann Krankheit entstehen. Wenn wir uns dieser Blockaden bewußt werden, ist Wandel möglich. Wir können uns neue Ideale, neue Grundsätze für unser Leben suchen und damit einen neuen Sinn finden. Um herauszufinden, was der Sinn unseres Lebens ist und wie wir ihn schaffen, müssen wir Zugang finden zu dem, was wir wirklich wollen. Die Wurzel dieses Prozesses ist das Verlangen. Lieben und geliebt werden, etwas schaffen und geschaffen werden, etwas kennen und selbst be-kannt zu sein sind solche Wünsche. Sie sind die Basis für den Sinn; das mag heißen, daß wir lernen, Freude am Leben zu haben, ohne anderen zu schaden, mit Liebe zu heilen, zu lernen, bewußt das zu schaffen, was wir wollen, Liebe ganz erfahren und ausdrücken zu können oder frei zu sein für das, was wir wirklich sind.

Unser tiefster Wunsch, die Saat, aus der die Wurzeln hervorkommen, ist der Wunsch, eins zu sein mit Allem, ›nach Hause‹ zu kommen. Doch sobald wir uns dieses Wunsches bewußt sind, verschwindet er. Das Paradoxe ist, daß wir nur so lange etwas wünschen, wie wir davon getrennt sind. Erst wenn wir den Wunsch nach dem Einssein losgelassen haben, können wir eins werden. Das Loslassen von Wünschen ist der letzte Schritt. Bis dahin ist der Wunsch, eins zu sein, der Schlüssel zum Himmelreich. Um jedoch ins Himmelreich einzugehen, müssen wir den Schlüssel an der Pforte abgeben.

Grundlegendes Verlangen ist das Gefühl, das mit unserem Geist in Verbindung steht. Wir werden uns durch Gedanken über unsere Wünsche klarer und gehen mit einer Vision über unsere Gedanken hinaus. Auf diese Vision, den Gedanken und den Wunsch richten wir unsere Aufmerksamkeit im Einklang mit unserem Sinn und in Verbundenheit mit unserem Höheren Selbst. Dadurch können Wünsche im physischen Bereich manifestiert werden.

Gesundheit hat die Aufgabe, dieses dynamische, vielschichtige, multidimensionale Gleichgewicht zu erhalten. Aufgabe des Heilens ist es, das Gleichgewicht und die Harmonie, die unserem Körpergeist innewohnen, wiederzuerlangen. Diese Ordnung und Harmonie wird gefördert durch einen gesunden Lebensstil in einer gesunden Umgebung, durch Liebe und durch die Verbundenheit all unserer Aspekte mit der spirituellen Essenz.

Die Anwendung der Prinzipien

Holoenergetisches Heilen setzt bei den Grundursachen einer Krankheit an; es lokalisiert ungesunde Energiemuster und identifiziert ihre Form. Das beinhaltet, daß nicht erwünschte Energiemuster in gesunde und harmonische Energiemuster transformiert und auf den Sinn der zu heilenden Person und den natürlichen Impuls hin zur Ganzheit ausgerichtet werden.

Nachdem wir das ungesunde Energiemuster identifiziert haben und mit ihm in ›Resonanz‹ gekommen sind (siehe dazu Kapitel 8), entweder in Form einer Empfindung, eines Bildes, eines Gedankens, eines Gefühls oder einer Einstellung, wird die Form geändert bzw. transformiert. Diese Transformation beginnt damit, daß wir die positive Intention hinter dem disharmonischen Muster erkennen und dann dieses ungesunde Muster ›ent-formen‹ bzw. auflösen. Ist die ungesunde Form aufgelöst, wird sie durch ein gesundes Muster ersetzt. Man kann dies mit dem Umbau eines Hauses vergleichen: Die bestehende Ordnung und Struktur wird unterbrochen und muß durch eine Phase der Unordnung gehen, in der es keine kohärente Form gibt; erst dann wird eine neue Ordnung und Struktur errichtet.

Die Muster, mit denen wir es beim holoenergetischen Heilen zu tun haben, sind Angst, Wut, Schuldgefühle, Selbstmitleid und Scham. Als Teil der Bewegung hin zur Gesundheit müssen diese mit Bewußtheit untersucht werden. Wenn in diesen Formen Energie zurückgehalten wird, entsteht ein Widerstand gegen den Wandel und damit ein Hindernis im natürlichen Heilungsprozeß. Um diese Blockaden aufzulösen, hilft es, die sekundären Gewinne der dahinterstehenden Krankheit anzusprechen, wodurch man die Wunden aufdeckt, die wir so sehr hegen und pflegen und die den Wandel so schwierig machen. Als nächstes müssen wir uns selbst und anderen verzeihen, damit wir frei werden von der uns bindenden Energie, die aus Vorwürfen und Strafe erwächst.

Durch einen klar definierten Prozeß bedingungsloser Liebe werden Energiemuster umgeformt. Dadurch kommen wir – vielleicht zum ersten Mal – mit unserem höheren Bewußtsein, unserer Essenz, in Verbindung. Diese Verbindung steht im Mittelpunkt des holoenergetischen Heilungsprozesses.

Uralte Geheimnisse und die moderne Wissenschaft

Beim holoenergetischen Heilen werden viele alte Heilmittel eingesetzt, zum Beispiel das Austesten der Chakren und biomechanisches Testen (›Wünscheln‹) von Energiefeldern, damit der Heiler sich geistig und energetisch auf die betroffene Körperstelle einstellen kann. Holoenergetisches Heilen ist jedoch an keine dieser Methoden gebunden; sie sind nur Hilfsmittel, nichts weiter. Diese Form des Heilens bzw. ihre Techniken können auch leicht als Baustein in jede andere Form des Heilens integriert werden.

Dies ist also ein Buch über das Heilen durch Liebe, über die Möglichkeit, durch Liebe, feinstoffliche Energien, ein waches Bewußtsein und die persönliche Entscheidung Krankheit in Gesundheit zu transformieren. Im folgenden werden Sie

- lernen, was diese feinstofflichen Energien sind
- den ersten Schritt tun, diese Energien zu spüren und zu fühlen
- lernen, diese Energien durch die bewußte Atemkontrolle zu nutzen
- lernen, Energie zu verstärken und zu fokussieren, und zwar durch die Hände, den Atem, Gedanken, Bilder und Intention
- lernen, Energie mit ›resonanter Energieübertragung‹ zu steuern und so Wandel herbeizuführen
- lernen, sich selbst und andere zu heilen.

Bitte arbeiten Sie das ganze Buch einmal durch und nehmen Sie sich dann das heraus, was für Sie nützlich ist. Das starre Verharren auf bestimmten Techniken ist dabei eher hinderlich; lassen Sie sich lieber von dem führen, was bei Ihnen funktioniert. Lernen Sie durch das Tun. Worte und Bücher sind nur die Finger, die den Weg weisen. Die Reise muß jeder einzelne von uns selbst unternehmen.

Teil I

1

Die Reise eines Heilers

Der Wunsch nach dem Ganzen und die Schritte dahin werden als Liebe bezeichnet.

Plato

Ich wurde Arzt, weil ich für andere Menschen Gutes tun wollte. Ich erinnere mich, daß ich schon als fünfjähriger Junge diesen Wunsch verspürte. Meine Mutter, die für mich allwissend und weise war, hatte großen Respekt vor unserem Hausarzt. Und so wollte ich auch Doktor werden, damit sie mich genauso respektierte. Mein kindlicher Geist wollte ihre Liebe und Anerkennung. Viele Jahre später, während der Ausbildung zum Arzt, entschied ich mich dafür, Frauenarzt/Geburtshelfer zu werden, da ich auf diesem Gebiet meine beiden bevorzugten Fächer, Chirurgie und Psychologie, einsetzen konnte. Damals schien es mir, daß die Frauenheilkunde/Geburtshilfe die einzige medizinische Richtung war, die sich nicht von Natur aus auf Krankheit konzentrierte. Neues Leben war etwas Erfreuliches und voller Wunder, etwas, das man feiern konnte. Noch immer stand hinter meiner Entscheidung der Wunsch meiner Kindheit, nämlich die Liebe und Anerkennung meiner Mutter zu gewinnen; doch nun bekam ich diese durch die Frauen, die ich in meiner Praxis behandelte.

Viele meiner Studienkollegen hatten genau wie ich den Wunsch, anderen Menschen zu helfen. Doch durch die strenge Ausbildung geriet bei einem nach dem anderen dieser frühe Wunsch in Vergessenheit und machte einem objektiven Unbeteiligtsein Platz, das in der modernen Medizin anscheinend erforderlich war. Für mich war die medizinische Wissenschaft faszinierend, und das, was ich an Techniken für medizinische Notfälle lernte, war unschätzbar wertvoll. Aber ich wußte auch, daß menschliche Krankheit und Gesundheit sehr viel mehr beinhalteten als das, was wir lernten. Es war das ›Herz‹, das fehlte, doch das war mir damals noch nicht klar.

Während unserer medizinischen Ausbildung lernten wir, als Arzt unsere Gefühle zu unterdrücken. Man brachte uns bei, daß es zwischen dem Objektiven und dem Subjektiven eine Trennung geben müßte. In unserem Fall bestand das Objektive aus medizinischen Tests, Diagnoseverfahren und dem Wissen, das auf wissenschaftlichen Erkenntnissen aufbaute. Wir glaubten, daß wir als Arzt unserer subjektiven Erfahrung nicht trauen durften und uns statt dessen von unseren Gefühlen abschneiden mußten. Genauso sollten wir intuitive Prozesse unterdrücken und nur auf das vertrauen, was statistisch bewiesen werden konnte.

Es gibt natürlich Situationen, in denen man sich als Arzt nicht auf seine Emotionen einlassen sollte; einem Chirurgen hilft das zum Beispiel, in kritischen Momenten im Operationssaal ruhig und konzentriert zu arbeiten. Leider ist es aber schwierig, seine Emotionen nach Belieben an- oder abzuschalten. Dies hatte eine emotionale Distanz zwischen Patient und Arzt zur Folge. Ich entfremdete mich dadurch mir selbst, eine Spaltung, die mir das Gefühl gab, daß ich nur einen Bruchteil meiner Heilerfähigkeiten wirklich einsetzte. Mir wurde klar, daß die Medizin den Techniker und Wissenschaftler in uns förderte, den Heiler dagegen entmutigte. Durch diese Objektivität, die Spaltung des Objektiven vom Subjektiven, grenzten wir unsere menschlichen Seiten aus und brachten nur das Wissen ein, das mit Hilfe wissenschaftlicher Technik quantifiziert, gemessen und gewogen werden konnte.

Jahrhundertelang haben Ärzte und andere Heiler die Frage aufgeworfen, wie man während einer Behandlung objektiv bleiben und den Patienten dennoch unterstützen und heilen konnte. Auch ich stellte mir diese Frage. Die Ironie dabei ist, daß ich einige Antworten nicht in der Medizin, sondern vielmehr in der Naturwissenschaft fand. Die moderne Physik und die Quantenmechanik haben inzwischen Hinweise darauf gefunden, daß es in Wahrheit keine Trennung zwischen dem Beobachter und dem Beobachteten gibt, daß zwischen beiden immer ein Zusammenhang besteht, der nicht einfach abgetan werden kann. Auch in der modernen Medizin – selbst wenn wir uns noch so bemühen, unser Verhältnis zum Patienten zu objektivieren – gibt es immer einen energetischen Austausch, der meiner Meinung nach sehr stark und wichtig ist. Der amerikanische Philosoph William James hat vor über fünfzig Jahren eine wesentliche Wahrheit so formuliert: »Die rigoros unpersönliche Sicht der Naturwissenschaft erscheint vielleicht eines Tages eher als nützliche Exzentrität und nicht als die triumphale Haltung, als die sie der sektiererische Wissenschaftler heute so zuversichtlich anpreist.«

Es gibt auch andere Wege

Bei vielen Menschen werden große Veränderungen und Lebensumstellungen durch eine Krise, oft durch körperliche Krankheit eingeleitet. Für mich als Arzt war es eigentlich nur logisch, daß eine solche Transformation auf der medizinischen Ebene ausgelöst wurde.

1971 hatte ich eine gutgehende Praxis auf der Monterey-Halbinsel in Kalifornien und war Oberarzt in der gynäkologischen Abteilung des Gemeindekrankenhauses. Es sah ganz so aus, als ob ich ein erfolgreicher, traditioneller Arzt werden würde. Eines Tages tat mir beim Tennisspielen die rechte Schulter weh. Ich ließ mich röntgen, und man stellte eine krankhafte Knochenveränderung im rechten Oberarm fest. Ich befürchtete nun, daß es Knochenkrebs sein könnte.

Deshalb ließ ich eine Biopsie und alle möglichen Tests machen. Während ich auf die Ergebnisse wartete, dachte ich über mein Leben nach. Als Arzt wußte ich genau, welche Behandlung für diese Art Knochenkrebs die Regel war – meistens wurde der Arm amputiert. Für einen einarmigen Geburtshelfer wäre wohl kein großer Bedarf, war mein Gedanke, aber solange der Krebs keine Metastasen im Gehirn bildete, konnte ich immer noch Kopfarbeit leisten.

Seit kurzem beschäftigte ich mich mit der Arbeit von Masters und Johnson, dank deren Forschung sich auch die Medizin endlich mit Sexualität auseinandersetzte. Nur wenige Ärzte hatten bis dahin das Wissen, mit dem sie dieses neue Gebiet in ihre Arbeit integrieren konnten. Dies war doch eine Aufgabe, auf die sich auch ein einarmiger Geburtshelfer stürzen konnte:

Sexualtherapie und -beratung! Und so nahm ich einen Lehrauftrag für psychosomatische Medizin an der Universität in San Francisco an und wurde das Verbindungsglied zwischen Gynäkologie/Geburtshilfe und der psychiatrischen Abteilung.

Dann erhielt ich Nachricht vom Labor: Die Tests hatten ergeben, daß es sich um eine gutartige Knochenzyste handelte, die ich schon seit meiner Kindheit hatte. Ich hatte Glück gehabt! Wie man sich vorstellen kann, war ich sehr erleichtert; und dennoch hatte mir dieser Zwischenfall gezeigt, daß ich mein Leben einmal genau überdenken mußte. Ich hatte die Wahl, weiterhin als Frauenarzt und Geburtshelfer – mit zwei Armen! – zu arbeiten; doch eigentlich war mir bereits klar, daß ich lieber meine sichere Position im Krankenhaus aufgeben wollte, in San Francisco studieren und dann eine Lehrtätigkeit aufnehmen wollte. Ich hatte meinen Beruf gerne ausgeübt, doch der damit verbundene Streß und Zeitaufwand waren meiner Gesundheit nicht unbedingt zuträglich. Meine Krankheit war ein Ruf nach Veränderung – eine Veränderung, die sich auf alle Bereiche meines Lebens auswirken würde. Ich hatte keine genaue Vorstellung davon, wohin mich dies führen würde, doch ich zweifelte nicht daran, daß es der richtige Weg für mich war.

Mehrere Jahre lang unterrichtete ich und hatte daneben eine kleine gynäkologische Praxis in der Universitätsklinik in San Francisco. Später baute ich mir eine gutgehende Privatpraxis auf. In dieser Zeit fing ich damit an, wichtige Ereignisse meines Lebens zurückzuverfolgen, die dem Problem mit der Schulter vorausgingen. Für mich war es wichtig, die Quelle dieser Schmerzen herauszufinden; die Zyste war es mit Sicherheit nicht. Diese Suche führte mich zurück in die Zeit, als meine Mutter starb, ein Jahr bevor die Schmerzen anfingen. Während ich in Stanford wohnte, begann sie sich immer mehr Sorgen um ihre Gesundheit zu machen. Dabei war ihre größte Angst, alleine sterben zu müssen. Um ihr diese Ängste zu nehmen, brachte ich sie von New York nach Kalifornien, so daß sie in meiner Nähe wohnen konnte. Eines Nachts erlitt sie einen Herzanfall und starb, bevor ich bei ihr sein konnte. Ihre schlimmsten Befürchtungen hatten sich so erfüllt.

Ich war traurig und fühlte mich schuldig. Hinter diesen Schuldgefühlen steckte eine Wut, die ich eigentlich nicht hätte haben sollen. Es schien absurd, aber ich war wütend auf meine Mutter, daß sie alleine gestorben war. Damals verstand ich das noch nicht. Ich unterdrückte meine wirklichen Emotionen, weil ein Teil von mir die Wut auf sie nicht akzeptieren konnte. Und diese unterdrückte Wut verwandelte sich in Schuldgefühle.

Um Wut auszudrücken und das Gefühl loszulassen, kann man auf jemanden oder etwas einschlagen. Eine andere Möglichkeit ist es, diese Wut zu erkennen, anzunehmen und sie an der Quelle zu lösen. Wird Wut nicht ausgedrückt oder gelöst, kommt es zu einer Energieblockade. Bei mir hatte sich diese unterdrückte Wut als Blockade in meiner rechten Schulter niedergelassen, und nicht die Zyste, sondern diese blockierte Wut war die Quelle meiner Schmerzen.

Langsam fand ich den Weg durch das emotionale Labyrinth, das durch den Tod meiner Mutter entstanden war. Ich durchlief die ganze Skala: Ich hatte sie im Stich gelassen, fühlte mich durch meine Schuldgefühle an sie gebunden. Ich glaubte, daß ein liebevoller Sohn seine Mutter nie hätte alleine sterben lassen, noch dazu, wenn sie ihm gesagt hatte, daß dies ihre größte Angst war.

Diese Überzeugung, daß ich sie nicht geliebt hatte, stand nicht im Einklang mit den höheren Aspekten meines Wesens, und der Druck, der durch diese Dissonanz entstand, äußerte sich schließlich in körperlicher Krankheit. Der Schmerz in meiner Schulter war sozusagen eine Metapher für mein Dilemma mit dem Tode meiner Mutter. So wie sie mußte auch ich mich damit auseinandersetzen, alleine sterben zu müssen, da ich keine nahen Verwandten hatte.

Indem ich meine Krankheit zu einer Transformationserfahrung werden ließ und mich, als Folge der Krankheit, bewußt für meine Weiterentwicklung entschied, konnte ich schließlich mir selbst und meiner Mutter verzeihen und meine Schuldgefühle loslassen, was mich in Harmonie mit meinem Höheren Selbst brachte.

Hinzu kam für mich die Erkenntnis, daß spirituell gesehen niemand alleine stirbt.

Antworten aus dem Inneren

Mein Interesse für alle möglichen Heilansätze wuchs immer mehr. Wie mir jetzt klar wird, war dies der erste Schritt zum spirituellen Erwachen. Ich überdachte noch einmal genau, was ich unter Krankheit, Gesundheit und Heilen verstand.

Eines Tages – ich hatte mich gerade für ein paar Tage zurückgezogen – hörte ich während einer tiefen Meditation eine innere Stimme, ganz klar und bestimmt: »Deine Aufgabe ist es, durch Liebe zu heilen.« Ich wußte sofort, daß dies die Wahrheit war. »Ich bin also würdig?« antwortete ich. Und die Stimme gab zurück: »Du bist genauso würdig wie jeder andere. Deine Aufgabe ist es, durch Liebe zu heilen.«

Ergiffen saß ich da, tränenüberströmt, jenseits aller Gedanken, allen Verstehens, und fühlte mich vollkommen eins mit dieser Präsenz, die mit mir in Verbindung getreten war. Erst Jahre später konnte ich das, was mich in diesem unvergeßlichen Moment durchdrang, in Worte fassen, und auch heute noch bin ich zu Tränen gerührt, wenn ich davon erzähle. Ich teile mit Ihnen diese für mich so heiligen Augenblicke, weil ich glaube, daß wir alle an einem bestimmten Punkt unserer Entwicklung lernen müssen, durch Liebe zu heilen. Das Wissen darum gibt mir den nötigen Mut.

Mir wurde klar, daß mein Wunsch, Arzt und Heiler zu werden, nicht Teil meiner Vergangenheit, sondern vielmehr Teil eines inneren Wissens war, welches mich unbewußt motivierte. Ich wußte nicht genau, wie sich dies alles auf mein Leben auswirken würde oder wie ich zum Heiler werden sollte. Ich wußte nur, daß diese Erfahrung mich tief berührt hatte.

Einige Jahre später nahm ich an einer Konferenz in Asilomar teil, einem friedvollen Zentrum in der Nähe von Monterey. Ich teilte mein Zimmer mit einem jungen Mann, der Krebs hatte; seine Lungen waren bereits angegriffen. Eines Nachts fing er an zu husten und hatte offensichtlich große Schmerzen. Ganz intuitiv und ohne lange zu überlegen legte ich meine Hände auf seine Brust und visualisierte eine strahlende Lichtkugel, die durch meinen Kopf bis zu meinem Herzen strömte, dann durch meine Arme und Hände. Der junge Mann wurde ruhiger und atmete wieder langsamer. »Der Schmerz ist weg«, sagte er. Dann schlief er bis zum Morgen durch. Dies war meine erste Erfahrung mit dem Phänomen des Heilens. Am nächsten Tag sagte der junge Mann zu mir: »Du bist wirklich ein Heiler!«

Ich dachte viel darüber nach. In jener Nacht war etwas geschehen, das wirklich und tiefgreifend war und über den Rahmen der Medizin, wie ich sie gelernt hatte, hinausging. Etwas in mir war aufgewacht. Ich entschied mich, diese Arbeit in meiner Privatpraxis näher zu erforschen. Sobald man sich einmal wirklich entschieden hat, kommt die Chance, es in die Tat umzusetzen, oft ganz von selbst und auf die erstaunlichste Weise. Auch bei mir war das so.

Ich verlor den jungen Mann aus den Augen, und erst elf Jahre später traf ich ihn auf einer Konferenz in Kansas wieder. Er war inzwischen ein bekannter Sänger geworden, der seine eigenen Lieder sang. Er erzählte von einer ›Spontanheilung‹, als er einmal klassische Musik hörte und dabei unter Anleitung visualisierte. Dies geschah etwa sechs Wochen nach unserem ersten Treffen. Ich weiß zwar nicht, ob sich unsere Arbeit damals wirklich auf seine Krankheit auswirkte, dennoch machte seine Geschichte deutlich, daß Heilung durch den Geist geschieht und jenseits allen Verstehens liegt. Da der Geist grenzenlos ist, ist alles möglich, und wo es eine Möglichkeit gibt, gibt es auch Hoffnung.

Die erste Prüfung

Ein Jahr nach dieser Erfahrung in Asilomar kam eine junge Frau in meine Praxis in San Francisco. Vor einigen Jahren hatte sie einen Abszeß im Beckenbereich mit Antibiotika behandeln lassen. Sie hatte zwar im Moment keine Infektion, aber durch die alte Infektion waren Gewebeverklebungen mit dem Darm entstanden; die daraus resultierenden Schmerzen beim Geschlechtsverkehr waren ein Problem in ihrer Ehe geworden.

Die Masse war so groß, daß eigentlich ein chirurgischer Eingriff angebracht war, was sie jedoch nicht wollte. Auch Antibiotika konnten hier nicht weiterhelfen. Ich schlug Energiearbeit vor. Damit konnte sie zwar nichts anfangen, aber sie stimmte einem Versuch zu. Während ich ihr Becken untersuchte, visualisierte ich wieder drei, vier Minuten lang den strahlenden weißen Lichtball zwischen meinen Händen, der sich um und in das weiche Gewebe legte. Ich bat die Frau, sich in einer Woche noch einmal untersuchen zu lassen. Sie bedankte sich und versprach zu kommen.

Sie ließ sich jedoch nicht mehr blicken. Ich nahm an, daß sie die Behandlung doch als seltsam empfunden hatte und deshalb zu einem anderen Arzt gegangen war. Nach acht Monaten kam sie wieder in meine Praxis. Bei der Untersuchung stellte sich heraus, daß die Masse verschwunden war. Ich fragte sie, warum sie nicht zur zweiten Behandlung erschienen war. »Na ja«, antwortete sie, »ich fühlte mich gut, hatte keine Schmerzen mehr und damit auch keine Probleme. Und deshalb hielt ich es nicht für nötig, noch einmal zu kommen.«

Meine Sorge, wie die Patientin auf die Behandlung reagieren könnte, hatte mich acht Monate Wartezeit gekostet; doch nun schöpfte ich Mut. Mit ausgewählten Patienten und meinem Personal führte ich meine Forschungen weiter. Ich lernte und verfeinerte viele Techniken, die ich in das holoenergetische Heilen übernahm.

Das Wissen des Hippokrates

Vor über zweitausend Jahren kam Hippokrates, dessen Eid auch heute noch jeder Arzt schwören muß, zu der Erkenntnis, daß einige Patienten »einfach dadurch gesunden, daß sie mit ihrem Arzt zufrieden sind«. Wenn wir unser ganzes Selbst einbringen – nicht nur den rationalen/objektiven Verstand im Gegensatz zu dem weiten Ozean des menschlichen Bewußtseins -, strahlen wir eine Kraft aus, der ein großes Heilungspotential innewohnt. Wenn dieses ganze Selbst eines Heilers an der Beziehung zum Patienten teilhat, entsteht das, was wir an unserem Hausarzt so schätzen: seine Fähigkeit, gut mit Kranken umgehen zu können, was dem Patienten Trost und Heilung spendet.

Und was ist die magische ›Zutat‹ dabei? Ich erkannte, daß diese Zauberkraft die universellste aller Kräfte ist: die Liebe.

Liebe kann Trost und Heilung bringen für jedes Leiden, sei es nun emotionaler, mentaler, spiritueller oder körperlicher Natur. Und damit wurde mir auch klar, daß die normale ärztliche Ausbildung die Teile in uns geringschätzt und ablehnt, die Heilung durch Energie erst möglich machen – das Selbst, durch das Liebe empfangen und gegeben wird.

Die Naturwissenschaften haben uns viele Mittel in die Hand gegeben, mit deren Hilfe wir den natürlichen Heilungsprozeß, der uns angeboren ist, umsetzen können. Es ist ganz und gar nicht meine Absicht, das Rad der Geschichte zurückzudrehen in die Zeit vor der Chirurgie, der Immunisierung, der Antibiotika. Die Herausforderung ist nicht einfach: das zurückzugewinnen, was in der modernen Medizin verlorengegangen ist, ohne dadurch deren Vorzüge aufs Spiel zu setzen. Für mich hatte diese Aufgabe zwei Seiten: Zum einen mußte ich empirische Daten sammeln, die die Wirksamkeit der Liebe im Heilungsprozeß bewiesen, und zum anderen mußte ich Hilfsmittel und Techniken entwickeln, die diejenigen, die Heiler werden wollten, auf systematische und einschätzbare Weise einsetzen konnten.

Klinische Erfahrung mit Herpes

In dieser Zeit beschäftigte ich mich vor allem mit Herpes. Für diese Erkrankung gibt es bis heute kein medizinisches Gegenmittel, was es zu einem wertvollen Krankheitsmodell für meine Forschung prädestinierte. Herpes ist außerdem eine Virenerkrankung und wirkt sich somit auch auf das Immunsystem aus. Es ist eine Krankheit, die immer wieder auftaucht, leicht zu beobachten ist und mit Streß in Zusammenhang steht. Ich arbeitete hauptsächlich mit Patienten, bei denen Herpes alle zwei Monate für circa eine Woche auftrat.

Für den Ausbruch der Infektion sind drei Faktoren maßgebend: 1. die Potenz bzw. Virulenz des Kranheitserregers selbst; 2. die Anzahl der Krankheitserreger und 3. die Widerstandsfähigkeit des Wirtsorganismus (also der befallenen Person).

Bei meiner Arbeit untersuchte ich bei der Erforschung der Widerstandskraft des befallenen Organismus Methoden, die

die heilende Energie sowohl im ganzen Organismus als auch lokal aufbauen und steuern. Wenn ich den ganzen Organismus behandelte, konzentrierte ich mich auf das Immunsystem, vor allem auf die Thymusdrüse, um die allgemeine Widerstandsfähigkeit des Patienten zu steigern. Bei lokaler Behandlung lag der Fokus im infizierten Bereich des Körpers, wodurch die Läsion zurückgehen sollte. So konnten wir feststellen, ob sowohl das Immunsystem allgemein gestärkt als auch die Anfälligkeit des betroffenen Körperteils gesenkt werden konnte.

Der Herpes-Virus ist insofern ungewöhnlich, als er sich im Falle einer Infektion des Körpers in den Nerven ansiedelt, die die Haut versorgen. Der genitale Herpes-Virus dringt über den Pudendusnerv bis zum Nervenknoten am Kreuzbein, nahe am Rückenmark, vor, wo er eine Zeitlang relativ passiv verweilen kann.

Da Nervenzellen weniger durchlässig sind als andere Körperzellen, sprechen sie nicht so gut auf die natürlichen körperlichen Abwehrfunktionen an. Dies macht sich der Herpes-Virus zunutze; die Nervenzellen sind für ihn ein Schutzschild. Unter bestimmten Bedingungen – Streß, Hormonveränderungen, Hitze oder Reibung – wird der Virus reaktiviert, dringt über den Nerv bis zur Haut vor und kommt dort zum Ausbruch.

Zunächst versuchte ich, die Abwehrkräfte des Patienten dadurch zu stärken, daß ich die Vitalität des Pudendusnervs steigerte, um dem Virus seine ›Wanderung‹ im Körper zu erschweren. Dabei probierte ich alle möglichen Hilfsmittel aus, unter anderem ein Elektroakuskop, welches durch elektrische Energie (gemessen in Mikroampère) den Austausch von Nährstoffen und Schlacken durch die Zellmembranen beschleunigt. Außerdem experimentierte ich mit einem speziellen Kristall und mit der Heilenergie meiner Hände.

Neben dieser örtlichen Behandlung arbeitete ich auch mit der Thymusdrüse, die im Immunsystem eine sehr wichtige Rolle spielt. Sie steht auf energetischer Ebene mit dem Herzchakra in Verbindung.

Als erstes stellte ich mit Hilfe des ›Transpersonalen Verbindungsprozesses‹ (siehe Kapitel 3) eine Resonanz zwischen mir und dem Patienten her. Dadurch erhielt ich wertvolle Informationen über das Krankheitsmuster, konnte die Person energetisch harmonisieren und aufladen und ihr Heilenergie zuführen. Je vertrauter ich mit der Heilarbeit wurde, desto besser konnte ich auch die Quelle der nicht erwünschten Krankheitsmuster anzapfen. Darauf werde ich später noch genauer eingehen.

Die Kombination von lokaler und allgemeiner Behandlung führte dazu, daß das Ausmaß, die Häufigkeit und die Dauer der Herpes-Ausbrüche dramatisch zurückging. Ich führte in dieser Beoachtungs- und Entdeckungsphase meiner Arbeit zwar keine Statistik, doch laut Berichten von Patienten trat der Herpes, der zunächst zwei- bis viermal pro Monat ausbrach, nur noch zwei- bis dreimal pro Jahr oder noch seltener auf.

Hilfe bei chronischem Gelenkrheumatismus

Eines meiner beeindruckendsten Heilerlebnisse hatte ich mit einer Frau, die wir einmal Marie nennen wollen. Sie war 62 Jahre alt, als sie zum ersten Mal zu mir kam, und litt unter schwerem Gelenkrheumatismus. Laufen konnte sie nur noch mit einem Stock, und es fiel ihr schwer, eine Faust zu machen. Einen Stift zu halten und zu schreiben war ihr nicht mehr möglich.

Ich behandelte Marie mit einer der frühen Heiltechniken, die in diesem Buch vorgestellt werden. Bereits nach der ersten Stunde waren die Schwellungen an Händen, Knien und Fußgelenken zurückgegangen. Zum großen Erstaunen ihrer Tochter warf sie ihr den Stock zu, machte tiefe Kniebeugen und rief: »Schau! Der Schmerz ist weg. Ich kann meine Hände bewegen!«

Marie litt außerdem unter Diabetes und hohem Blutdruck. Nach der Heilbehandlung war ihr Insulinbedarf auf ein Drittel des vorherigen Wertes gesunken, und die Medikamente gegen Bluthochdruck konnten ganz abgesetzt werden. Nach einer weiteren Stunde, in der ich ihr zeigte, wie sie sich selbst behandeln konnte, reduzierte sich ihr Insulinbedarf noch weiter. Bluttests ergaben, daß der Rheumafaktor wieder völlig normal war.

Vier Jahre später war Marie immer noch beschwerdefrei und mußte keinerlei Diabetes- und Bluthochdruck-Medikamente mehr einnehmen.

Bericht über eine Krebsbehandlung

Ein weiterer Teil meiner Forschungsarbeit war der Gebärmutterdysplasie, einer krankhaften Veränderung des Gebärmutterhalses, gewidmet. Bei sieben meiner Patientinnen war die Krankheit nur moderat entwickelt, zwei Patientinnen hatten Gebärmutterhalskrebs ›in situ‹. Von den sieben Frauen hatten fünf nach zwei zehnminütigen holoenergetischen Sitzungen wieder normale Werte und hatten noch zwei Jahre lang normale Schmierblutungen. Nach Ablauf dieser zwei Jahre trat bei einer Patientin die Dysplasie in abgeschwächter Form wieder auf.

Eine der Frauen mit Krebs ›in situ‹ ließ nach zwei Heilsitzungen eine Biopsie machen, die keinerlei Krebs mehr erkennen ließ. Bei der zweiten Patientin mit einem Karzinom ›in situ‹ verbesserte sich der Zustand hin zu einer moderaten Dysplasie, welche mit Laserchirurgie behandelt werden konnte, so daß ihr der schwere und teure operative Eingriff mit Anästhesie und großen Risiken erspart blieb.

Bakterien und Krebszellen

Diese aufregenden Ergebnisse waren natürlich sehr erfolgversprechend, doch ich mußte weiterforschen, um den tatsächlichen Heileffekt vom Placeboeffekt unterscheiden zu können. Dazu arbeitete ich mit Dr. Beverly Rubik, einer Biophysikerin, zusammen, die damals an der Universität von Kalifornien arbeitete. Sie führte Messungen an Bakterienkulturen durch, die ich behandelte. Das Ergebnis: Die Wachstumsrate der Bakterien, denen ich Energie schickte mit der Intention, ihr Wachstum zu hemmen, sank um 50%!

Ein anderes Experiment bestand darin, daß wir zwei identische Bakteriengruppen unterschiedlichen Mengen von Antibiotika aussetzten, die normalerweise das Wachstum hemmen würden. Bevor ich die Antibiotika zuführte, behandelte ich die eine Bakteriengruppe mit liebevoller Heilenergie. Diese Gruppe überlebte und blieb beweglich; die andere Gruppe dagegen wurde immer bewegungsunfähiger und ging schließlich zugrunde.[1]

Diese Experimente überzeugten mich schließlich, daß die Erfolge mit energetischem Heilen nicht nur einem psychologischen Placeboeffekt oder gar der Psychoneuroimmunologie im allgemeinen zugeschrieben werden konnten.

Der Wendepunkt

Nun konnte ich nicht mehr zurück. Sobald ich wußte, daß die Liebe eine wirkliche Kraft zum Erhalten des Lebens und nicht nur ein Placeboeffekt war, verkaufte ich meine Praxis und widmete mich ganz der Erforschung dieses Heilens durch Liebe.

Inzwischen habe ich ein Modell zur Mobilisierung der Heilenergie entwickelt. Dieses Modell wird im folgenden Schritt für Schritt dargestellt, mit Anleitungen zum Selbstheilen und zur klinischen Behandlung anderer Menschen. In Kapitel 3 folgt eine Übersicht über ein neues Heilmodell, auf dem die praktischen Aspekte des holoenergetischen Heilens aufbauen.

Begleiten Sie mich nun auf der Reise in ein Zauberland, wo Gedanken so real sind wie Materie, und Materie Gedankenform annehmen kann, wo die geistige Überzeugung die Saat ist, aus der Erfahrungen erwachsen. Es ist ein Land der Liebe, des Wollens und bewußter Wahrnehmung. Ein Ort, wo wir unsere eigene Wirklichkeit schaffen können, um zu wachsen und das Leben zu genießen, wo die Wahrheit das ist, was ist, und auch das, was wir wollen, und wo Mittel und Zweck ein und dasselbe sind, wo Prozeß das Produkt ist. Demjenigen, der sich auf dieses Abenteuer einläßt, bietet dieses Land ein ungeheures, unerforschtes Terrain an Möglichkeiten.

Und nun wollen wir uns aufmachen auf die gemeinsame Reise, mit Liebe.

---

1 Ähnliche Experimente wurden von Olga Worrell im gleichen Labor durchgeführt; siehe dazu Anhang B.

2

Die feinen Energien des Heilens

Wir sollten das Leben als Prozeß sehen, in dem wir immer wieder die Wahl haben, eine nach der anderen. An jedem Punkt können wir uns entscheiden weiterzugehen oder zurückzuschreiten. Wir können entweder Verteidigung, Sicherheit und Angst wählen oder in die andere Richtung gehen, wo das Wachstum wartet. Sich jeden Tag ein Dutzend Mal für das Wachstum und nicht die Angst zu entscheiden bedeutet ein Dutzend Schritte Richtung Selbstverwirklichung.

Abraham H. Maslow

In seinem Buch *Safe and Alive* berichtet Terry Dobson von einem Erlebnis, das wunderbar zeigt, wie Liebe transformieren und heilen kann.[1]

Terry studierte damals in Tokio Kampfkünste. An einem schläfrigen Frühlingsnachmittag stieg er in einen der Vorortzüge ein. Die friedliche Stille war dahin, als an einer Haltestelle ein Mann zustieg und sich aus voller Kehle Luft machte und obszöne, gewalttätige Flüche ausstieß. Er war groß und betrunken, seine Haare strotzten vor Schmutz. Schreiend schlug er auf die erste Person ein, die er sah, eine junge Frau mit einem Baby im Arm. Der Schlag traf zum Glück nur ihre Schulter, und wie durch ein Wunder unverletzt, fielen Mutter und Kind in den Schoß eines älteren Ehepaares.

Terry stand auf und war fest entschlossen, diesem Mann eine Lektion zu erteilen. Er war gut in Form und hatte drei Jahre lang jeden Tag Aikido trainiert. Doch noch nie hatte er in einem wirklichen Kampf seine Künste unter Beweis stellen müssen. Ihm fiel ein, was sein Lehrer ihm immer wieder gesagt hatte, daß Aikido die Kunst des Versöhnens sei: »Wer tatsächlich auf Kampf aus ist, hat seine Verbindung mit dem Universum verloren. Wenn du versuchst, andere zu beherrschen, bist du bereits

---

1 Terry Dobson, *Safe and Alive,* Los Angeles 1981, S. 128f.

besiegt. Wir lernen, diesen Konflikt zu beenden, nicht, ihn zu beginnen.«

Terry hatte es bis dahin zwar geschafft, jeden Kampf zu vermeiden, aber er brannte förmlich darauf, ein Held zu sein. Er erkannte, daß er die ganze Zeit eine legitime Gelegenheit gesucht hatte, »die Schuldigen zu zerstören und dadurch die Unschuldigen zu retten«. Der Betrunkene bot ihm eine willkommene Gelegenheit dazu. Terry redete sich ein, daß wirklich jemand verletzt würde, wenn er nicht schnellstens etwas unternahm.

Als Terry aufstand, richtete der Mann seine ganze Wut auf ihn. »Aha, ein Ausländer!« brüllte er. »Dir muß man wohl mal japanische Manieren beibringen!« Um seinen Worten noch mehr Gewicht zu verleihen, stieß er mit einer Metallstange nach ihm.

Terry warf dem Betrunkenen einen vernichtenden Blick zu und versuchte, so gemein wie möglich zu sein. Er schürzte die Lippen und warf ihm einen höhnischen Kuß zu, der ihn wie ein Schlag ins Gesicht treffen sollte.

»Okay!« schrie der Mann, »du sollst deine Lektion bekommen!«

Er wollte sich gerade auf Terry stürzen. Doch einen Sekundenbruchteil bevor er losrannte, hörte man jemand rufen: »Hey!« Die Stimme war durchdringend und hatte einen seltsam fröhlichen, singenden Unterton.

Der Betrunkene und Terry drehten sich um, und da stand ein kleiner alter Japaner, bereits hoch in den Siebzigern. Von Terry nahm er keine Notiz, sondern strahlte den Betrunkenen an, als ob er mit ihm ein wichtiges Geheimnis teilen wollte.

»Komm«, sagte der alte Mann zu dem Randalierer und winkte ihm zu, »komm her und red mit mir.«

»Warum sollte ich mit dir reden, verdammt!« bellte der Betrunkene und baute sich bedrohlich vor dem Alten auf.

Der alte Mann strahlte ihn weiter an. »Was hast du denn getrunken?« erkundigte er sich mit Augen, die vor Interesse funkelten.

»Sake«, bellte der Rowdy zurück, »aber das geht dich überhaupt nichts an!«

»Das ist ja toll!«, sagte der alte Mann. »Ich mag Sake auch sehr gern. Jeden Abend machen meine Frau und ich uns eine kleine Flasche Sake warm und setzen uns dann auf die alte Holzbank im Garten, die ein Schüler meines Großvaters gemacht hat. Wir betrachten den Sonnenuntergang und schauen nach unserer Persimone. Den Baum hat mein Urgroßvater gepflanzt, und wir sind ein wenig besorgt um ihn, ob er sich von den eisigen Stürmen des letzten Winters wieder erholen wird. Zur Zeit sind die Persimonen besonders schön.«

Der alte Mann blickte den Betrunkenen an, und seine Augen waren voller Glück, als er ihm dies mitteilte.

Das Gesicht des Betrunkenen war während der Erzählung des Alten weicher geworden. Auch seine Fäuste waren nicht mehr geballt. »Ja«, sagte er, »ich mag Persimonen auch besonders gern.«

»Ja«, sagte der Alte, »und bestimmt hast du auch eine gute Frau zu Hause.«

»Nein«, sagte der Betrunkene, »sie ist tot. Ich habe keine Frau mehr und auch kein Zuhause und keine Arbeit. Und Geld habe ich auch keins mehr. Ich weiß nicht, wo ich hingehen soll.«

»O weh«, sagte der alte Mann, »das hört sich ja schlimm an. Komm, setz dich zu mir und erzähl mir alles.«

Und es dauerte nicht lange, da hatte sich der Betrunkene auf dem Sitz neben dem Alten hingelümmelt, seinen Kopf in dessen Schoß. Das Gesicht des alten Mannes war voller Mitgefühl und Freude; mit einer Hand strich er dem Mann über den Kopf. Tränen liefen dem Betrunkenen über die Wangen, und sein ganzer Körper zuckte in Verzweiflung.

Terry stand da, in seiner »jugendlichen Unschuld und Selbstgerechtigkeit«, wie er es ausdrückt, und fühlte sich innerlich schmutziger als der Betrunkene äußerlich war. Bei der nächsten Station mußte er aussteigen. Terry dachte über das Erlebte nach. Was er mit Muskelkraft und Gemeinheit erreichen wollte, hatte der alte Mann mit ein paar freundlichen Worten geschafft. Seine freundliche Stimme, sein Mitgefühl, seine Furchtlosigkeit und seine Liebe hatten mehr erreicht als ein noch so starker Muskel je hätte erreichen können.

Liebe und Transformation

Sicherlich haben wir alle schon einmal erfahren, wie uns andere Menschen mit ihrer liebevollen Energie irgendwie beeinflußt haben, so wie der alte Mann in dieser Geschichte. Das mag ein Familienangehöriger gewesen sein, der uns in einer schlimmen Zeit zur Seite stand, oder ein Berater oder Therapeut, die uns durch ihre Liebe und Unterstützung die Energie gegeben haben, die zur Lösung eines Problems nötig war.

Genauso kennen wir die andere Situation: Jemand ist furchtbar wütend, und auf einmal werden wir auch wütend, völlig grundlos. Oder wir werden freundlich und herzlich begrüßt und merken, wie auch wir freundlicher und herzlicher auf andere zugehen. Oder jemand denkt konzentriert und entschlossen nach, und wir reagieren auf diese Entschlossenheit.

Beim holoenergetischen Heilen muß man hinter den Schein blicken und jeden Gedanken, jede Emotion als Energie in einer bestimmten Form bzw. einem bestimmten Muster wahrnehmen. Die Emotion Wut ist ein Muster, die Emotion Freude ein anderes, Entschlossenheit ein weiteres und so fort. Durch die energetischen Muster, die wir mit unseren Gedanken und Emotionen formen, können wir bei uns selbst und bei anderen die natürlichen Heilprozesse unterstützen.

Um zu verstehen, wie Gedanken oder Emotionen den Körper beeinflussen, ist die Erkenntnis nötig, daß der Körper nicht nur physisch bzw. materiell existiert, wie wir das normalerweise wahrnehmen. Einstein postulierte, daß Materie und Energie äquivalente und austauschbare Aspekte einer einzigen, dahinterliegenden Realität seien, die er als ›universales Feld‹ bezeichnete. Dies wiederum impliziert, daß alles Energie ist, mit unterschiedlicher Vibration und Bewegung. So wie der Ozean aus vielen Strömungen und Wellen besteht, die gleichzeitig mit unterschiedlicher Stärke und in verschiedene Richtungen gehen, besteht auch unser Körper aus vielen pulsierenden, sich gegenseitig beeinflussenden Energiefeldern. Wir halten unseren Körper zwar für feste physische Materie, doch eigentlich ist die Körpermasse nichts als Energie, die eine bestimmte Form angenommen hat.

Innerhalb des energetischen Systems, das wir als menschlichen Körper bezeichnen, gibt es eine Reihe von Untersystemen, die Heilung und Gesundheit unterstützen. Dazu gehören das Lymphsystem, der Blutkreislauf, das Nervensystem, das Muskel- und Knochensystem, das Immunsystem, das Verdauungssystem und das Hormonsystem. Sie arbeiten alle zusammen. Jedes einzelne dieser Systeme reagiert auf feine Energien inner- und außerhalb des Körpers.

Röntgenstrahlen und Energiefelder

Eine Freundin von mir brach sich das Fußgelenk und kam mit ihrer Röntgenaufnahme zu mir. Ich ging damit in ein anderes Zimmer, um besseres Licht zu haben.
Aus Neugier fuhr ich mit einem Kristall über das Röntgenbild, um festzustellen, ob ich an der Bruchstelle energetische Vibrationen spüren könnte. Ich stellte mich geistig auf die Verletzung ein und begann bei geschlossenen Augen mit der Untersuchung. Zu meiner großen Überraschung rief mir meine Freundin aus dem anderen Zimmer zu, daß sie einen pochenden Schmerz an der verletzten Stelle verspürte. Ich machte die Augen auf und bemerkte, daß der Kristall genau auf die Bruchstelle auf dem Röntgenbild zeigte. Ich bewegte ihn davon weg, und damit verging auch der Schmerz. Sobald ich mit dem Kristall wieder über die Verletzung fuhr, kam auch der Schmerz wieder. Wir wiederholten dies noch mehrere Male, immer mit demselben Ergebnis.
Röntgenstrahlen zeigen also anscheinend nicht nur die physische, sondern auch die energetische Entsprechnung eines bestimmten Körperteils; diese kann bewußt aktiviert und zum Ausdruck gebracht werden.
Damals traf ich mich regelmäßig mit Ärzten und Klinikern zu energetischen Heilversuchen. Einen der Ärzte bat ich, zu unserem nächsten Treffen Röntgenaufnahmen von Knochenbrüchen mitzubringen.
Ich bat die versammelten Teilnehmer, die Augen zu schließen und jeweils eine Aufnahme mit einem Kristall zu untersuchen. Sie stellten sich geistig darauf ein wahrzuneh-

men, wann der Kristall die Bruchstelle aktivierte. Sobald der Kristall circa fünf Zentimeter davon entfernt war, nahmen acht von zehn Versuchsteilnehmern dies als Kribbeln, Wärme oder pulsierende Empfindung in der Hand wahr, in der sie den Kristall hielten – und dies bei geschlossenen Augen!

Die Schlußfolgerung: Wenn Röntgenbilder und andere Fotografien energetische Abbilder sind, und man auf diese Art Zugang zu dieser Energie erhält, können daraus nicht nur energetische Informationen gewonnen, sondern diese auch therapeutisch genutzt werden.

Hellseher und Medien haben mittels Fotografien, die sie als energetische ›Zeugen‹ verwendeten, schon vermißte Personen ausfindig gemacht. Manche Heiler verwenden Fotos für die Fernheilung. Dieses Gebiet verdient es also sehr wohl, wissenschaftlich erforscht zu werden. Die Zeit ist reif dafür. Ich werde später noch genauer darauf eingehen, wie Sie mit Hilfe eines Fotos Ihr eigenes Energiefeld untersuchen können.

Da auch unsere Gedanken und Emotionen Energiemuster sind, welche das Energiefeld des Körpers schneiden, kann emotionale und Gedankenenergie unser Wohlbefinden sowohl positiv als auch negativ beeinflussen. Doch wie überträgt sich unsere Energie auf andere, wie kann sie deren körperliche Energiemuster schneiden und verändern? Nicht alle Fragen haben bereits eine Antwort, doch immerhin gibt es dank moderner Forschung ein paar Fingerzeige.

So ist beispielsweise bekannt, daß jede Zelle des menschlichen Körpers elektromagnetische Strahlung übertragen kann, was als Licht im nahen ultravioletten und im Infrarotbereich gemessen wird. Diese Strahlungswellen übertragen innerhalb und außerhalb der Zelle Informationen, wodurch wiederum andere Zellen mit lebenswichtigen Daten versorgt werden.

Die DNS (Desoxyribonukleinsäure), die genetische Blaupause des Lebens, hat piezoelektrische Eigenschaften, kann also Energie von einer Form in eine andere umwandeln. Durch Zufuhr von Energie in Form von Druck oder Schwingung werden in piezoelektrischen Strukturen Elektronen freigesetzt. Werden einer solchen Struktur Elektronen zugeführt, fängt sie an zu schwingen. Mit Ausnahme von ausgewachsenen roten Blutkörperchen enthalten alle Zellen des menschlichen Körpers DNS und sind damit piezoelektrisch. Für den Nobelpreisträger St. Gyorgi ist die Übertragung von Elektronen innerhalb der Zelle und zwischen den Zellen der Schlüssel zu den Prozessen des Lebens. Es ist also nicht verwunderlich, daß bestimmte energetische Vibrationen unserer Gesundheit zugute kommen oder sie beeinträchtigen können.

Versuche in Rußland von Dr. Vlail Kaznacheyev, dem Direktor des Instituts für Klinische und Experimentelle Medizin in Novosibirsk, legen die Vermutung nahe, daß die zellulare Strahlung (also die Bewegung von Energie) in der Informationsübertragung eine wesentlich größere Rolle spielt als bisher angenommen.[2] Dr. Kaznacheyev trennte gesunde Zellen in zwei Musterkulturen, die er durch einen Quarz oder durch ein Glasfenster voneinander trennte. Eine Kultur wurde Viren, Bakterien, einem chemischen Gift oder radioaktiver nuklearer Strahlung ausgesetzt, wodurch diese Zellen zugrunde gingen.

Waren die nicht infizierten Zellen durch eine Glasscheibe von den infizierten Zellen getrennt, blieben sie gesund. Bestand die Trennscheibe dagegen aus Quarz, übertrug sich die Krankheit in 70 bis 80 Prozent der Fälle auch auf die gesunden Zellen, so daß auch sie wenig später eingingen.

Dieses überraschende Ergebnis zeigte, daß infizierte Zellen Informationen über ihre Krankheit an nichtinfizierte Zellen weitergaben, und zwar durch Energie, die zwar Quarz, nicht jedoch Fensterglas durchdringen konnte. Quarz ist UV-durchlässig, während Glas als Filter bzw. Blockade wirkt, so daß die ausgesandten Signale sich verändern. Weitergehende Untersuchungen ergaben, daß diese spezielle Energie im nahen UV-Bereich liegt, so wie die DNS-Strahlung.

Über 1700 Versuche wurden im Verlauf dieses Experiments durchgeführt. Sie lassen darauf schließen, daß die DNS in

2 V.P. Kaznacheyev et al., »Distant intercellular interactions in a system of two tissue cultures«, in: *Psychoenergetic Systems*, 1(3), März 1976.

lebenden Zellen mit anderen Zellen in der Nachbarschaft durch Energieübertragung in Form von Licht kommuniziert. Man kann also davon ausgehen, daß Zellen unabhängig von ihrer biochemischen Beschaffenheit und ihrer Funktion (Blutkreislauf, Nervensystem, Immunsystem etc.) miteinander kommunizieren können.

Das Wasser des Lebens

Wissenschaftlern zufolge besteht der menschliche Körper zu ungefähr zwei Dritteln aus Wasser. Ändert man die zum Wasser gehörigen Energiefelder, kann sich auch die Struktur des Wassers ändern, was sich tiefgreifend auf die Körperzellen auswirken kann.

Dr. Bernard Grad, Biologe an der McGill University in Montreal, hat nachgewiesen, daß sich das Absorptionsspektrum, die Oberflächenspannung, die Leitfähigkeit und der Säuregrad von Wasser durch konzentrierte Gedanken und willentliche Intention verändern lassen. Ist die Intention eine heilende, werden die Winkel der Wasserstoffbindungen der Wassermoleküle größer, wodurch sich die normale Anziehungskraft der Wassermoleküle untereinander verringert. Dies wiederum führt zu einer niedrigeren Oberflächenspannung und einer höheren Löslichkeit des so strukturierten Wassers und zu veränderten Mustern im Absorptionsspektrum.

Bei einer der Versuchsserien gab Dr. Grad einer Versuchsperson, die einen sogenannten ›grünen Daumen‹ hatte, und einem psychisch Kranken mit schweren Depressionen jeweils eine versiegelte Flasche Wasser in die Hand. Mit dem Wasser aus den beiden Flaschen wurden regelmäßig Pflanzen gegossen, eine dritte Pflanzengruppe erhielt normales, nicht strukturiertes Wasser.

Die Pflanzen, die mit dem positiv strukturierten Wasser der Person mit dem ›grünen Daumen‹ behandelt worden waren, wuchsen schneller als die mit ›normalem‹ Wasser gegossenen Pflanzen. Die Pflanzen dagegen, die das ›negative‹ Wasser des Depressiven erhielten, wuchsen langsamer. (Vgl. Gerber, Vibrational Medicine, S. 295)

Strukturiertes Wasser weist veränderte Werte hinsichtlich des Absorptionsspektrums, der Oberflächenspannung, der Leitfähigkeit und des Säuregehaltes auf. Es ist deshalb wahrscheinlich, daß mit strukturiertem Wasser auch der elektrische Widerstand und die Durchlässigkeit der Zellmembran verändert werden kann, wodurch ihre Empfänglichkeit für Signale auf der Schwingungsebene erhöht bzw. verringert werden kann.

Dem Anschein nach kann strukturiertes Wasser auch Informationen speichern, die lebende Systeme ›lesen‹ können. Diese Erkenntnis hat weitreichende Konsequenzen für die Heilkunde, da menschliche Körperzellen zum Großteil aus Wasser bestehen und davon umgeben sind. Wenn Gedanken und Heilenergie tatsächlich in der Lage sind, inner- und außerzellulares Wasser zu strukturieren und damit die elektrische Ladung von Zellmembranen zu beeinflussen, können sie auch den Heilprozeß unterstützen.

Die Wirkung der Intention

Aus der Physik wissen wir, daß man als Beobachter eines Ereignisses auch das Ereignis selbst verändert, ein Phänomen, das in der Quantenphysik als *Beobachtereffekt* bezeichnet wird. Der Physiker Fred Wolf definiert Beobachtung als jede Aktion, die dazu führt, daß eine Wahl getroffen wird. Für ihn ist der Beobachtereffekt ein Attribut des Bewußtseins, welches sowohl auf unbewußter als auch auf bewußter Ebene abläuft.

Unbewußte Prozesse können durch bewußte Intention verändert werden. Eine bewußte Entscheidung, etwas zu verändern, etwa eine Infektion zu heilen, kann beispielsweise energetische Muster im Immunsystem verändern, sowohl bei uns selbst als auch bei anderen. Das macht den Beobachtereffekt zu einem bedeutenden Faktor im holoenergetischen Heilen.

William Tiller, Professor für Angewandte Physik an der Stanford-Universität, berichtete 1986 auf der jährlichen Konferenz der ›Association for Research and Enlightenment‹ (Verband für Forschung und Aufklärung) in Arizona von einer von ihm entwickelten Vorrichtung, die unter dem Einfluß einer heilenden Intention Elektronen freisetzt.

Tiller versiegelte zwei Diodenelektroden mit einer Schicht Gas und setzte die Vorrichtung unter hohen Wechselstrom. Die Voltzahl war nicht hoch genug, um das Gas in seine Bestandteile zu zerlegen. Obwohl keine Ladung zu beobachten war, wurden kleine Elektronenlawinen freigesetzt. Mit Hilfe eines Zählkreises stellte Tiller die Anzahl der ausgesendeten Elektronen fest.

Um jeglichen elektromagnetischen Effekt auszuschließen, wurde um die Vorrichtung ein Faraday'scher Käfig aufgebaut. Der Schwellenwert des Gerätes wurde so eingestellt, daß es etwa alle fünf Minuten einen Elektronenschwall aussendete, wenn jemand auch nur in der Nähe stand.

Daraufhin ließ Tiller eine Person willentlich durch die Hände Heilenergie auf die Vorrichtung senden. Neunzig Sekunden lang gab es keine Reaktion, doch die darauffolgenden fünf Minuten wurden über fünfzigtausend Elektronenstöße aufgezeichnet. Wurde die Energieübertragung gestoppt, ließen die Energieausbrüche langsam nach. Nichts konnte die Übertragung der Heilenergie auf das Gerät beeinträchtigen oder gar aufhalten. Das Gerät reagierte nicht auf UV- oder Infrarotlicht, nicht auf Gammastrahlen und nicht auf Starkstrom. Dies läßt auf eine Energie schließen, die über die Frequenz von elektromagnetischer Strahlung hinausgeht.

Tiller ging noch einen Schritt weiter und untersuchte, wie sich unterschiedliche Gedanken auf die Elektronentätigkeit auswirkten. Wenn er sich auf die Heilenergie konzentrierte, wurden zwanzig- bis fünfzigtausend Elektronenstöße gemessen. Neutralisierte er dagegen seine Gedanken und konzentrierte sich auf mathematische Berechnungen, wurden keine Energieausstöße aufgezeichnet.

Tiller stellte fest, daß das Gerät bereits einen Ausstoß verzeichnete, wenn er nur daran dachte. Außerdem waren die Werte viel niedriger, wenn er krank war oder geistig nicht bei der Sache. Weitere Experimente bewiesen die Wirksamkeit von Visualisierungstechniken. Tiller stellte sich in einer Entfernung von etwa fünf bis sieben Metern auf und stellte sich vor, daß das Gerät sich über seinem Solarplexus befand; daraufhin wurden zwanzig- bis fünfzigtausend Ausstöße gemessen.

Nach Tausenden von Versuchen kam Tiller zu dem Ergebnis, daß Menschen eine Form von Energie abgeben, die über das elektromagnetische Spektrum hinausgeht und die Freisetzung von Elektronen bewirken kann. Diese subtile Energie dient der Informationsübertragung und wird vom Geist gesteuert. Durch willentliche Intention, Aufmerksamkeit und Visualisierung kann sie fokussiert werden.

Ein Heiler, der bei Tillers Gerät einen Elektronenausstoß bewirken kann, kann mit seiner Heilenergie über die Hände, die Intention und Gedanken sehr wohl in der Lage sein, das Ladungsgleichgewicht von Zellmembranen und vielleicht sogar die DNS und damit die Gesundheit lebender Zellen zu beeinflussen.

Mit Hilfe von Tillers Versuchen wurde bewiesen, daß unbelebte Systeme von menschlicher Energie beeinflußt werden können. Es war anzunehmen, daß lebende Systeme ähnlich reagierten. Ich beschloß, dies herauszufinden. Meine eigenen Versuche bestätigen, daß mit willentlicher Intention und Visualisierung lebende Systeme beeinflußt werden können. Ich führte Experimente durch, in deren Verlauf ich allein durch Visualisierung das Wachstum von Tumorzellen um 18 Prozent senken konnte, verglichen mit einer Kontrollgruppe.

Als ich zusätzlich zu dieser Visualisierung die willentliche Intention einsetzte, daß die schnell wachsenden Zellen sich wieder auf ihr natürliches Maß beschränken sollten, verdoppelte sich der Effekt auf vierzig Prozent. Diese Studien lassen darauf schließen, daß sich Visualisierung und willentliche Intention gleichermaßen auf die psychoenergetische Wachstumshemmung von Tumorzellen im Labor auswirken. Nähere Informationen hierzu finden Sie in Anhang A.

Energie auf der subatomaren Ebene

In der Physik kennt man noch die subatomare Ebene, die Ebene des Photonenaustauschs. Photonen besitzen keine Masse und keine Ladung; sie sind die energetische Grundlage von Licht und elektromagnetischer Energie. Setzt ein Atom aus einem Elektron ein Photon frei, verliert es Energie; umgekehrt wird durch die Absorption eines Photons Energie dazugewonnen. Dieser Photonenenergieaustausch ist wiederum dem Einfluß einer noch fundamentaleren Energie ausgesetzt, der sogenannten Energie des ›Nichts‹ (Vakuum) bzw. dem Nullpunktenergiezustand.

In der Forschung geht man davon aus, daß potentielle Energie in Feldern organisiert und gespeichert wird, die unbelebte Objekte und Lebewesen umgeben. Doch auf der Ebene der Photonen und subatomaren Teilchen verhält sich Energie nicht unbedingt so wie das in Feldern der Fall wäre. Partikel verschwinden und tauchen an unerwarteten Stellen wieder auf; damit verletzen sie das postulierte Gesetz von der Erhaltung der Energie.

David Bohm, einer der führenden Köpfe der theoretischen Physik, spricht von der höheren Ordnung der ›Quantenpotentialenergie‹ von Partikeln, um erklären zu können, warum Energie sich anscheinend schneller als das Licht fortbewegen kann.[3] Wenn zwei Photonen von einem Atom freigesetzt werden und sich in entgegengesetzter Richtung voneinander fortbewegen, wird durch Einflußnahme auf die Drehrichtung des einen Photons (durch Polarisierung) gleichzeitig die des anderen beeinflußt.[4] Da sich Photonen, die ja Lichtpakete sind, mit Lichtgeschwindigkeit voneinander fortbewegen, müßte jegliche Kommunikation zwischen ihnen bei doppelter Lichtgeschwindigkeit stattfinden, was sämtlichen bekannten physikalischen Gesetzen zuwiderläuft. Derartige Experimente zeigen, daß Teile mit dem Ganzen durch eine höhere, einigende Ordnung verbunden sind, selbst wenn die Teile (in diesem Fall die Photonen) durch Raum und Zeit voneinander getrennt sind.

Biophysiker, welche die Auswirkung der höheren Quantenpotentialenergie auf biologische Systeme untersuchen, bezeichnen sie als Skalar- bzw. Nicht-Hertzianische Energie. Ihrer Meinung nach stellen diese Energien den Mechanismus zur

---

3 David Bohm und F.D. Peat, *Science, Order and Creativity,* New York 1987, S. 89–93.

4 Abner Shimony, »The Reality of the Quantum World«, in: *Scientific American,* January 1988: 46–53.

Verfügung, über den sich ›feinstoffliche Energien‹ auf und über das elektromagnetische Feld hinaus auswirken.[5]

Energiefelder und Energiezentren des Menschen

Jeder physische Körper besteht aus miteinander in Beziehung stehenden, pulsierenden Energiefeldern und hat seine eigenen Schwingungsmuster, vergleichbar mit Musiknoten, die für ihn natürlich sind und mit denen er resoniert. Da jede Note auch Obertöne, also harmonische Oberschwingungen hat, kann man davon ausgehen, daß dies auch für den Körper gilt. Diese Oberschwingungen des Körpers werden als *feinstoffliche Körper* oder *feinstoffliche Felder* bezeichnet (siehe Abb. 1). Sie durchdringen das physische elektromagnetische Energiefeld und bringen Bewußtsein und Körper miteinander in Verbindung.

Die feinstofflichen Energiefelder des Körpers werden meistens in willkürliche Gruppen eingeteilt, die über den physischen Körper hinausreichen. Hellsichtige Menschen nehmen sie als farbige Auren wahr, die den physischen Körper umgeben. Durch biomechanisches Testen kann der Umfang dieser Felder festgestellt werden.

Im folgenden werden fünf feinstoffliche Energiefelder beschrieben, die mit dem menschlichen Körpergeist in Verbindung gebracht werden: das bioenergetische, ätherische, emotionale, mentale und intuitive Feld.

Das bioenergetische Feld

Das bioenergetische Feld besteht sowohl aus feinstofflichen als auch wissenschaftlich nachweisbaren Energien und ist teilweise auf die Prozesse in den Körperzellen zurückzuführen: Wachstum, Stoffwechsel, Absterben, Entstehen neuer Zellen etc. Es setzt sich aus Kohlendioxid, winzigen Salzkristallen, Wasser-

---

5 Zur Anwendung dieser neuen Quantenenergien in der Biologie sowie ihrer Rolle im Heilprozeß siehe den Artikel von Glen Rein, Ph.D., Direktor des Quantum Biology Research Laboratory, in Anhang A.

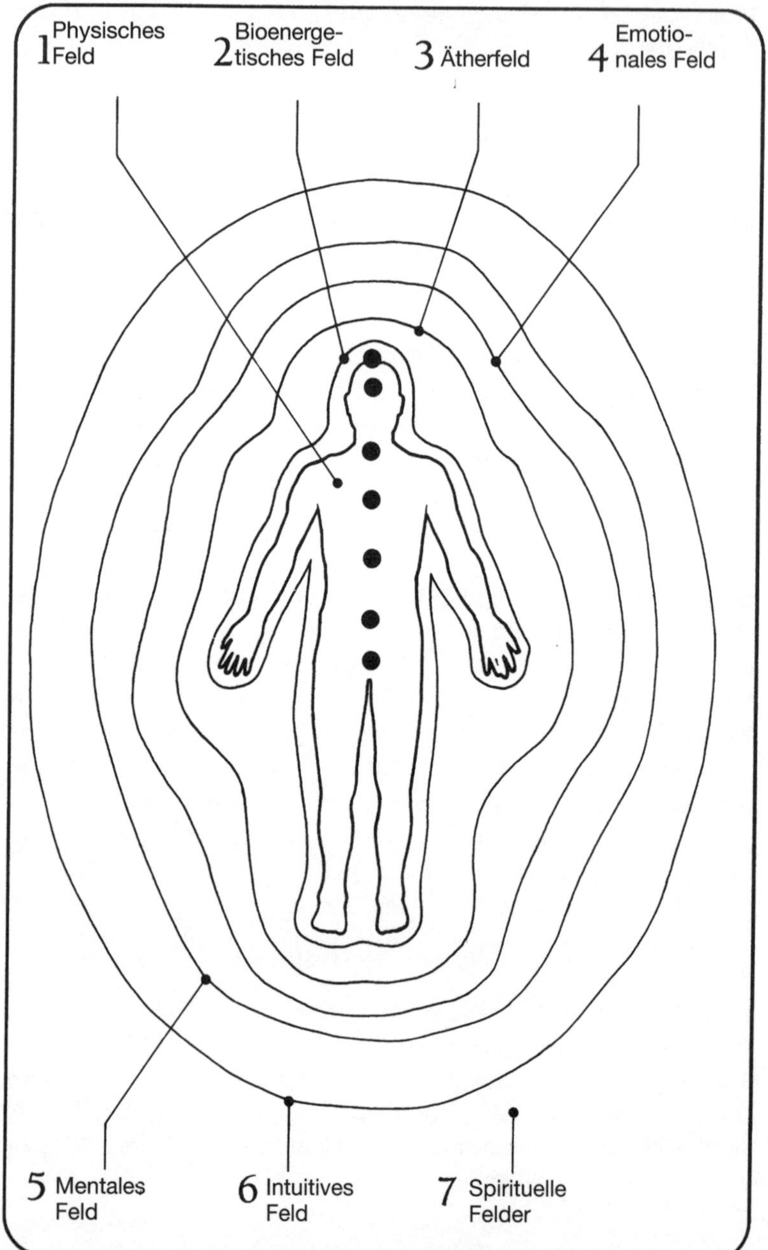

Abb. 1: *Die feinstofflichen Felder des menschlichen Körpers*

molekülen, Ammoniak und anderen Substanzen zusammen, die durch die Prozesse in lebenden Organismen anfallen. Daneben gehören das elektromagnetische, Gravitations-, akustische und feinstoffliche Feld des physischen Körpers dazu. Manche dieser Felder können im Labor wissenschaftlich nachgewiesen werden. Eine Theorie besagt, daß diese Ansammlung von Substanzen durch die bei der Zellteilung abgegebenen ultravioletten Photonen angeregt wird. Dies macht sich als eine Wolke von ionisierten Partikeln bemerkbar, die den Körper mit einer Stärke von circa fünf bis zehn Zentimeter umgibt und eine klar definierte äußere Begrenzung hat. Der Zustand des bioenergetischen Feldes spiegelt die körperliche Gesundheit wider: Fühlen wir uns rundum gesund, ist es stärker, bei Krankheit zieht es sich zusammen.

Das Ätherfeld

Das ätherische Feld geht über das bioenergetische Feld hinaus und setzt sich aus den Energiemustern des Körpers zusammen, sowohl den harmonischen als auch den disharmonischen. Es hat von allen Energiefeldern die direkteste feinstoffliche Energieverbindung mit dem physischen Körper und zeigt uns am besten, wie sich Gedanken, Gefühle und Umwelteinflüsse auf den Körper auswirken.

Für mich weist das ätherische Feld Unterschiede zu den anderen feinstofflichen Feldern auf, doch sind in ihm Informationen aus allen anderen Feldern vorhanden. Es ist mit einer Radiostation vergleichbar: Es hat seine eigene Frequenz und sendet seine eigenen Programme, berichtet jedoch gleichzeitig regelmäßig über alle anderen Sender in seiner Reichweite, vom physischen Körpergeist bis hin zu allen anderen feinstofflichen Energiefeldern.

Anders ausgedrückt, enthält der Ätherkörper die energetischen ›Schablonen‹ unseres Lebens. So wie wir eine Schablone oder ein Muster dazu verwenden, Stoff für ein Kleidungsstück zuzuschneiden, sind die Schablonen des Ätherkörpers, die aus Energie bestehen, eine Art Führer, der die energetische Organisation des Körpergeistes anleitet. Inzwischen spekulieren

Neurophysiologen, daß das Gedächtnis nicht nur im, sondern auch außerhalb des physischen Körpers existiert. Sie gehen davon aus, daß Gehirnzellen und Elemente des Geistes, die als Informationspakete außerhalb des Körpers existieren, holographisch sind und ein Bild bzw. eine Schablone des Ganzen enthalten.

Denken Sie doch einmal über Ihr Leben und das von anderen nach. Sie werden erkennen, daß es bei jedem Menschen gewisse Konstanten gibt, an denen er Tag für Tag und Jahr für Jahr erkennbar ist. Das kann sich auf die Persönlichkeit, auf körperliche Merkmale, Überzeugungen, gesundheitliche Faktoren und ähnliches beziehen. Du bleibst du, und ich bleibe ich, trotz der Tatsache, daß unsere Zellen sich ständig erneuern und wir uns auch in anderer Hinsicht laufend verändern. Dies ist möglich durch die Schablonen des ätherischen Feldes und anderer Felder, die uns beim ›Zuschneiden‹ behilflich sind, so daß wir jedesmal im Grunde dieselben bleiben. Das ätherische Feld arbeitet auch mit dem genetischen Code zusammen, so daß ein physisches Muster zum Ausdruck kommen kann. Oder mit den Worten von Richard Gerber in *Vibrational Medicine:*

> »Die Gene innerhalb der DNS steuern die molekularen Mechanismen, die für die Entwicklung einzelner Zellen verantwortlich sind; der Ätherkörper wiederum leitet die räumliche Entfaltung des genetischen Prozesses.«

Wann immer Wandel bewirkt werden soll, zum Beispiel beim holoenergetischen Heilen, werden diese Schablonen herangezogen. Auf der ätherischen Ebene erhalten wir ein zusammengesetztes Bild all der energetischen Schablonen, die sich auf unser Leben auswirken. Dies ist der Beginn unserer Reise zum energetischen Ursprung unserer gegenwärtigen Lebenssituation und der Punkt, von dem aus das Programm zum Heilen gesendet wird.

In Kapitel 5 wird beschrieben, wie wir mit Hilfe des Ätherfeldes Zugang zu Informationen über den Körpergeist und die anderen Energiefelder gewinnen.

Das emotionale Feld

Das nächste Feld ist das emotionale Feld. Es durchdringt den bioenergetischen, den Äther- und den physischen Körper. Gefühle. Emotionen und Intentionen wirken sich auf das emotionale Energiefeld und damit auch auf den physischen Körper aus.

Gedanken sind immer mit Gefühlen verbunden. Verändern sich die Gedanken, tritt auch bei den Gefühlen eine Änderung ein; das gleiche gilt umgekehrt. Durch Emotionen werden Gefühle in Aktionen ausgedrückt, oft wird allerdings die entsprechende Aktion unterdrückt. Wenn wir gesund sind, sind unsere Gedanken und Gefühle miteinander verbunden und leiten das, was wir tun. Wenn also Gedanken und Gefühle aufeinander abgestimmt sind und durch Aktionen ausgedrückt werden, wird das emotionale Feld beeinflußt.

Unsere emotionale Gesundheit ist abhängig von unserer Fähigkeit, mit unseren Emotionen, Gefühlen und Gedanken in Kontakt zu sein. Wenn wir uns ihres Ursprungs und ihrer Auswirkungen bewußt sind, entwickeln wir auch ein besseres Selbstgefühl.

Das mentale Energiefeld

Das mentale Energiefeld steht mit den intellektuellen Funktionen des Geistes in Verbindung. Auf seiner höheren Frequenz durchdringt es das ätherische und das emotionale Feld und geht über diese hinaus. Durch das Zusammenwirken mit anderen Feldern erhalten wir die Fähigkeit zu kategorisieren, analysieren, rationalisieren, synthetisieren und unsere Gedanken Wirklichkeit werden zu lassen.

So wie es aussieht, verstärkt das Gehirn die Gedanken, die durch den Geist kommen. Doch wo befindet sich dieser Geist? Der Neurophysiologe Karl Lashley führte dazu Versuche mit Ratten durch. Er brachte ihnen bei, durch ein Labyrinth zu laufen und verletzte dann Teile der Gehirnrinde. Doch egal, welche Teile des Gehirngewebes dadurch betroffen waren: Die Ratten konnten das Labyrinth immer noch durchqueren. Das

Gedächtnis befand sich also nicht an einem bestimmten Platz. Lashley stellte jedoch fest, daß ein bestimmtes Minimum an Gehirnmasse erforderlich war, damit sich die Ratten an das Labyrinth erinnern konnten. Waren über 20 Prozent der Gehirnmasse beschädigt, nahm diese Fähigkeit proportional ab. Mit solchen Versuchen wurde der Beweis erbracht, daß das Gedächtnis nicht an einer bestimmten Stelle lokalisiert ist, sondern daß das Gehirn vermutlich holographisch funktioniert, daß also jede Gehirnzelle in der Lage ist, Zugang zu einem Bild des Ganzen zu finden, so als ob jede Zelle eine Art Blaupause des ganzen Gehirns in sich trägt, selbst wenn sie, als individuelle Zelle, eine ganz bestimmte Funktion erfüllt.

Nach dreißig Jahren Forschung kam Lashley zu folgendem Schluß: »Es ist nicht möglich aufzuzeigen, daß eine Gedächtnisspur isoliert irgendwo im Nervensystem sitzt.«[6] Zu einem ähnlichen Ergebnis kam der Biologe Rupert Sheldrake: »Unser Gehirn ist wie ein Fernseher – also ein Gerät zum Einstellen -; die Informationsspeicherung findet außerhalb des Gehirns und des Körpers statt.«[7] Das impliziert, daß das Gedächtnis zumindest teilweise nicht-physisch ist.

Auch die normale bzw. überdurchschnittliche Leistung von hydrozephalischen Kindern läßt darauf schließen, daß der Verstand/Geist auch außerhalb des Gehirns existiert und nicht auf die Gehirnzellen beschränkt ist. Bei Hydrozephalus (›Wasserkopf‹) sind die mit Rückenmarksflüssigkeit angefüllten Gehirnkammern des Fötus blockiert, was eine ungeheure Anschwellung im Kopf zur Folge hat. Durch den enormen Flüssigkeitsdruck wird das Gehirngewebe gegen den Schädel gepreßt, wodurch oft nicht einmal ein Millimeter Gehirngewebe übrigbleibt. Doch trotz dieser verminderten Gehirnmasse können manche dieser Kinder komplexe mathematische Aufgaben lösen und gute schulische Leistung erbringen.

6 Karl S. Lashley, »In Search of the Engram«, in: *Symposia of the Society for Experimental Biology*, 1950, 4: 454–82.

7 Rupert Sheldrake, »Can Our Memories Survive the Death of Our Brains?«, in: *Proceedings of the Symposium on Consciousness and Survival*, Sausalito 1987, S. 67.

Dies und Lashleys Experimente weisen darauf hin, daß zum Verständnis des Geistes das Gehirngewebe allein nicht ausreicht. Candace Pert, frühere Mitarbeiterin am National Institute of Mental Health, hält es für möglich, daß es ein komplexes Kommunikationsnetzwerk gibt, das Informationen zwischen dem Nervensystem, dem Immunsystem und dem Hormonsystem weiterleitet. Die Botenmoleküle, die diese Informationen transportieren, sind die sogenannten *Neuropeptide*; sie werden im Gehirn, in den Nieren, im Darm und in den Blutzellen produziert. Der Stoff, aus dem die Gedanken sind, ist also überall, nicht nur in den ›grauen Zellen‹ unseres Kopfes.[8]

Dies läßt unter anderem darauf schließen, daß Gedanken und Gefühle die Zellen des Immunsystems stimulieren; diese wiederum ›reparieren‹ mit Hilfe der Neuropeptide Verletzungen und entscheiden, welche Zellen geschützt und welche vernichtet werden müssen, zum Beispiel Krebszellen. So lösen Gedanken und Gefühle buchstäblich die Produktion von physiologischen Substanzen aus. Aus diesen Zusammenhängen entwickelte sich in der allopatischen Medizin das neue Gebiet der Psychoneuroimmunologie.

Candace Pert ist der Meinung, daß Gehirn und Körper einfach physische Substrate des Geistes sind. Der Geist kann allerdings nicht ausschließlich physisch erklärt werden. Er besteht auch aus einem nichtmateriellen Substrat, den Informationen, die in ihm und um ihn fließen. Das physische Gehirn stellt sozusagen einen Radioempfänger dar, die Informationen, die den Geist ausmachen, sind die ihn umgebenden Radiowellen.

Natürlich finden nicht alle Kommunikations- und Verständnisprozesse auf der mentalen oder intellektuellen Ebene statt. Es gibt weitere Bewußtheitsebenen, die intuitive und die spirituelle Ebene, die das Bild vervollständigen.

8 Candace Pert, »Neuropeptides, the Emotions and Bodymind«, in: *Proceedings of the Symposium on Consciousness and Survival,* Sausalito 1987, S. 79.

Das intuitive Feld

Dieses Feld wird auch als kausales Feld bezeichnet; es ist sozusagen die Brücke zwischen dem spirituellen Feld auf der einen Seite und den emotionalen und mentalen (Persönlichkeits-) Feldern auf der anderen. Auf dieser Ebene wird uns direktes Wissen zuteil, welches dann in Form von Gedanken und Gefühlen registiert wird. Auf der intuitiven Ebene können wir Wissen ›anzapfen‹, welches intellektuelles, rationales Denken transzendiert. Die spirituelle Ebene durchdringt das intuitive Feld und geht noch darüber hinaus.

Die Chakren: Die Verbindung der verschiedenen Energiefelder

Das biophysische, ätherische, emotionale, mentale und intuitive Energiefeld sind nicht klar voneinander abgetrennt. Sie vermischen sich, beeinflussen sich gegenseitig und sind wie ein großer Energieozean ständig in Bewegung. Stellen Sie sich das Meer vor, mit Strömungen, Wellen und Turbulenzen; auch die Bewegungen von Fischen und anderen Tieren sowie die Bewegung der Erde durch den Raum gehören dazu. Man kann zwar allgemein die Richtung einer Strömung oder von Wellen am Strand bestimmen, doch zu verstehen, wie sich jede Strömung auf das Ganze auswirkt, ist etwas ganz anderes. Sich all die unterschiedlichen Energieformen des Meeres zusammen vorzustellen, ist noch schwieriger.

Mit den Energiefeldern des menschlichen Körpers ist es ähnlich. Es ist gar nicht so einfach, sich ein vollständiges Bild davon zu machen. Sehr hilfreich dabei ist das jahrtausendealte Modell der *Chakren*, welches im Laufe der Jahrhunderte immer wieder verfeinert wurde und auch heute noch in der Akupunktur und anderen spirituellen und Heilsystemen Anwendung findet.

Diesem uralten System zufolge sind die einzelnen Felder durch sieben Hauptenergiezentren, die *Chakren*, mit dem physischen Körper verbunden. Das Wort ›Chakra‹ kommt aus dem

Sanskrit und bedeutet ›Energie- oder Feuerrad‹. Gemäß den alten spirituellen Traditionen sind diese Energiewirbel dafür da, feinstoffliche Energien zu assimilieren, zu übertragen und zu verteilen. Die Chakren werden auch mit einer Antennenanlage verglichen, welche auf die Informationen im multidimensionalen Raum eingestellt werden kann. Feinstoffliche Energien vitalisieren den Körper und erhöhen das Bewußtsein. Durch spezielle Yoga-Meditationen und Atemübungen werden diese Effekte noch verstärkt und neue Energien getankt.

Jedem der sieben Chakren ist eine Hormondrüse, eine Farbe und ein Klang zugeordnet, welche für seine Frequenz charakteristisch sind. Jedes Energiezentrum ist außerdem für ein bestimmtes Nervengeflecht zuständig. Über das jeweilige Chakra werden bestimmte Teile des Körpers mit Energie aufgeladen und vitalisiert (siehe Tabelle Seite 62). Jede krankhafte Veränderung eines Körperteils steht in direktem Zusammenhang mit dem entsprechenden Energiezentrum.

Die Chakren dehnen sich ständig aus und ziehen sich wieder zusammen; damit spiegeln sie unsere täglichen Erfahrungen, Gefühle und Emotionen wider. Gleichzeitig verändert sich ein bestimmter Teil der Chakren äußerst wenig. Man kann sich dies wie einen Baum vorstellen: Die tief reichenden Wurzeln durchlaufen im Laufe seiner Lebenszeit nur winzige Veränderungen. Die Äste dagegen reagieren auf jeden Windhauch, auf den Wechsel der Jahreszeiten, auf den Lauf der Sonne am Himmel und auf das geschäftige Treiben der Tiere im Blätterwerk. Auch ein Chakra reagiert auf viele unterschiedliche Einflüsse. Will man ein Chakra einschätzen, hängt die Information davon ab, welche seiner Dimensionen angeschaut werden.

Auf der physischen Ebene kann ein krankes Organ das ihm zugeordnete Chakra beeinflussen. Ein Magengeschwür wirkt sich ziemlich direkt auf das dritte Chakra aus. Interessanterweise steht das dritte Chakra auch mit Emotionen wie Kontrolle und Konkurrenzdenken in Zusammenhang. Selbstkontrolle und Selbstbeherrschung führen zwar zu innerem Frieden und Harmonie, doch das Bedürfnis, auch in der Außenwelt die Kontrolle zu behalten – über andere Menschen, äußere Situationen –, schafft negativen Streß; dieser wiederum wird in der

Verhaltensmedizin mit Geschwüren und anderen Beschwerden des Verdauungstraktes in Verbindung gebracht.

Im holoenergetischen Heilungsprozeß entspricht jedem Chakra eine Bewußtseinsebene, welche als psychologische oder esoterische Funktion ausgedrückt wird (siehe Abb. 2). Die esoterische Ebene spiegelt den momentanen evolutionären Stand des Chakras wider und hilft uns, den Ursprung einer Krankheit ausfindig zu machen.

Tabelle: *Die 7 Hauptchakren und der ihnen zugeordnete Körperbereich*

Chakra	**Farbe**	**Hormondrüsen**	**Körperteile/ Organe**
7 Scheitel-chakra	violett-weiß	Zirbeldrüse	Großhirn, Kopf rechtes Auge
6 Stirn-chakra	indigoblau	Hirnanhang-drüse	Kleinhirn, linkes Auge, Ohren, Nase, Nerven-system
5 Hals-chakra	blau	Schilddrüse	Bronchien, Hals, Kehle, Lungen
4 Herz-chakra	grün	Thymusdrüse	Herz, Blut, Vagusnerv, Blutkreislauf
3 Solar-plexus-chakra	gelb	Bauchspeichel-drüse	Magen, Leber, Galle, Blase, Nervensystem
2 Sakral-chakra	orange	Keimdrüsen	Fortpflanzungs-organe
1 Wurzel-chakra	rot	Nebennieren	Wirbelsäule, Nieren

aus: Davis Tansley, *Radionics and the Subtle Anatomy of Man*, S. 29

ÜBUNG

Feinstoffliche Energien spüren

Mit Hilfe dieser Übung können Sie feinstoffliche Energie wahrnehmen. Meistens ist dies bereits beim ersten oder zweiten Versuch möglich. Lassen Sie sich nicht entmutigen, falls dies bei Ihnen nicht so ist. Sie werden noch genug Gelegenheit zum Üben haben.

1. Reiben Sie die Hände kräftig gegeneinander, wie beim Händewaschen.
2. Halten Sie dann die Hände mit den Handflächen gegenüber circa 15 Zentimeter auseinander.
3. Bewegen Sie nun Ihre Hände langsam aufeinander zu und konzentrieren Sie sich auf die Empfindungen in Ihren Handflächen.
4. Sie können jetzt spüren, wie sich beim Zusammenbringen Ihrer Hände eine Art Druck aufbaut. Dies kann sich als Kühle oder Wärme bemerkbar machen, als ein Pulsieren oder ein Kribbeln, vielleicht auch als alles Mögliche gleichzeitig.
5. Sobald Sie etwas spüren, selbst wenn es nur ganz schwach ist oder Sie es für Einbildung halten, lassen Sie eine Hand fallen. Was geschieht mit der Empfindung? Können Sie eine Veränderung feststellen?
6. Bringen Sie nun Ihre Hand wieder in die gleiche Stellung wie vorher. Ist auch die Empfindung wieder die gleiche?
7. Experimentieren Sie ein wenig. Was passiert, wenn Sie den Abstand zwischen Ihren Händen verändern?
8. Wenn die Energie am Anfang nicht spürbar ist, probieren Sie die Übung noch einmal in einer anderen Umgebung aus oder wenn Sie richtig entspannt sind.

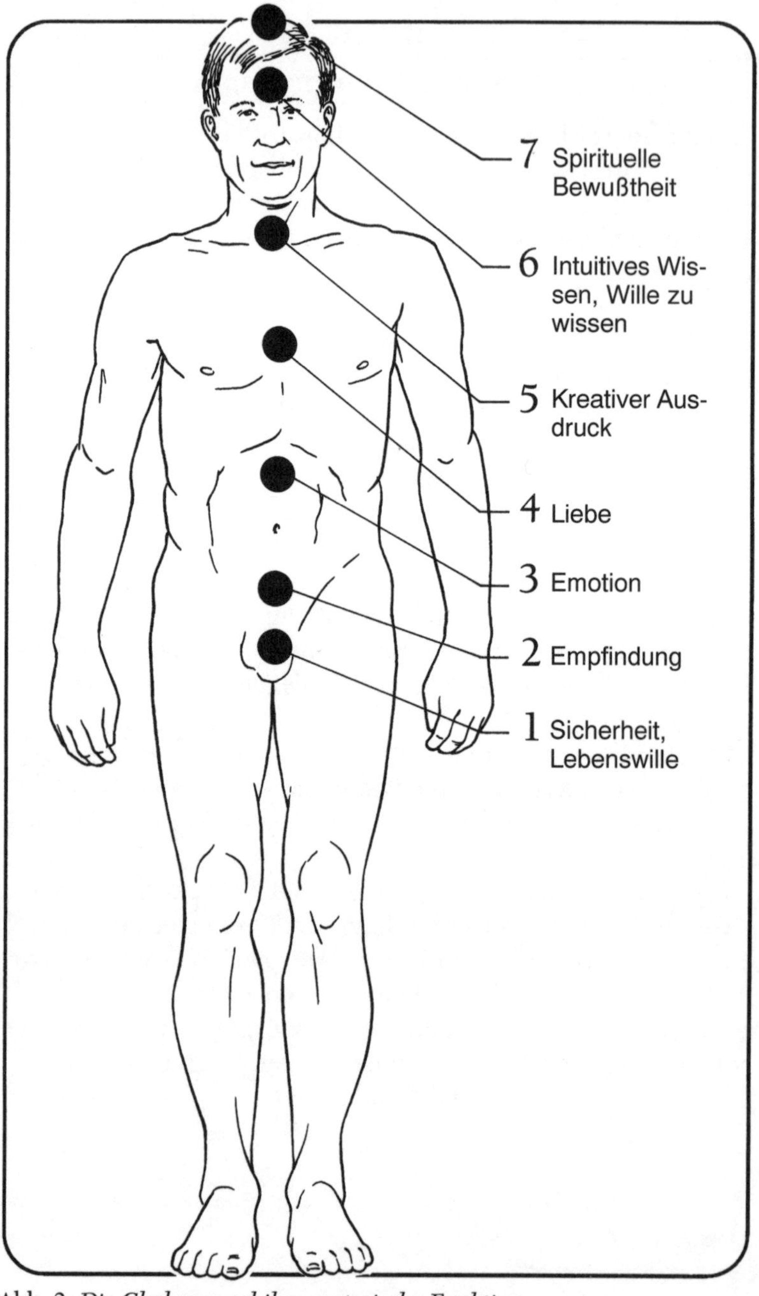

Abb. 2: *Die Chakren und ihre esoterische Funktion*

Jedes Chakra ist eine Art Zeuge. Es enthält Energie, Bilder und Informationen.		
Funktion	**Qualität**	**Verzerrung**
7 spirituelle Bewußtheit		
6 intuitives Wissen, Wille zu wissen		
5 kreativer Ausdruck		
4 Liebe	bedingungsloses Geben, Fürsorge, Mitgefühl	
3 Emotion	Geben, Fürsorge, Mitgefühl, Kraft unter bestimmten Bedingungen,	Macht, Herrschsucht, manipulative Kontrolle
2 Empfindung	Lust, Kreativität	Stimulierung, Besitzergreifung
1 Sicherheit, Lebenswille	Lebenskraft	Überleben

3

Liebe und holoenergetisches Heilen

Liebe ist eine Form des Wissens... Durch das Einswerden in der Liebe wissen wir wahrhaft alles über einen anderen Menschen, ein Ding. Der Liebe wohnt also eine Weisheit inne, die der Verstand nicht hat, und diese Liebe des Herzens, das Einswerden mit dem, was unsere persönlichen Grenzen sprengt, ist ein großer Schritt auf dem Weg in die Freiheit.

The Yoga Sutras of Patanjali

Es kommt der Zeitpunkt im Leben eines Suchenden, wo er entdeckt, daß er gleichzeitig Liebender und Geliebte ist. Seine aufstrebende Seele in ihm ist der Liebende. Und das transzendentale Selbst, das sich in ihm enthüllt, ist seine Geliebte.

Sri Chinmoy

Es gibt großartige Abhandlungen über die Liebe, wie von dem Psychologen Erich Fromm und Dichtern wie Walt Whitman und Elizabeth Barrett Browning. Auch Ärzte haben die Macht der Liebe erforscht, zum Beispiel Bernie Siegel, M.D., in *Love, Medicine and Miracles*, und Deeprak Chopra, M.D., in *Die heilende Kraft*. Die Tatsache, daß so viele Autoren aus allen Berufen und Lebensbereichen über die Liebe geschrieben haben, ist ein Beweis für ihre große universale Macht. In *Femininity Lost and Regained* schreibt Robert A. Johnson:

> »Sanskrit, auf dem die meisten ostindischen Sprachen aufbauen, kennt 96 Begriffe für die Liebe... Im Englischen gibt es nur einen. Die englische Sprache kennt nicht die Breite und Vielfalt, nicht die Differenzierung für das Weibliche und die Gefühlserfahrungen des Sanskrit... Sonst hätten wir ein bestimmtes Wort für die Liebe zum Vater, zur Mutter, zum Sonnenuntergang, zur Ehefrau, zum Haus, zur Geliebten und zu Gott. Mit einem einzigen Wort für so viele unterschiedliche Gefühle und Erfahrungsebenen wird es sehr schwierig, unser komplexes Innenleben und unsere Gefühle zu verstehen. In der Eskimosprache

gibt es dreißig Ausdrücke für Schnee, was zeigt, wie groß das Bedürfnis nach Klarheit in einer komplexen Beziehung zum Schnee ist. Wenn wir an Beziehungen ... so interessiert sind wie die Eskimos am Schnee, entwickeln wir für diesen Bereich des Lebens eine Sprache, die gezielt Unterscheidungen treffen kann.«[1]

Liebe als Heilkraft

Das im folgenden vorgestellte neue Heilmodell basiert auf Liebe, erweiterter Bewußtheit und der Kraft, die bewußter Wandel mit sich bringt. Richtlinien und Hilfsmittel helfen, liebende Energie bewußt zu erwecken und sie willentlich auf jemand anderen oder auch einen bestimmten Bereich des eigenen Körpers zu übertragen. Die Wirkung ist erfahrbar und kann auch im Labor nachgewiesen werden.

Liebe hat zwar viele Formen, doch in ihrer Essenz ist sie Verbundenheit bzw. Nichtgetrenntsein, etwas, das immer existiert und das wir bewußt wahrnehmen können, als Impuls hin zur Einheit zum Beispiel, oder manifestiert in Handlungen.[2]

Liebe ist die stärkste Heilkraft und der mächtigste Katalysator für die Transformation. Die Unfähigkeit, sich selbst zu lieben oder Liebe von anderen anzunehmen ist die Quelle fast aller Krankheiten. Sehr oft haben diese Schwierigkeiten ihre Wurzeln in der frühen Kindheit, wo wir uns verraten und verlassen, gedemütigt und zurückgewiesen gefühlt haben. Die daraus entstehenden tiefsitzenden Minderwertigkeits-, Schuld- und Schamgefühle haben wiederum ein Gefühl des Getrenntseins vom Selbst, vom eigenen Körper und Geist sowie von allen anderen zur Folge. Anfänglich mag dieses Getrenntsein sehr wohl eine Schutzreaktion der Psyche gegen Angst, Isolation und Schmerz sein, doch mit der Zeit entwickeln sich daraus dauerhafte Trennungs-, Entfremdungs- und Angstgefühle.

---

1) Robert A. Johnson, *Femininity Lost and Regained,* New York 1990, S. 2.
2) Mit Hilfe der Übung des Transpersonalen Verbindungsprozesses in diesem Kapitel kann diese Erfahrung gemacht werden.

Bei Krankheit können wir entweder an den Symptomen hängenbleiben und daran ›herumdoktern‹ oder an die Quelle der Störung herangehen und sie transformieren. Dies beinhaltet ein ›In-Sich-Gehen‹, ein Herangehen an den Teil unseres Wesens, der dieses Gefühl des Getrenntseins, der Isolation und des Schmerzes aufrechterhalten will.

In der westlichen allopathischen und homöopathischen Medizin ist es üblich, dieses Herangehen an die Quelle einer Krankheit den Psychotherapeuten oder Geistlichen zu überlassen. In der Psychotherapie bedeutet das Auffinden der Kerninformation und ihre Freisetzung oft eine langwierige Therapie. Beim holoenergetischen Heilen dagegen werden Symptome, ›mittlere‹ Ursachen und der tiefliegende Ursprung von Streß und Krankheit als holoenergetische Muster oder ›Holoforms‹ in und um den Körpergeist zur Heilung eingesetzt. Wenn diese Kerninformation erst einmal energetisch angegangen und erlebt wird, muß sie bewußt anerkannt werden. Um als Ursprung einer Störung das Gefühl des Getrenntseins anzuerkennen, müssen wir damit in Resonanz kommen, eins werden und seine Existenz akzeptieren. Erst dann können wir die Verantwortung dafür übernehmen, daß wir zu einer bestimmten Zeit durch unsere Einstellung diese Kernüberzeugung mitgeformt und damit zur Krankheit beigetragen haben. Oder anders ausgedrück: Wer als Kleinkind die Überzeugung geformt hat, daß er/sie es nicht wert war, geliebt zu werden, müßte dazu stehen, daß er in seinem damaligen beschränkten Veständnis seiner selbst und anderer diesen Glauben geschaffen hat.

Das Wort ›Verantwortung/Verantwortlichkeit‹ wird hier weder moralisierend noch beurteilend verwendet, sondern bezieht sich auf eine Fähigkeit, die in uns allen steckt. Oft lautet die häufigste Interpretation von Verantwortung: »Ich bin schuld an meiner Krankheit; ich habe sie selbst verursacht.« Im holoenergetischen Heilen ist damit die Fähigkeit gemeint, *eine ›Antwort‹ auf etwas zu geben und unseren Beitrag zu einer Krankheit zu verstehen und zu akzeptieren*, ohne Selbstbeschuldigungen oder Selbstverurteilung. Unsere ›Ver-Antwort-ung‹ liegt nicht in dem, was uns andere angetan haben, sondern in der Art und Weise, wie wir darauf reagiert, ›geantwortet‹ haben.

Verantwortung zu akzeptieren ist eine Erfahrung, die unglaublich viel Kraft geben kann. Wenn wir diesen Schritt tun, wird jede Krankheit und jeder Heilprozeß zu einer Quelle der Selbstfindung, zu einem weiteren Schritt auf dem Weg zur Transformation.

Symptom, Ursache und Quelle

Die Unterscheidung zwischen, Symptom, Ursache und Quelle einer Krankheit spielt beim holoenergetischen Heilen eine wichtige Rolle. Nehmen wir als Beispiel einmal eine ganz normale Erkältung. Zu den Symptomen zählen Schnupfen, Husten und Fieber. Die moderne westliche Medizin arbeitet noch immer in erster Linie auf der Symptomebene: Es werden Schnupfenspray, Hustensaft oder homöopathische Mittel verordnet. An die wahre Ursache oder Quelle kommen wir damit offensichtlich nicht heran.

Erst in jüngster Zeit wurde entdeckt, daß die ›Ursache‹ von Erkältungen Viren sind. Weitere Forschung brachte zutage, daß wir, auch wenn wir gesund sind, Viren beherbergen. Die Viren an sich können also nicht die alleinige Ursache sein. Erst wenn das Immunsystem nicht mehr richtig arbeitet, können die Viren, die eigentlich immer da sind, ihren Angriff auf unsere Gesundheit starten. Als nächstes kam heraus, daß Streß das Immunsystem beeinträchtigt. Ist Streß die wirkliche Ursache? Doch halt – es geht weiter. Inzwischen ist bekannt, daß die Angst vor Kontrollverlust den meisten Streß verursacht. Ist diese Angst also die wahre Ursache? Solche kausalen Verbindungen werden immer komplexer, bis wir zum *Ursprung*, zur *Quelle* der Krankheit kommen.

Die erste Ebene der Quelle

Die erste Ebene der Quelle besteht aus *Wahrnehmungen und Interpretationen* von Ereignissen, welche ein holographisches Muster aus Überzeugungen, Gedanken und Gefühlen aufbauen. Ich bezeichne diese Muster als *Holoforms*, da sie holographischen Entitäten (›Wesen‹), die ihre eigene Ordnung und natürliche Schwingungsfrequenzen haben, Form geben. Solche Entitäten haben die Fähigkeit, nicht manifestierte Energie in unserem Leben zu manifestieren. Sie können also sowohl Harmonie als auch Disharmonie hervorrufen.[3] Wir haben erst dann eine Erfahrung oder ein Bewußtsein von etwas, wenn wir es wahrgenommen haben. Wut ist beispielsweise ein Zustand physiologischer Erregung als Reaktion auf etwas, das wir als Bedrohung wahrnehmen. Die Hormone, die Wut auslösen (Adrenalin, Noradrenalin, Thyreotropin), steuern auch andere Emotionen wie Angst, Kummer und auch Freude. Der Unterschied zwischen Emotionen liegt also nicht im physiologischen Erregungsmuster, sondern in unserer Wahrnehmung und Interpretation der ursächlichen Ereignisse. Steht man beispielsweise in einer Menschenmenge und spürt auf einmal eine Hand auf der Schulter, wird ein Adrenalinschub ausgelöst, und man schaut sich um. Ist es jemand Unbekanntes, spürt man wahrscheinlich Angst oder Wut. Ist es dagegen ein guter Freund, ist man erleichtert oder freut sich. Der entscheidende Punkt ist also, daß die Emotion entsprechend der Wahrnehmung und Interpretation eines Vorfalls identifiziert wird, obwohl die daran beteiligten Hormone in beiden Fällen die gleichen sind.

Unsere Wahrnehmungen sind durch Botschaften, Überzeugungen und Verhaltensweisen konditioniert, denen wir bereits vor unserer Geburt, vielleicht sogar vor unserer Empfängnis ausgesetzt waren. Interpretation beinhaltet auch eine Wahl, sei sie nun bewußt oder nicht. Wir nehmen wahr, was passiert ist, und interpretieren es, geben ihm eine Bedeutung. Nicht das Ereignis an sich schafft also unsere Erfahrung, sondern unsere Wahrnehmung und Interpretation des Geschehens.

Ich bezeichne bestimmte Ereignisse und ihre Interpretation als die ›kritischen Ereignisse‹ oder die ›kritische Wahl‹, da durch sie disharmonische Kernüberzeugungen und Holoforms entstehen, welche sich im Laufe der Zeit zu Krankheitsmustern entwickeln. Ein solches kritisches Ereignis kann alles sein: das falsch verstandene Lachen der Eltern in frühen, egozentrisch

---

3 In *Holodynamics* bezeichnet Vernon Woolf diese holoenergetischen Entitäten als ›Holodyne‹.

geprägten Jahren oder auch tatsächlicher körperlicher Mißbrauch. Sogar die Wahrnehmung im Mutterleib, daß die Eltern eigentlich lieber einen Jungen/ein Mädchen wollten, gehört dazu.

Kritische Ereignisse beinhalten Gefühle wie Verlassenheit, Angst, Verratensein, Demütigung und Zurückweisung. Dies sind unmittelbare Reaktionen auf gegenwärtige Ereignisse. Dann wird diesen Gefühlen Bedeutung verliehen: »Mein Vater hat uns verlassen, ich bin also nicht gut genug.« Oder: »Meine Eltern wollten eigentlich lieber ein Mädchen/einen Jungen. Irgend etwas stimmt wohl nicht mit mir. Ich bin verkehrt.« Die Bedeutung, die einem Vorfall verliehen wird, ist die kritische Wahl der Interpretation.

Scham, Schuld oder auch beides werden oft mit kritischen Ereignissen assoziiert. Scham ist ein tiefsitzendes Gefühl mit der Wahrnehmung, daß irgend etwas grundsätzlich verkehrt ist; Schuld dagegen ist das Gefühl, daß man etwas falsch *gemacht* hat.

Die verschiedenen Elemente solch kritischer Ereignisse entstehen oft gleichzeitig und nicht nacheinander.

Zum Zeitpunkt eines solchen Ereignisses verleihen wir unserer Wahrnehmung eine Bedeutung. Diese Interpretation kristallisiert sich als Kernüberzeugung mit dauerhaften Auswirkungen; sie beeinflußt Entscheidungen, die die Überzeugung unterstützen. Solche Erfahrungen werden durch physische Empfindungen erhalten und im Geist als multi-dimensionale Bilder oder Holoforms gespeichert. Sie entwickeln ihre eigene kausale Potenz und resonieren mit ihrer eigenen Frequenz. Ist eine solche kristallisierte Überzeugung in Konflikt mit den natürlichen körperlichen Harmoniemustern, kann sie als die Quelle von Krankheitsmustern angesehen werden – die Quelle einer Krankheit im Leben. Um diese Quelle ausfindig zu machen, müssen wir also an die sie verursachenden kritischen Ereignisse und die Kernüberzeugung herankommen.

Die zweite Ebene der Quelle

Zur zweiten Ebene der Quelle gehören Liebe und Selbstwertgefühl. Hinter der Kernüberzeugung »Ich bin nicht gut genug« steckt die tiefere Bedeutung »Ich bin es nicht wert, zu lieben oder geliebt zu werden«. Dies führt zu Scham- oder Schuldgefühlen, welche die Überzeugung nähren »Für mich gibt es keine Entschuldigung«. Als Folge davon weigern wir uns zu lieben oder geliebt zu werden und entscheiden uns dadurch für das Getrenntsein, ertrinken in Selbstmitleid, betäuben uns durch Süchte, Selbstbestrafung und noch mehr Schuld und Scham. Im holoenergetischen Heilungsprozeß wird uns bewußt, daß die Quelle unserer Krankheit das Gefühl des Getrenntseins, des Fremdseins ist – die fehlende Verbindung des Selbst zum Selbst, des Selbst zu anderen, des Selbst zur Welt und des Selbst zum Einen.

Die dritte Ebene der Quelle

Die dritte Ebene der Quelle hat mit der Erkenntnis zu tun, *daß wir eine Wahl haben*. An diesem Punkt entdecken wir unsere Individualität. Dies geht mit dem Gefühl einher, daß wir die Kraft und die Freiheit haben zu wählen; wenn wir uns gegen diese Wahlmöglichkeit entscheiden, fühlen wir uns entfremdet und getrennt.

Die vierte Ebene der Quelle

Die vierte Ebene der Quelle hat mit der Entscheidung für oder gegen das Einssein mit dem Geist bzw. mit Gott zu tun. Je mehr wir in Verbindung mit dem sind, was größer ist als wir selbst, desto mehr können wir zur Ganzheit und Heilung finden.

Nachdem der Zugang zu und die Resonanz mit dem ungesunden Energiemuster gefunden wurde, das aus diesen Quellen kommt, sei es nun in Form einer Empfindung, eines Bildes, eines Gedankens, eines Gefühls oder einer Kernüberzeugung, können wir es verändern bzw. ›ent-formen‹. Das holoenergetische Heilen stellt dafür spezielle, hochwirksame Techniken zur Verfügung. Wir befreien im wahrsten Sinn des Wortes den Körpergeist von den unerwünschten Krankheitsschablonen. Durch die Arbeit mit diesem disharmonischen Energiefeld (die Krankheitsholoform bzw. -schablone) und seinem physischen, emotionalen, mentalen und spirituellen kranken Ausdruck kann unsere Bewußtheit, die Energie unserer Liebe und die bewußte Wahl zu dramatischem Wandel führen, welcher Transformation und Heilung ermöglicht.

Das Gefühl, daß wir uns selbst und anderen verzeihen, ist dabei der wesentliche Bestandteil des Heilens. Wir müssen verstehen, daß wir oft eine Wahl treffen, bevor wir unter- und damit auch wirklich entscheiden können. Diese Ebene der Quelle wird zugänglich, wenn wir verstehen, wie und wann wir uns dafür entschieden haben, von unserer Liebe getrennt zu sein. Wenn das Problem erst einmal holoenergetisch angegangen wird, kann das dadurch entstandene unerwünschte Muster aufgelöst werden.

Techniken für den Wandel

Ein Wandel in den Energieformen im Körpergeist kann auf vielerlei Weise herbeigeführt werden. Eine Möglichkeit sind Gedanken, Gefühle und Visualierung, welche sich direkt auf die Körperphysiologie auswirken und das Immun,- Hormon-, Verdauungssystem, den Blutkreislauf, Muskeln, Knochen und das Nervensystem verändern. So werden zum Beispiel Angst und Streß sehr leicht in Muskelverspannungen umgesetzt, was sich wiederum auf den Blutkreislauf auswirkt und zu Kopfschmerzen, Herzschmerzen, Verdauungsproblemen und einer höheren Infektionsanfälligkeit führen kann. Diese Symptome können rückgängig gemacht werden, wenn wir auf Streß anders zu reagieren lernen.

Auch veränderte Atemmuster können starke physiologische Veränderungen hervorrufen (Näheres dazu in Kapitel 4). Der Atem spielt als Träger der Lebenskraft eine wichtige Rolle im holoenergetischen Heilungsprozeß. Durch die Atmung wird eine physiologische Ladung erzeugt. Durch Fokussierung und entsprechende Ausrichtung kann dieser Energie Form gegeben werden, sie kann also durch bewußte geistige Steuerung Informationen in einen bestimmen Bereich des Körpers oder auch auf eine andere Person übertragen. Bei natürlichen Geburtsmethoden wird mit Hilfe der Atmung der Schmerz verringert, und die Mutter kann ihre Anstrengungen mit den normalen Reflexen des Geburtvorgangs synchronisieren.

Beim holoenergetischen Heilen wird der Atem auf unterschiedlichste Weise eingesetzt; so wird zum Beispiel durch konzentriertes Atmen und die Vorstellungskraft ein bestimmter Bereich des Körpers mit Energie aufgeladen. Die den Körper umgebenden Energiefelder registrieren diese Intention und die damit verbundene Aufmerksamkeit. Sobald er aktiviert ist, ist der entsprechende Bereich bereit für den Wandel, bereit, auf die alte Information zuzugreifen, sie loszulassen und neue Informationen aufzunehmen. Durch das Anhalten des Atems in bestimmten kritischen Augenblicken wird die Aufmerksamkeit des Unterbewußtseins darauf gelenkt, und durch das Senken des Herzschlags wird der Körper damit in Resonanz gebracht. Stoßweiser Atem – in kurzen kräftigen Atemzügen – kann das Aufbrechen unerwünschter Energiemuster erleichtern und die Energietransformation verstärken.

Liebe – der aktive Bestandteil im holoenergetischen Heilungsprozeß

Die Fähigkeit, mit den Aspekten, die wir bei uns oder anderen ändern wollen, in Verbindung zu treten bzw. mit ihnen zu interagieren, spielt im holoenergetischen Heilungsprozeß eine wichtige Rolle. Solche Interaktionen finden durch die Energiefelder statt, durch die Lebenskraft, die sich als Biosphäre in und um unseren Körper manifestiert.

Jede Struktur, sei sie nun belebt oder unbelebt, hat für sie einmalige und natürliche Schwingungen bzw. Frequenzen. Schwingt eine Struktur auf eine solche natürliche Weise, ist sie in Resonanz. Diese resonante Frequenz ist die Melodie, zu der sie am besten tanzt. Jede Struktur in jedem Atom des Universums reagiert auch auf andere Energiefelder in ihrer Nähe, was zu einer starken Interaktion zwischen den unterschiedlichen Schwingungsfeldern führt.

Schwingt eine Struktur auf der natürlichen Frequenz einer anderen Struktur, entsteht eine *resonante Kopplung*. Dies setzt alle möglichen Dinge in Gang. Zunächst verstärkt sich die Intensität der Interaktion, da sich die Schwingungen gegenseitig verstärken. Erinnern Sie sich noch, wie Sie als Kind auf der Schaukel saßen und jemand die Schaukel angestoßen hat? So ähnlich kann man es sich vorstellen. Geschah das Anstoßen genau im richtigen Moment, ging die Schaukel höher und höher. Resonante Energien verhalten sich genauso – die Resonanzen verstärken sich gegenseitig. Zum anderen verbinden sich bei einer resonanten Kopplung die Energien der beiden Strukturen zu einer einzigen und schwingen miteinander im Gleichklang.

Dieser Gleichklang ist beispielsweise an zwei Stimmgabeln gut zu sehen, die auf die gleiche Note, zum Beispiel C, eingestimmt sind. Wird eine der Gabeln zum Klingen gebracht und die andere ein paar Zentimeter davon entfernt aufgestellt, wird die letztere nach ein paar Augenblicken die Schwingungen der ersteren aufnehmen und mit ihr mitschwingen und den gleichen Klang hervorbringen.

Beim holoenergetischen Heilungsmodell wird die Liebe, die universale Oberschwingung, dafür eingesetzt, bei sich und anderen krankmachende Energiemuster loszulassen und sie durch Ganzheitsmuster zu ersetzen.

Die Essenz der Liebe ist Verbundenheit – mit einer Person, einem Ort, einem Objekt, sich selbst, dem Universum, Gott bzw. einer nicht definierten Höheren Ordnung. Es ist eine Rückbindung an das, was einmal eins war, aber anscheinend irgendwann voneinander getrennt wurde. Liebe ist ein Nachhausekommen. Wir können uns dieses Nichtgetrenntseins bzw. dieser Verbundenheit bewußt werden, denn sie ist immer da. Sie wird als Ganzheit, Vollkommenheit, Frieden und Impuls hin zur Einheit erfahren. Sie manifestiert sich in unseren Handlungen. Sind wir ganz damit verbunden, wird die Liebe als Wahrheit oder reines Bewußtsein erfahren; derjenige, der wahrnimmt, wird eins mit dem Wahrgenommenen.

Liebe schafft ein Energiefeld, welches auf alles in diesem Feld einwirkt. Christus und Buddha hatten ein so starkes Feld der Liebe, daß Menschen in ihrer Anwesenheit geheilt wurden. Beide lehrten, daß die Energie der Liebe die Energie des Einsseins, der Harmonie, des Gleichgewichts und des Friedens ist. Ist ein starkes Feld der Liebe sowie die Intention und der Wille zur Heilung vorhanden, werden die Selbstheilungskräfte des Körpers angeregt und verstärkt.

Analog gibt es in der modernen Medizin eine Technik namens MRI (= Magnetic Resonance Imaging), die zur Erzeugung von Computerbildern für Diagnosezwecke nicht mit Röntgenstrahlen, sondern mit einem magnetischen Feld arbeitet. Blitzschnell richtet ein magnetisches Feld alle Protonen der Wasserstoffatome im Körper aus, so daß sie sich alle wie ein einziges drehen; eine mit dem Wasserstoffproton resonante Radiowelle wird dann durch den Körper geschickt und produziert Signale, welche mit Hilfe eines Computers in visuelle Bilder übersetzt werden.

Ist – wie im Falle des MRI – ein kohärentes Magnetfeld vorhanden, richten sich alle Wasserstoffprotonen gleich aus und drehen in die gleiche Richtung und mit derselben Geschwindigkeit; sie tanzen alle den gleichen Tanz, werden eins. In einem kohärenten Feld der Liebe passiert das gleiche: Alles im Feld schwingt zusammen im Einklang, wird eins und tanzt im gleichen Rhythmus.

Damit ist Getrenntsein nicht länger möglich; es gibt nur noch das Einssein. Zeit und Raum verschwinden, denn sie sind Maßstäbe des Getrenntseins. Das Ende verbindet sich mit dem Anfang, und der Kreis schließt sich. Das Endliche wird unendlich. In diesem Zustand des Einsseins finden die Gewebe, Zellen, Moleküle, Atome und subatomaren Partikel wieder zu ihrer natürlichen Ordnung und Harmonie zurück. Die Zellen erinnern sich der höheren Ordnung und der Harmonie von Gesundheit und Ganzheit. Es ist die Liebe, die sie daran erinnert.

Wie kann eine scheinbar so ätherische Energie wie die Liebe die Zellen an ihre natürliche Ordnung und Harmonie erinnern? In seinem Buch *Körper, Geist und neue Physik* spekuliert der

Physiker Fred Alan Wolf darüber, daß Gefühle wie Liebe als Quanteneigenschaft der Materie, des Lichts und der Transformation beschrieben werden könnten. Wolf steht damit nicht allein; inzwischen sind viele Physiker der Meinung, daß sich Materie aus eingefangenem Licht zusammensetzt. Verkörpert wird diese Überzeugung in Einsteins berühmter Gleichung $E = mc^2$. Wolf spekuliert außerdem, daß Liebe als quantenstatistisches Verhalten von Lichtpartikeln, also von Photonen, beschrieben werden kann. Er weist darauf hin, daß alle Photonen dahin tendieren, sich im gleichen Zustand zu bewegen, den gleichen Tanz zu tanzen, wenn sie die Möglichkeit dazu haben. In diesem Sinn ist der natürliche Impuls der Photonen eine Bewegung hin zur Einheit, zum Einssein. Die uralte Assoziation zwischen Licht und Liebe spiegelt also eine tiefe Weisheit wider.

In seinem Buch *Theories of the Chakras* berichtet Dr. Hiroshi Motoyama, daß bei einer in der Meditation erfahrenen Frau, welche während der Meditation willentlich Liebesenergie aussandte (S. 276), vom Herzchakra Photonen ausgesandt wurden. Diese Zusammenhänge müssen noch näher erforscht werden. Doch man kann davon ausgehen, daß Photonen auf eine Reihe mentaler und emotionaler Zustände reagieren, im besonderen auf die Liebe.

Licht werden oder erleuchtet sein ist eine ehrenvolle Beschreibung dieses Quantenzustands des masselosen, ladungsfreien Photons, das alles erkennt, verbindet und mit allem eins wird.

Dank seiner angeborenen Selbstheilungsmechanismen weiß der Körper, wie er sich heilen kann und tut das auch, sei es nun mit oder ohne einen bewußten Ausdruck von Liebe. Es gibt jedoch eine ganze Reihe von Möglichkeiten, wie wir diese natürlichen Heilungsprozesse sowohl behindern als auch unterstützen können. Als Chirurg kann ich das Heilen dadurch fördern, daß ich Asepsis, Antisepsis und Homöostase Aufmerksamkeit schenke, die Hautschnitte vorsichtig behandle und geeignetes Fadenmaterial verwende. Auch das, was ich dem bewußtlosen Patientien während der Operation sage, und wie ich nach der Operation mit dem Patienten umgehe, kann sich auf seine natürlichen Heilungsprozesse auswirken.

Wissen, das Geschick, die Einstellungen, Überzeugungen, Intentionen, der Wille, das Lachen, die Liebe und menschliche Fürsorge – all dies kann den Heilungsprozeß beschleunigen. Wir können ihn also sowohl positiv als auch negativ beeinflussen. In meiner Praxis habe ich immer wieder gesehen, wie die Energie und das Feld der Liebe die Heilung entscheidend verstärken, nicht nur auf der körperlichen, sondern auch auf der mentalen, emotionalen und spirituellen Ebene. Liebe ist nicht nur der Stoff, aus dem Gedichte und Mystik entstehen, sondern eine erfahrbare, übertragbare Energie, die Heilung bewirken kann.

Drei Aspekte der Liebe

Die Liebe, wie ich sie hier verstehe, hat drei Aspekte: Bewußtheit, Gefühl und Handlung. Liebe ist unsere *Bewußtheit* von der inhärenten Verbindung, die wir mit allem anderen gemeinsam haben; wir erfahren sie als *Gefühl* und drücken sie als *Handlung* aus. Liebe ist also das gefühlte Wissen davon, daß wir ein Teil von allem sind, die Erkenntnis, daß jeder einzelne Teil einer großen universellen Ordnung ist. Diese verbindende Qualität macht die Liebe zur subtilsten und mächtigsten aller Energien, und deshalb ist sie das Herz unserer Heilarbeit.

Hinter und zwischen der Bewußtheit, dem Gefühl und der Handlung der Liebe ist die Energie des Seins – die Energie des Selbst. Kommen diese drei Aspekte der Liebesenergie zusammen, wird das Selbst universell, geht über sich selbst hinaus und wird eins mit allem.

Sobald wir die Liebe als universelles Muster betrachten, erkennen wir auch, daß sie eine energetische Form ist, welche anderen Energien die Wandlung Richtung Ganzheit und Heilung erleichtern kann. Wir können uns das Universum als eine Bewußtseinsmatrix vorstellen, entstanden aus dem Nichts. Liebe ist sozusagen der Klebstoff aus vereinendem Bewußtsein im Universum und ist immer gegenwärtig, ob wir das nun bewußt wahrnehmen oder nicht.

Im Gespräch über die Liebe ist für mich der Ausdruck *Resonanz* wichtig. Wenn wir in Liebe mit einem anderen Menschen oder einem Ding resonieren, wird uns bewußt oder unbewußt klar, daß es sich um zwei Schwingungssysteme handelt: das Selbst und der/die/das andere: Ich und Du. Jedes einzelne Individuum kann dabei sowohl Sender als auch Empfänger sein. Bei gleicher Schwingungsfrequenz kommt es zu einer *gekoppelten Resonanz* der beiden Systeme. Resonante Bewußtheit bringt ein Gefühl des Verbundenseins mit sich, die Bewußtheit, daß man sich begegnet ist.[4]

Obwohl Resonanz eine Qualität der Liebe ist, sollte Resonanz mit anderen nicht als Liebe mißverstanden werden. Man kann auch mit der Wut, der Angst oder der Traurigkeit des anderen resonieren. Die Liebe beinhaltet also Resonanz, ist jedoch nicht darauf beschränkt. Sie bringt auch ein Gefühl und die Bewußtheit des Verbundenseins mit sich, was uns zu Harmonie und Einssein führt.

Mit diesem Bewußtsein und dem Gefühl der Verbundenheit kann Liebe zum Seinszustand werden. Durch ihre Energie können wir nicht nur mit einer anderen bestimmten Person, sondern auch mit unserem eigenen Selbst, mit allen anderen, mit der Natur und mit allem anderen in und über dem Universum in Resonanz kommen. Das Wunder beim Anblick einer herrlichen Bergaussicht ist nichts anderes als die bewußte Resonanz mit der Natur. Wird die Liebe zur zweiten Natur, wird sie zu unserem Seinszustand.

4 Die Gefühle der Liebe, die wir einem anderen Menschen entgegenbringen, stehen in direktem Zusammenhang mit der resonanten Verbindung zu dieser Person. Resonanz mit einem anderen (oder auch einem Ding) bringt das angenehme Gefühl des Verbundenseins mit sich und (bei Menschen) oft Empathie und das Gefühl, die Gedanken und Gefühle des anderen zu kennen, so als ob eine Kommunikation ohne Worte ein besonderes Verständnis und eine Wärme füreinander entstehen läßt, welche verbalen Austausch transzendiert; so baut sich Kommunikation auf energetischer Ebene auf.

Ebenen der Liebe

Liebe kann auf der physischen, der Persönlichkeits- und den höheren Ebenen des transpersonalen Selbst erfahren werden. Liebe auf der spirituellen Ebene wird gefiltert auf die Persönlichkeits- und Körperebene gebracht, wo sie sich in Gedanken und Gefühlen, Worten und Taten ausdrückt. Auf jeder Ebene wird die Liebe anders erlebt.

Auf der spirituellen Ebene bringt die Herzensliebe der Seele die niederen und höheren Ebenen liebender Bewußtheit zusammen. Auf diesen transpersonalen Ebenen zeigt sich die Resonanz der Liebe in Gefühlen wie Mitgefühl, Fürsorge, Frieden, Dankbarkeit und Freude. Langsam lösen sich Gefühle und Gedanken in eine transzendente Bewußtheit des Einsseins auf, einen Zustand höchster Glückseligkeit, in dem wir uns des Objektes unserer Verbundenheit nicht länger bewußt sind, sondern nur noch seine energetische Essenz wahrnehmen. Dies ist der Zustand der *bedingungslosen Liebe*.

Bedingungslose Liebe

Bedingungslose Liebe wohnt unserem Bewußtsein inne. Erst durch das Erkennen der Grenzen des einzelnen Selbst werden wir uns dieser Liebe und der Verbundenheit mit allem bewußt. Erst das Bewußtsein der Unterschiede, welche uns zu der Überzeugung bringen, daß wir voneinander getrennt sind, führt uns zum Bewußtsein des Einsseins mit dem Rest des Universums. Das Gefühl des Getrenntseins ist also sozusagen der äußere Teil unserer Reise zurück nach Hause, zum Ursprung.

Die volle Erkenntnis des Selbst und des eigenen Wertes macht die Auflösung konditioneller Grenzen möglich; dazu gehören Ängste, Überzeugungen, Wünsche und körperliche Bedingungen. Sobald diese Grenzen aufgelöst sind, kommen das Selbst und das Nicht-Selbst in Resonanz und werden eins. Diese grenzenlose Liebe kann mit allem anderen resonieren, sie hat also eine universelle ›Frequenz‹. So betrachtet ist die bedingungslose Liebe Ausdruck der dem Universum innewohnenden Harmonie, der gemeinsame Akkord, der in jedem einzelnen Lied hörbar ist, sei es nun die Melodie des Atoms oder das Lied des ganzen Universums.

Da in unser aller Bewußtsein die bedingungslose Liebe wohnt, kennt jeder von uns Augenblicke oder auch längere Zeiträume, in denen diese Liebe erfahrbar wird. Solche Momente der Glückseligkeit passieren oft bei wichtigen Lebenserfahrungen, zum Beispiel Geburt, Tod eines geliebten Menschen, Sieg über eine tödliche Krankheit oder eine Nah-Todes-Erfahrung.

Die bedingungslose Liebe wird uns immer bewußter, je mehr wir uns selbst lieben und schätzen. Dann kommen wir durch diese neuen Schwingungen in Resonanz und in Verbundenheit mit anderen – ein Akkord des Selbstwertes. Aus dieser Selbstliebe heraus können wir mit dem authentischen Selbst anderer Verbindung aufnehmen, dem Selbst, das über die Persönlichkeitsebene hinausgeht. Aus dieser Resonanz bedingungsloser Liebe heraus sagen wir aus vollem Herzen ›Ja‹.

Bedingte Liebe

Jeder Mensch ist zur bedingungslosen Liebe fähig, doch bedingte Liebe ist sehr viel verbreiteter. Wenn wir jemanden lieben, weil er/sie uns bestimmte Bedürfnisse erfüllt, ist das bedingte Liebe. Auch wenn wir geben, um etwas zurückzubekommen, lieben wir unter Bedingungen. Dies ist die normale Definition von Liebe, so wie die meisten Menschen Liebe verstehen. Bedingte Liebe ist nur ein blasser Abglanz, eine schwache Erinnerung an die universelle Kraft der bedingungslosen Liebe.

Verliebtsein ist bedingte Liebe; auf den geliebten Partner wird ein Idealbild projiziert. Was den anderen so attraktiv macht, ist eigentlich die Attraktion der eigenen Projektion. So ist das Verliebtsein zwar nicht bedingungslos, kann aber eine Art Vorgeschmack darauf sein, da wir dadurch die eigene Essenz und das Wesen des anderen kennenlernen und damit Verbindung aufnehmen. Zu lieben und diese Liebe dann zu verlieren ist nicht umsonst, wenn wir dadurch die Qualität der bedingungslosen Liebe gesucht und gespürt haben, die zwischen und jenseits von Projektionen liegt. Solche Erfahrungen tiefen Einsseins machen die Welt ein wenig heller und zeigen uns, wie wir alles aus einer neuen Perspektive betrachten können.

Ausdrucksmöglichkeiten der Liebe

Andere so zu sehen und anzunehmen, wie sie sind, ist ein Ausdruck bedingungsloser Liebe. Damit halten wir dem anderen einen Spiegel vor, durch den er sich selbst sehen und besser kennenlernen kann. Bedingungslose Liebe heißt auch, Nähe mit anderen zuzulassen und ihnen dabei die Freiheit zu lassen, sie selbst zu sein und sich jeden Tag neu auszudrücken. Bedingungslos lieben bedeutet Engagement für das eigene Wachstum und das der anderen, geben, ohne dafür eine Gegenleistung zu erwarten. Dies schafft ein Gefühl von Sicherheit, Lust, Vertrauen, Akzeptanz, gibt Raum für Kreativität und Wandel sowie die Möglichkeit, verletzlich und ehrlich zu sein und Nähe zuzulassen. Für Angst, Scham und Verlassenheits- und Trennungsgefühle ist dabei immer weniger Platz.

Das Gefühl des Getrenntseins entspringt der Angst vor der Unfähigkeit zu lieben oder geliebt zu werden und ist oft die Ursache von Krankheit. Krankheit ist oft ein Hilfeschrei, ein Schrei nach Liebe und nach einer tieferen Verbundenheit.

Durch die Liebe können wir heilen und zur Ganzheit zurückfinden, erfahren das Einssein mit allem anderen, unsere Verbundenheit mit dem Universum. Sobald wir uns selbst lieben können, ist die Verbindung mit uns selbst und allem anderen geschaffen, und die Angst verschwindet. Wenn die Illusion des Getrenntseins auf der spirituellen Ebene verschwindet, können wir durch die Liebe in einen Zustand des Einsseins kommen, der sogar die scheinbar dissonanten Krankheits- und Verletzungsmuster in Harmonie bringt. In ihrem Buch *The Inward Arc* schreibt Frances Vaughan:

> »Ganzheit beruht auf einem Ausgleich und der Integration von Gegensätzen und nicht darauf, daß wir Unerwünschtes einfach loswerden. Wenn zwischen innerer Erfahrung und äußerem Ausdruck, zwischen Persona und Schatten, zwischen Angst und

Lieben, Leben und Tod, Körper und Geist eine Inkonsistenz oder ein Konflikt zu spüren ist, entstehen Schmerz und Spannung. In den alten Hinduschriften, den Upanishaden, steht geschrieben, daß immer dann, wenn es das andere gibt, auch Angst entsteht, da Angst aus der Dualität entsteht. Wir können uns erst dann von der Angst befreien, wenn wir die Einheit der Gegensätze erkennen und die Polaritäten emotionaler Erfahrung in einer heilenden Bewußtheit ins Gleichgewicht bringen.« (S. 66)

Die Kraft der Liebe

Von allen Energien des Universums ist die Liebe am leichtesten übertragbar. In Verbindung mit der Energie der Liebe hat jede Information, jedes energetische Muster, jeder Gedanke und jedes Gefühl einen weitaus größeren Effekt als andere feinstoffliche Energien. Ihre multidimensionale Durchdringung und ihre Qualität als universelles Informationsmedium machen die Liebe also zur mächtigsten aller Heilenergien.

Durch das Bewußtwerden der Verbundenheit läßt bedingungslose Liebe jedes Gefühl von Getrenntsein verschwinden. Ohne Trennung sind auch Zeit und Raum bedeutungslos, da sie nichts als einfache Meßgrößen für die Trennung sind, mit der wir das Universum strukturiert haben. Ohne Trennung gibt es auch keinen Energieverlust, keine Entropie. Wenn sie den Gesetzen von Raum und Zeit nicht mehr unterliegen, können die subatomaren Partikel, die Atome und Moleküle, die Zellen und Gewebe ihre natürliche Ordnung und Harmonie entfalten. Die Energie der bedingungslosen Liebe ist somit die stärkste Kraft im Kosmos.

Der ›Transpersonale Verbindungsprozeß‹

Mit dem im folgenden beschriebenen Transpersonalen Verbindungsprozeß können Sie mit einem Partner üben, Liebe zu senden und zu empfangen und mit den höheren Aspekten Ihres Selbst in Verbindung treten. Im Verlauf der Übung nehmen Sie gedanklich und gefühlsmäßig eine liebevolle Haltung ein und übertragen diese Liebe dann auf Ihren Partner, was immer Sie dabei unter Liebe verstehen. Sie arbeiten dabei mit dem, was Liebe für Sie ist. Wenn Sie die Liebesenergie wirklich übertragen wollen, kann bei dieser Übung nichts schiefgehen, denn in den feinstofflichen Bereichen ist die willentliche Intention gleichbedeutend mit der Tat.

ÜBUNG

Transpersonaler Verbindungsprozeß

Diese Übung kann zu zweit oder auch alleine – mit Hilfe eines geistigen Bildes, eines Fotos oder eines Spiegelbildes – ausgeführt werden. Mit einem Partner zu arbeiten ist zwar empfehlenswert, doch auch wenn man die Übung alleine macht, gibt es viel dabei zu lernen.

Der Partner sollte jemand sein, bei dem wir uns gut aufgehoben fühlen. Beide Seiten müssen mit der Arbeit einverstanden sein. Bitte fragen Sie Ihren Partner auch, ob er er/sie bereit ist, Liebe zu empfangen.

Zunächst muß klar sein, wer Liebe sendet und wer sie empfängt. Die aufgeführten Anweisungen sind für den ›Sender‹ gedacht. Der ›Empfänger‹ sitzt einfach entspannt mit geschlossenen Augen da, bereit, die Liebesenergie zu empfangen. Die Rollen werden später vertauscht.

1. Sie sitzen Ihrem Partner gegenüber, nahe, aber nicht in Berührung. Beide sollten dabei ganz entspannt sein und die Augen schließen.
2. Denken Sie an eine Zeit in Ihrem Leben, als Sie sehr geliebt haben bzw. geliebt wurden. Erinnern Sie sich daran so lebendig wie möglich, mit allen Details, die diese Liebe erfahrbar gemacht haben.
3. Konzentrieren Sie sich für einen Augenblick auf Ihr Herzchakra und spüren Sie dort diese Liebe.
4. Nun gehen Sie mit Ihrer Aufmerksamkeit zum Hals. Auch im Halschakra spüren Sie liebevolle Gefühle.
5. Ihre Aufmerksamkeit und Ihre Liebe werden nun auf das Stirn- und danach auf das Scheitelchakra gerichtet (zusammen das Kopfchakra).

6. Visualisieren Sie nun einen strahlenden Lichtkranz circa 15 bis 20 Zentimeter über Ihrem Kopf. Dies ist der transpersonale Raum, die Schnittstelle zwischen Persönlichkeit und Körper auf der einen und Ihrer spirituellen Essenz bzw. Ihrem Höheren Selbst auf der anderen Seite.
7. Stellen Sie sich vor, wie ein Lichtstrahl aus dem transpersonalen Raum durch das Kopf- und Halschakra bis in Ihr Herzchakra geht. Damit verbinden Sie die Chakren oberhalb des Zwerchfells mit dem transpersonalen Raum.
8. Wenn diese Verbindung stattgefunden hat, können Sie sich auf Ihren Partner konzentrieren und dessen Energiezentren auf die gleiche Weise verbinden. Sie richten also Ihre Aufmerksamkeit auf das Herzchakra des Partners, auf seinen Hals, die zwei Chakren im Kopf und schließlich auf seinen transpersonalen Raum. Dann stellen Sie sich vor, wie ein heller Lichtstrahl aus diesem Raum durch die verschiedenen Energiezentren bis zum Herzchakra gelangt.
9. Nun senden Sie von Ihrem Chakra aus einen Lichtstrahl zum entsprechenden Chakra Ihres Partners – von Ihrem Herzen zu seinem Herzen, von Ihrem Hals zu seinem Hals, von Ihrem Kopf zu seinem Kopf, von Ihrem transpersonalen Raum zu dem seinigen.
10. Stellen Sie sich vor, wie die Lichtstrahlen immer stärker werden. Dabei *denken Sie liebevoll* an Ihren Partner. Sagen Sie dreimal in Gedanken ›Ich liebe dich‹ zu ihm, reden Sie ihn dabei mit seinem Namen an. Mit dem Atem können Sie diesen Prozeß verstärken. Beim Ausatmen ›atmen‹ Sie Ihre Herzchakraenergie in das Herzchakra des Partners.
11. *Fühlen* Sie nun die Liebe, die von Ihrem Herzchakra aus zum Herzchakra Ihres Partners strömt. Denken Sie dabei noch einmal an die Zeit in Ihrem Leben, wo Sie jemanden sehr liebten oder selbst sehr geliebt wurden, um die Liebe noch zu verstärken.
12. Bleiben Sie in Verbindung mit Ihrem Partner und stellen Sie sich vor, wie der strahlende Lichtkranz um Ihren Kopf wie die Sonne am Abend sich durch Ihren Kopf in Ihr Herzchakra senkt. Sie *sind* jetzt Liebe. Zur Intensivierung dieses Prozesses können Sie sich vorstellen, wie schimmerndes

Licht aus Ihren Schultern austritt und sich sanft um Ihren Partner legt.

13. Lassen Sie sich noch ein paar Minuten Zeit, um den Prozeß zu Ende zu bringen und ziehen Sie dann die Lichtstrahlen in Ihre Chakren zurück. Die Lichtverbindung mit Ihrem transpersonalen Raum können Sie aufrechterhalten. Auf diese Weise können Sie störende Gedanken vermeiden.
14. Danken Sie nun ohne Worte Ihrem Partner dafür, daß er Ihre Liebe aufgenommen hat. Öffnen Sie die Augen und zeigen Sie Ihrem Partner mit einer leichten Berührung an der Hand, daß die Übung zu Ende ist.
15. Nun vertauschen Sie die Rollen; der Sender wird zum Empfänger und umgekehrt.
16. Wenn auch diese Übung zu Ende ist, können Sie gemeinsam über Ihre Erfahrungen sprechen.

ÜBUNG

Einen Doppelgänger schaffen (oder mit dem Spiegelbild arbeiten)

Die Übung ›Transpersonaler Verbindungsprozeß‹ kann man auch alleine machen, entweder mit Hilfe eines Spiegels oder mit einem mentalen Bild von sich selbst, das einem sozusagen gegenüber sitzt. Dieses Bild übernimmt die Rolle des Partners. Auch mit einem Foto von sich selbst oder von einer anderen Person, der man Liebe schicken will, ist die Übung möglich. Wenn Sie die Augen schließen, lassen Sie vor Ihrem geistigen Auge ein vergrößertes Bild entstehen und führen dann die Übung wie oben beschrieben durch.

Heilen mit Liebe: der Prozeß

Voraussetzung für das holoenergetische Heilen ist die Tatsache, daß wir die Wahl haben und daß Wandel möglich ist. Die Intention des beobachtenden Bewußtseins (entweder der Heiler oder der zu Heilende) ist ausschlaggebend für die entstehende

Wahrnehmung und leitet die Transformation von Energie in Materie und Materie in Energie ein. Die Intention des Beobachters, ob bewußt oder unbewußt, wandelt den betroffenen Körperbereich um in seine einigende Energie bzw. Wellenform und macht ihn dem holoenergetischen Wandel zugänglich.

Intention ist ein mentaler Prozeß, eine geplante Wahl. Bewußte oder unbewußte Intention bringt uns in Resonanz mit dem, was wir beeinflussen wollen. In diesem Sinne steht ›Bewußtsein‹ in Verbindung mit dem ›Nichts‹ bzw. dem fundamentalen Feld, dem Urozean, aus dem lokalisierte Energiewirbel, die sogenannte Materie, entstehen. Albert Einstein beschreibt dies folgendermaßen:

> »Wir können uns vorstellen, daß Materie aus Regionen des Raumes zusammengesetzt ist, in denen das Feld besonders intensiv ist... In dieser neuen Physik gibt es keinen Platz für Feld und Materie, denn das Feld ist die einzige Wirklichkeit.«[5]

Das Grundprinzip lautet hierbei, daß das Nichts bzw. das fundamentale Feld durch das Bewußtsein Struktur erhält und die Form schafft. Das Feld wird also als Materie strukturiert. Sobald die Struktur vorhanden ist, organisiert es sich selbst und kann sich erhalten.

Gesundheit ist die Fähigkeit, ein dynamisches, multidimensionales, vielschichtiges Gleichgewicht der harmonischen Energiemuster des Körpers aufrechtzuerhalten. Heilung soll dieses Gleichgewicht und diese Harmonie wiederherstellen und so zur Ganzheit führen. Die Schablone zum Heilen, also das entsprechende Energiemuster, ist dem Körpergeist inhärent; wir können uns dafür entscheiden, dazu Zugang zu finden. Durch Liebe und Verbundenheit mit der spirituellen Essenz kann diese inhärente Ordnung und Harmonie stimuliert werden.

Energie kann für Heilzwecke eingesetzt werden. Die Prinzipien des holoenergetischen Heilens gehen fließend ineinander über. Um die Transformation begreifen zu können, kann man

---

5) Albert Einstein, *Ideas and Opinions,* New York 1954, S. 84.

sich den Transformationsprozeß in vier grundlegenden Schritten vorstellen:

1. Erkenntnis
2. Resonanz
3. Loslassen
4. Reformation

1. Schritt: *Erkenntnis*

Bevor wir etwas transformieren können, müssen wir erst einmal wissen: Was ist das eigentlich, was wir in eine andere Form bringen wollen? Wir brauchen also Informationen. Wie sieht es für uns aus? Wie fühlt es sich an? Wie klingt es? Welche Bilder, Gedanken, Emotionen, Erinnerungen sind für uns mit dieser Form verknüpft?

Die nächste Frage lautet: Warum wollen wir Veränderung? Oft ist der Grund für den Wunsch nach Wandel der Wunsch, Schmerz und Angst zu vermindern. Der Wunsch, sein eigenes Potential zu entfalten, seine Entwicklung zu unterstützen und mehr Freude am Leben zu haben, ist weniger oft der Auslöser. Wenn diese Gefühlszustände bewußt werden, ist die Quelle des bewußten Wunsches nach Wandel erreicht. Der letztendliche Ursprung dafür mag uns zwar nicht bewußt sein, aber das Wissen darum steckt in uns. Es reicht, wenn uns bewußt ist, daß wir uns verändern wollen und was geändert werden muß. Dies setzt den holoenergetischen Heilungsprozeß in Gang.

2. Schritt: *Resonanz*

Wenn wir wissen, was wir verändern wollen und genug darüber wissen, konzentrieren wir uns durch Resonanz darauf, vermischen uns, werden eins damit. Es gibt mehrere Möglichkeiten, mit der Form in Resonanz zu kommen: Wir können uns zum einen auf den betroffenen Bereich des Körpergeistes oder auf das jeweilige Problem konzentrieren; oder wir können damit verbundene physische und emotionale Ereignisse noch einmal durchleben. Drittens können wir die Verantwortung dafür übernehmen, unser wahres Selbst und die Wahrheit akzeptieren und dadurch die Ursache und die Quelle direkt angehen. Außerdem können Atemtechniken, Berührung, ein liebevoller Heiler oder die Herzchakrainduktion aus dem ›Transpersonalen Verbindungsprozeß‹ die Heilung einleiten.

Das Ja zur Verantwortung wirkt sich tiefgreifend auf den Resonanzprozeß aus, selbst in Unkenntnis der damit einhergehenden kausalen Dynamik. Bei meiner Heilarbeit habe ich immer wieder erlebt, daß Menschen, die ihren Teil Verantwortung für die Krankheitsursache übernehmen, ihre ganze Lebenseinstellung verändern. Der Name holoenergetisches Heilen meint genau das: umwälzender Wandel des ganzen Lebens, von Grund auf.

Diese Verantwortlichkeit heißt auch: Wenn ich tatsächlich in der Lage bin, etwas herbeizuführen, bin ich genauso in der Lage, die Dinge wieder zu verändern. Diese Art der Verantwortung macht stark und erleichtert den Heilungsprozeß. Das Einstehen dafür, daß man seinen Teil dazu beigetragen hat, kann einen tiefgreifenden Transformationsprozeß auslösen.

Dazu eine kleine Geschichte: Während einer Zugreise in Indien lernte ich einen wohlhabenden amerikanischen Geschäftsmann kennen, der mir sein Leid klagte. Seit fünf Monaten hatte er starke Rückenschmerzen, die trotz orthopädischer und chiropraktischer Behandlung und Akupunktur nicht weichen wollten. Ich setzte mich mit ihm in ein leeres Abteil und führte mit ihm die in Kapitel 12 beschriebene Übung ›Zugang zu Informationen gewinnen‹ durch. Es stellte sich heraus, daß seine Schmerzen mit ganz grundsätzlichen Überlebensproblemen zusammenhingen. Während ich mich auf sein Herzchakra konzentrierte, erlebte er eine überwältigende Angst vor einer drohenden finanziellen Katastrophe. Bei der Suche nach dem Ursprung des Problems sah er im Bereich des Steißbeins ein Abbild seines eigenen Gesichtes, das ihn anlächelte. Als wir dieses Bild energetisch freisetzten, schrie er auf, brach auf dem Bett des Abteils zusammen und rollte sich ein wie ein Fötus. Eine Weile schaukelte er hin und her. Als er schließlich wieder sprechen konnte, berichtete er mir, daß nicht nur seine Rückenschmerzen verschwunden waren, sondern daß ihm etwas ganz Wichtiges klargeworden war: Er selbst war die Ursache der Schmerzen. Er hatte Angst vor geschäftlichem Mißerfolg und befürchtete, daß er vor lauter Arbeit keine Zeit mehr für sein spirituelles Wachstum haben würde. Unterbewußt glaubte er, daß nur geschäftliches Versagen ihm diese Zeit ließ. Die Schmerzen waren die Manifestation seiner Entscheidung, so zu reagieren.

Acht Monate später traf ich ihn in den Vereinigten Staaten wieder. Seine Rückenschmerzen waren nicht wieder aufgetreten. Er hatte seine finanziellen Angelegenheiten geregelt und nahm sich Zeit für seine spirituelle Entwicklung. Sein ganzes Leben hatte sich dadurch verändert.

Dabei sollte man sich klarmachen, daß Verantwortung nichts mit Vorwürfen, also mit Verurteilen, Schuld und Bestrafung, zu tun hat. Vorwurf impliziert falsches Tun und Zensur. Doch unsere damaligen Entscheidungen hatten nichts Falsches an sich; unter den gegebenen Umständen waren sie vielleicht das Beste, was wir tun konnten; doch jetzt sind sie für uns unnötig und führen nur zu Disharmonie.

Resonanz entsteht dadurch, daß wir etwas so akzeptieren, wie es nun einmal ist, die Wahrheit annehmen, anstatt sie zu leugnen. Mit sich selbst in Resonanz kommen, heißt also, sich selbst so anzunehmen und zu lieben, wie man ist. Um Veränderung zu bewirken, müssen wir eins werden mit dem, was wir verändern wollen.

Sobald wir diejenigen Seiten an uns, die wir eigentlich ablehnen oder ändern wollen, annehmen und lieben, können wir auch die positive Lebenskraft, die dahintersteckt, entdecken. Hinter allem, was wir tun und sind, hinter all dem Streß und den Krankheiten, liegt die Saat der positiven Intention; sie mag manchmal sehr tief vergraben sein, doch sie ist da. Das bedeutet: Der Teil in uns, den wir jetzt so sehr ablehnen und ändern wollen, war irgendwann irgendwie dazu da, uns zu helfen: zu überleben, Liebe zu erhalten, uns zu schützen, uns zu befreien. Wird diese Saat der positiven Intention freigelegt, haben wir in ihr einen Verbündeten, mit dessen Unterstützung wir Krankheit und Streß in Gesundheit und Harmonie transformieren können.

Auf einem meiner Workshops berichtete eine Frau mit Asthma, wie ihre Eltern sie bei ihrer Geburt erwürgen wollten. Sie waren bettelarm und »wollten kein Kind in die Welt setzen, nur damit es genau so leidet wie sie«.

Als Erwachsene hatte diese Frau immer wieder Beziehungen, in denen sie mißbraucht wurde. Zweimal versuchten ihre Partner, sie zu erwürgen. Nach mehreren sehr schmerzvollen Beziehungen, schloß sie sich religiösen Gruppierungen an. Als sie schließlich zu meinem Workshop kam, hatte sie bereits sechs Jahre hinter sich, in denen sie anderen gedient hatte.

Als sie uns ihre Geschichte erzählte, fing sie an zu schluchzen und sagte: »Ich habe so lange alles anderen gegeben, bis ich schließlich am Ersticken war.«

An diesem Punkt erkannte sie, daß sie immer das Gefühl hatte, sie verdiene es gar nicht, am Leben zu sein. Um eine Daseinsberechtigung zu haben, mußte sie immer wieder anderen geben, sich aufopfern. Diese Erkenntnis und der holoenergetische Heilungsprozeß brachten sie in Kontakt mit der ursprünglichen positiven Intention, nämlich um ihrer selbst willen geliebt zu werden. Zum ersten Mal in ihrem Leben konnte sie sich selbst etwas geben und sich lieben. An diesem Punkt, der Quelle ihres Asthmas, konnte sie zum ersten Mal ›mühelos atmen‹.

3. Schritt: *Loslassen*

Ist die Information erst einmal ausgemacht und durch Resonanz zugänglich geworden, muß die Ursache des Ungleichgewichts ent-formt, die jetzige Form also aufgegeben werden; sie muß ›sterben‹. Dieses Loslassen, sei es nun durch Auflösen oder durch Absorbieren der Form, ist Teil jedes Transformationsprozesses. Diese Auflösung bzw. Veränderung entspricht dem Gesetz des Hindu-Gottes Shiva, des Zerstörers, der Raum für die neue Form schafft.

Aus Angst vor dem Unbekannten haben viele Menschen Angst, die gegenwärtige Form aufzugeben (»Was kommt, wenn ich das loslasse?«). Lieber ertragen sie den Schmerz und die Disharmonie, die ihnen zumindest vertraut sind, als die Unsicherheit und die Risiken in Kauf zu nehmen, die das Loslassen des Schmerzes mit sich bringt. Die Angst vor dem Unbekannten kann überwunden werden, wenn die positive Intention hinter der jetzigen Form ins Bewußtsein gebracht wird.

Mit dem Ent-Formen, also dem Tod der alten Form, sterben auch viele liebgewordene alte Wunden, Sekundärgewinne und ›Belohnungen‹ für den Schmerz, den wir in Kauf nehmen. Auch dies ist ein Grund dafür, daß Wandel so schwierig ist. Krankheiten haben oft einen gewissen Nutzen, sei er nun finanzieller Natur (zum Beispiel eine Rente) oder anderer Art, zum Beispiel die Hilfe und Aufmerksamkeit von anderen, die wir ansonsten nicht erhalten würden. Dadurch wird Krankheit der Gesundheit vorgezogen. Außerdem ist Krankheit etwas, was uns immerzu beschäftigen kann und damit der Langeweile vorbeugt. Hinzu kommen noch emotionale Gewinne, die schwieriger auszumachen sind. Als Kinder haben wir bei Schmerzen durch unser Schreien die Aufmerksamkeit und Fürsorge der Eltern gewonnen. Dadurch haben wir gelernt, wie wertvoll Manipulation durch Schwachheit und als Opfer sein kann. Durch solche Erlebnisse wird Krankheit als Möglichkeit erfahren, Aufmerksamkeit zu erhalten und die Verantwortung für die eigene Entwicklung abzugeben. Als Folge davon können wir uns weiterhin schuldig fühlen, uns selbst bestrafen und bemitleiden. Die Märtyrerrolle, das stille Leiden kann genauso dazu dienen, sich selbst zu strafen und anderen Schuldgefühle einzujagen, um sie zu kontrollieren und zu bestrafen.

Neben diesen ›guten Gründen‹ für eine Krankheit stehen der Heilung auch psychoenergetische Blockaden im Weg, zum Beispiel Scham, Angst, Wut, Schuld, Zweifel und Selbstmitleid. Auch diese Emotionen müssen genauer untersucht werden. Ist der Widerstand gegen den Wandel erst einmal erkannt, haben wir zumindest die Wahl: Wachstum oder Angst.

4. Schritt: *Reformation*

Nun muß das, was ent-formt wurde, in eine neue Form gebracht werden. Mit Hilfe holoenergetischer Techniken können der Körper und seine Energiefelder zu ihrer natürlichen

Harmonie zurückfinden oder neue Energiemuster formen, welche Wohlbefinden und Ganzheit unterstützen. Dies ist die Wiedergeburt, die Auferstehung des Phönix aus der Asche. Durch die Entscheidung für den Wandel und die damit einhergehenden Schritte übernehmen wir die Verantwortung für den Heilungsprozeß. Das neue, gesunde Bild nimmt Verbindung auf mit der positiven Intention. Kommt dazu die Verbundenheit mit dem Sinn, der eigenen Vision und den höheren Aspekten des Selbst, kommt es zu einem Wandlungsprozeß, der die Transformation transzendiert. Die Welt wird anders wahrgenommen. Der ganze persönliche Schwingungsbereich wird auf eine andere Ebene gehoben, wo eine ganz neue Realität geschaffen wird. An diesem Punkt fängt der Transzendenzprozeß an.

Im folgenden noch einmal die vier Leitprinzipien des holoenergetischen Heilens, die den vier Schritten (Erkenntnis, Resonanz, Loslassen, Reformation) entsprechen.

Leitprinzipien für das holoenergetische Heilen
1. *Das Wissen* findet heraus, was wir wollen. 2. *Das Lieben* verbindet uns mit dem, was wir wollen. 3. *Der Wille* setzt das, was wir wollen, in die Tat um. 4. *Der Geist* leitet das Wissen, Lieben und Wollen.

Bevor wir nun näher auf die vier Schritte des holoenergetischen Heilens eingehen, wenden wir uns dem Atem zu, mit dem die Heilenergien genutzt und verstärkt werden.

4

Der Atem des Heilens

Jede physiologische Veränderung geht – bewußt oder unbewußt – mit einer entsprechenden mental-emotionalen Veränderung einher: umgekehrt bewirkt jeder Wandel auf der mental-emotionalen Ebene eine physiologische Veränderung.

Elmer und Alyce Green

Atmen ist für uns meist etwas ganz Selbstverständliches. Wir können wochenlang ohne feste Nahrung und tagelang ohne Wasser auskommen, doch ohne Atmen würden wir nur ein paar Minuten überleben. Zum Glück ist Atmen ein automatischer Vorgang, für den kein bewußtes Nachdenken erforderlich ist.

Atem ist Leben. Das lateinische Wort für Atem ist ›spiritus‹, das belebende, lebenswichtige Prinzip, das physischen Organismen Leben gibt. Diese Lebenskraft spiegelt sich in den Wörtern ›Inspiration‹, ›Respiration‹ und ›Expiration‹ wider, die den Atemvorgang bezeichnen. Das chinesische Wort ›Chi‹ hat eine ähnliche duale Bedeutung; es steht für ›Leben‹ und ›Atem‹. Und im Ägyptischen steht das Symbol des ›ankh‹ für ›den Lebensatem‹. Im Sanskrit wird die ›Lebenskraft‹ als ›Prana‹ bezeichnet.

Wissende aller Kulturen waren sich also des Zusammenhangs zwischen Geist (›Spiritualität‹), Lebenskraft und Atem bewußt. Alten Traditionen zufolge entsteht Lebenskraft, wenn geistige Essenz die Materie durchdringt.

Der innere Geist ›inspiriert‹ viele Menschen, sich mit der Lebenskraft auseinanderzusetzen, um zu verstehen, was diese Lebenskraft ist und wie sie mit dem Atem zusammenhängt. Auf der physisch-materiellen Ebene sehen wir eigentlich eher ihre Auswirkungen als ihre Essenz. Die Lebenskraft kann man nicht berühren und greifen, sie kann weder in Maschinen eingefangen noch gemessen werden. Aus diesem Grund leugnet die Wissenschaft gerne ihre Existenz. Die Auswirkungen des Geistes können nur gespürt oder intuitiv erfaßt werden. Um den

Geist kennenzulernen, müssen wir in seinem Medium verkehrer: dem Bewußtsein.

Die Yogis haben über zweitausend Jahre den Zusammenhang zwischen Atmung und Bewußtsein erforscht. Vor einigen Jahren wurde mir während einer Meditation der hohe Wert des Atmens für das Heilen bewußt. Ich erkannte, wie nützlich kontrolliertes Atmen für den Energieaufbau und -transfer sein kann und wie er die für das Heilen nötige Resonanz verstärken kann.

Ich beschäftigte mich mit den östlichen Traditionen des Atmens und mit westlicher wissenschaftlicher Literatur. Außerdem führte ich an der Universität Elektroenzephalographische (EEG) Studien durch und entwickelte mit der Zeit die Atemtechniken, die bei meiner Arbeit eine so große Rolle spielen.

Im folgenden werden sieben einfache Atemübungen beschrieben, die für das Heilen sehr nützlich sein können. Am besten probieren Sie die Übungen gleich einmal aus, da auf sie immer wieder Bezug genommen wird.

Die neun Schlüsselaufgaben des Atems

Der Atem hat neun verschiedene Funktionen, die ihn zu einer wesentlichen Kraft beim Heilen machen:

1. Ernährung
Durch den Atem werden die Zellen mit dem lebenspendenden Sauerstoff versorgt. So wie Nahrung den physischen Körper ernährt, nährt der Atem die energetischen Aspekte des Körpergeistes.

2. Aufbau energetischer Ladung
Durch die Atmung wird der Körper energetisch aufgeladen; darauf wird später noch näher eingegangen werden. Diese Fähigkeit macht den Atem zu einem nützlichen Werkzeug bei der willentlichen Übertragung von Heilenergie.

3. Lenkung der Aufmerksamkeit
Mit Hilfe der Atmung können wir unsere Aufmerksamkeit gezielt lenken, gemäß dem Prinzip »Wo die Aufmerksamkeit ist, fließt auch Energie«.

4. Informationszugriff
Durch kontrolliertes Atmen können die im Unbewußten gespeicherten Informationen leichter abgerufen werden.

5. Verändern von Gefühlen und Gedanken
Eine Änderung der Atmung kann auch eine Veränderung von Gefühlen und Gedanken bewirken.

6. Spiegel der Gefühle und Gedanken
Durch genaues Beobachten der Atemgewohnheiten werden die Auswirkungen bestimmter Gefühle und Gedanken bewußt.

7. Bewußtseinsänderung
Durch Atemkontrolle, zum Beispiel bei bestimmten Meditationen und psychotherapeutischen Ansätzen, können wir Bewußtseinszustände erreichen, die den Rahmen des Normalen sprengen.

8. Resonanzinduktion
Der Atem kann die Resonanz mit anderen Energien erleichtern; dies spielt vor allem bei der Transformation von Krankheitsmustern in gesunde Muster eine wesentliche Rolle.

9. Verbindungsglied zwischen Bewußtem und Unbewußtem
Der Atem ist das Tor vom bewußten Geist zu den physiologischen Vorgängen, die normalerweise vom unterbewußten Körpergeist gesteuert werden.

Der Atem und das Nervensystem

Die wahrscheinlich beste Methode, abgetötete oder abgetrennte Teile des Körpers wieder zum Leben zu bringen ist es, in diese Teile des Körperbildes hineinzuatmen.

Ralph Metzner

Beim Nervensystem unterscheidet man grundsätzlich zwischen zwei Teilen: dem unwillkürlichen oder *autonomen* und dem willkürlichen oder *somatischen* System.

Das willkürliche Nervensystem ist dem Willen bzw. Willensäußerungen unterworfen; es kommt also immer dann ins Spiel, wenn man den Körper bewegt oder sich auf andere Weise ausdrückt.

Das unwillkürliche Nervensystem dagegen ist für die Steuerung von Körperfunktionen zuständig, zum Beispiel Herzschlag, Hormonausschüttung, Verdauung, Blutkreislauf, Verengung und Erweiterung der Pupillen und natürlich die Atmung. Dies sind Funktionen, die sich selbst regulieren und sich normalerweise der bewußten Kontrolle entziehen. Man muß also nicht daran denken zu atmen, und auch das Herz schlägt von alleine. Über das unwillkürliche Nervensystem werden automatische Signale ausgesandt, damit all diese Aufgaben harmonisch und mit gegenseitiger Verknüpfung ablaufen können.

Das autonome Nervensystem wird wiederum in das parasympathische und das sympathische System unterteilt:

- Dem parasympathischen System ist der Zustand des Entspanntseins zugeordnet. Durch Stimulierung des parasympathischen Nervensystems werden der Herzschlag und die Atmung (über den Vagusnerv) verlangsamt, die Verdauungsvorgänge unterstützt und die Blutgefäße erweitert, was wiederum den Blutdruck senkt.
- Das sympathische System hat mit Erregung zu tun. Die Stimulierung dieses Systems führt zu körperlicher Erregung, kurbelt den Herzschlag und die Atmung an und erhöht den Blutfluß in die ›großen‹ Muskel der Arme, Beine und des Rückens. Mit diesem System wird auch die ›Kampf-oder-Flucht‹-Reaktion bei Streß oder Gefahr assoziiert.

Jedes System im Körper ist Teil eines riesigen Kommunikationsnetzwerkes, das für ein harmonisches Miteinander der einzelnen Teile sorgt. Es gibt kein einziges Körperorgan, das völlig unabhängig funktioniert. Jedes Organ empfängt und übermittelt Signale aus allen anderen Teilen des Körpers. Aufgrund dieser Vernetzung werden Veränderungen der Atemmuster überall registriert. Jedes Organ reagiert auf veränderte Atemrhythmen und -geschwindigkeiten.

Normalerweise greifen wir nicht bewußt in die Funktionen des autonomen Nervensystems ein. Wir bestimmen weder die Art und Menge der benötigten Hormone, noch setzen wir den Herzschlag fest. Doch sobald die Atmung beteiligt ist, können wir sehr wohl Einfluß nehmen: Wir können einfach die Luft anhalten, das Tempo und die Tiefe unserer Atemzüge verändern, bestimmte Phasen des Atmungszyklus besonders betonen, zum Beispiel langsam einatmen, schnell ausatmen oder auch umgekehrt, tief oder flach atmen.

Durch bewußtes Ändern der Atmung können wir tiefgreifenden Einfluß auf die Energiefelder ausüben und uns erweiterten Bewußtseinszuständen öffnen. Und da der Atem ganz eng mit dem Leben an sich in Verbindung steht, können wir über ihn auch das Unterbewußtsein beeinflussen, was wiederum eng mit den natürlichen Heilungsprozessen des Körpergeistes verknüpft ist.

Diese Einflußnahme auf den Atem ist eine der wenigen Möglichkeiten, eine Art Schnittstelle zwischen dem willkürlichen und dem unwillkürlichen Nervensystem herzustellen, die zusammen sämtliche Körperprozesse koordinieren.

Bestimmte Atemmuster spiegeln bestimmte emotionale, mentale und körperliche Zustände wider. Mit jeder Emotion und mit jedem relevanten Gedanken wird ein spezifisches Atemmuster assoziiert. Unter Streß oder in Angst atmen wir aus dem Brustkorb heraus mit schnellen, flachen Atemzügen oder halten ganz die Luft an. Bei großer Erregung kommt es zur Hyperventilation. Verblüffung äußert sich in Keuchen und Erleichterung in Seufzern. Unterdrückte Trauer oder Kummer führen zu einer unvollständigen Ausatmung und zu einer sehr eingeschränkten Atmung, damit die tiefen Emotionen unter Kontrolle gehalten werden können.

Durch bewußte Änderung des Atemverhaltens können Gedanken und Gefühle beeinflußt und der Bewußtseinszustand verändert werden. Kontrolliertes Atmen ist nicht nur ein wichtiges Hilfsmittel im holoenergetischen Heilungsprozeß, sondern auch eine wertvolle Hilfe beim Streßmanagement und bei der Meditation.

Die Zwerchfellatmung

Die Einatmung wird in erster Linie vom sympathischen Nervensystem bewerkstelligt; das Ausatmen ist ein eher passiver Vorgang und steht deshalb unter dem Einfluß des parasympathischen Nervensystems.

Beim Einatmen ziehen sich das Zwerchfell und die Zwischenrippenmuskeln zusammen. Das Zwerchfell, ein kuppelförmiger Muskel zwischen Brustkorb und Bauchhöhle, wird dabei flach und geht nach unten, wodurch der Brustkorb sich erweitert und Luft einströmen kann. Bewegt sich das Zwerchfell nach unten, wird Druck auf die Bauchorgane ausgeübt, und der Bauchraum erweitert sich.

Beim normalen Ausatmen entspannt sich das Zwerchfell, und aus den Lungen strömt Luft nach außen. Durch Kontraktion der Zwischenrippenmuskeln und der Bauchmuskeln kann die Ausatmung verstärkt werden, wodurch noch mehr Luft aus den Lungen entweichen kann.

In der heutigen Zeit sind wir immer mehr Streß ausgesetzt, was dazu geführt hat, daß schnelles, unregelmäßiges Atmen aus dem oberen Brustkorb heraus zur Gewohnheit geworden ist. Dieses Atemmuster belastet das Herz, schränkt die Blutzufuhr ein, führt zu einer niedrigeren Sauerstoffkonzentration im Blut und hält emotionalen Streß zurück. Durch die Zwerchfellatmung kann dieser Streß reduziert werden, ein gutes Beispiel für die Heilwirkung des Atems.

Zwerchfellatmung hat eine ganze Reihe positiver Auswirkungen. Durch tiefes Atmen werden auch die unteren Lungenspitzen, die die meisten Blutgefäße enthalten, mit Luft versorgt, was zu einer besseren Sauerstoffversorgung des Blutes führt. Bei der Brustatmung, die hauptsächlich im mittleren Teil der Lungen stattfindet, ist die Versorgung nicht so optimal.

Durch tiefes Atmen wird außerdem der Druck im Brustraum gesenkt und dadurch der Blutkreislauf verbessert und das Herz entlastet, da das Blut leichter zum Herzen zurückfließen kann.

Durch kontinuierliches tiefes Atmen entsteht eine beträchtliche Menge an Körperenergie, die sich vor allem in blockierten oder angespannten Bereichen ansammelt. Dadurch können unterdrückte Bilder und Gefühle wieder hochkommen, die so lange Unbehagen bereiten, bis sie aufgelöst werden.

ÜBUNG

Zwerchfellatmung

1. Setzen Sie sich auf die Vorderkante eines bequemen Stuhles und lehnen Sie sich leicht zurück.
2. Nun legen Sie eine Hand mit der Handfläche nach unten ein paar Zentimeter über Ihren Nabel. Die andere Hand kommt mitten auf die Brust.
3. Zunächst atmen Sie einmal ganz aus, wie bei einem Seufzer, und lassen dabei soviel Luft wie möglich aus den Lungen entweichen. So können Sie beim nächsten Einatmen tiefer und voller atmen.
4. Atmen Sie nun ein und stellen Sie sich dabei vor, daß sich Ihr unterer Brustkorb und der Bauchraum wie ein mit Luft gefüllter Luftballon ausdehnen. Wenn Sie es richtig machen, dehnt sich Ihr Bauch dabei mehr als Ihre Brust.
5. Beim Ausatmen stellen Sie sich vor, wie die Luft entweicht und der Ballon ganz flach wird.
6. Wie fühlen Sie sich nach drei bis vier solcher Atemzüge?

Ist Ihr Körper entspannt?
Fühlen Sie sich mehr in Frieden?
Ist Ihr Geist ruhiger geworden?

Es ist gut möglich, daß Sie nach einer solchen Zwerchfellatmung alle drei Fragen mit Ja beantworten.

Energieaufbau durch Atmen

Durch die Atmung tankt der physische Körper Energie, und zwar zum einen durch die Zellatmung, zum anderen durch das Einatmen ionisierter Luft und durch die ›Scherbewegung‹ des Blutes (dieser Vorgang wird im folgenden näher erläutert).

Während des Einatmens wird der Sauerstoff aus der Atmosphäre absorbiert und über das Blut in die Zellen transportiert; dort findet ein Prozeß statt, in dessen Verlauf Elektronen zur Energieübertragung freigesetzt werden. Dieser Vorgang, bei dem die elektrische Ladung des Körpers erhöht wird, wird als *Zellatmung* bezeichnet. Dabei fällt als Nebenprodukt Kohlendioxid an, welches von den Zellen in die Lunge transportiert und ausgeatmet wird. Interessant dabei ist, daß nicht der Sauerstoffbedarf, sondern vielmehr der Kohlendioxidgehalt (als Abfallprodukt in der in den Lungen enthaltenen Luft) zum nächsten Atemzug führt.

Durch die Atmung werden außerdem elektrisch geladene Partikel, positive und negative Ionen aus der Luft absorbiert. Es ist wissenschaftlich erwiesen, daß negative Ionen die Kohlendioxidausscheidung und den Transport des Sauerstoffs durch die Lungenbläschen ins Blut unterstützen. Positive Ionen dagegen haben den gegenteiligen Effekt.

Wasserfälle, Regen, eine feuchte Umwelt und Gewitter setzen negative Ionen frei, die den Körper mit frischer Energie aufladen. Trockene, heiße Winde und Klimaanlagen können positive Ionen produzieren, welche den Körper eher müde und schlapp machen.

Während das Blut durch den Körper fließt, reiben die Blutzellen aneinander und auch gegen die Blutgefäßwände und trennen dabei an den Reibungsflächen Elektronen ab. Während der Atmung ändert sich durch die Bewegung des Zwerchfells und der Lungen der Blutfluß in den großen Gefäßen im Brustraum, was sich positiv auf den Herzschlag auswirkt. Der Schereffekt, der das elektromagnetische Feld des Körpers vergrößert, wird dadurch verstärkt. Die Ionen bewegen sich durch die Fluktuation des Blutes einmal langsamer, einmal schneller, und auch dies baut das elektromagnetische Feld auf. Im folgenden soll darauf näher eingegangen werden.

Die Physiologie des stoßweisen Atmens

Atemstöße sind eine der wichtigsten Techniken im holoenergetischen Heilen. Sie werden während der Loslösungs- und der Reformationsphase eingesetzt. Mit ihrer Hilfe können unerwünschte Energiemuster freigesetzt und Raum für neue gesunde Muster geschaffen werden.

Es gibt zwei Arten von Atemstößen:

- Expulsation: Sie atmen ein und halten dann die Luft an. Dann atmen Sie scharf durch die Nase aus und ziehen dabei die Bauchmuskeln kräftig zusammen.
- Impulsation: Sie atmen kurz und scharf durch die Nase ein und spannen dabei die Bauchmuskeln an.

Durch die Expulsation werden unerwünschte Ladungen aus dem Körper entfernt: negative Gedanken, Gefühle, Unbehagen, Schmerzen. Auch wenn man sich zu sehr den negativen Energien anderer ausgesetzt fühlt, ist diese Technik zu empfehlen.

Die Impulsation hilft beim Lösen, Umformen und Abziehen von Energiemustern. Durch die kurzen, scharfen Atemzüge entsteht ein elektromagnetischer Fluß, der holoenergetische Heilungsprozesse unterstützt.

Etwas durch Atemstöße freizusetzen bzw. umzuformen macht auch frei davon. Dabei gibt es drei Möglichkeiten. Erstens kann man so viel Energie in eine Struktur stecken, bis die Energie nicht mehr gehalten werden kann (Expulsation) und wie ein platzender Luftballon explodiert. Zum zweiten kann man der Struktur so viel Energie entziehen, daß die Struktur sich nicht mehr erhalten kann (Impulsation) und zusammenfällt wie ein Luftballon, aus dem die Luft entwichen ist. Und zum dritten kann man sich durch Visualisierung vorstellen, daß die Energie von einer Struktur auf eine andere bereits bestehende Struktur übergeht und von dieser absorbiert und transformiert wird.

Wer sich selbst heilen will, kann durch Expulsation, also durch scharfes stoßweises Ausatmen, disharmonische Muster im eigenen Energiefeld aufbrechen. Sollen andere geheilt werden, wird häufiger die Impulsation eingesetzt, um durch dieses scharfe Einatmen das zu transformierende Energiemuster abzuziehen.

ÜBUNG

Atmen für erhöhte Bewußtheit

Körperbewußtheit

1. Setzen Sie sich bequem und aufrecht hin und werden Sie sich Ihrer Atmung bewußt, ein Vorgang, der noch vor kurzem von alleine ablief, ohne daß Sie daran einen Gedanken verschwendet hätten.
2. Bleiben Sie mit Ihrer Aufmerksamkeit beim Atmen und konzentrieren Sie sich gleichzeitig mehr auf den Atem selbst, wie er durch die Nase strömt. Können Sie feststellen, ob Ihnen das Atmen durch den einen Nasenflügel leichter fällt als durch den anderen? Nehmen Sie die leichte Bewegung der Nasenflügel wahr? Spüren Sie, wie kühl die Luft beim Einatmen, und wie warm sie beim Ausatmen ist?

Emotionale Bewußtheit

1. Führen Sie ein paar Zwerchfellatemzüge durch, um den Einfluß Ihrer Gedanken und Gefühle auf den Atem erkennen zu können.
2. Denken Sie nun an eine Situation oder eine Person, die bei Ihnen Streß oder Angst verursacht hat. Das Ganze steht Ihnen deutlich vor Augen und Sie spüren auch die damit einhergehenden Emotionen. Verändert sich Ihr Atem dabei? Atmen Sie vielleicht schneller oder langsamer, tiefer oder von einer anderen Stelle aus?
3. Nun atmen Sie wieder mit dem Zwerchfell. Wie verändern sich dabei Ihre Gefühle? Nimmt Ihre Angst ab?
   Für erfahrene Menschen ist es möglich, durch die Atmung Emotionen willentlich zu verändern.

Bewußtheit des Wandels

Sicher ist Ihnen bewußt, daß sich bei körperlicher Aktivität das Atemverhalten ändert. Mit Hilfe der folgenden Übung können

Sie feststellen, daß sich selbst kleine Positionsveränderungen bereits auf die Atmung auswirken:

1. Setzen Sie sich aufrecht und bequem hin und schließen Sie die Augen. Das unterstützt den Bewußtheitsprozeß.
2. Legen Sie die Hände mit den Handflächen nach oben auf die Knie.
3. Welcher Teil Ihres Körpers bewegt sich beim Atmen? Der untere, mittlere oder obere Brustbereich? Oder der Bauch?
4. Nun legen Sie die Hände mit den Handflächen nach unten auf die Knie. Atmen Sie jetzt verstärkt woanders?

Wahrscheinlich wird Ihnen auffallen, daß mit nach oben gekehrten Handflächen die Atmung anscheinend eher im unteren Brustbereich und auch im Bauch stattfindet. Sind die Handflächen nach oben gekehrt, bewegt sich eher der mittlere Bereich. Für manche mag auch genau das Gegenteil gelten: Sie atmen am tiefsten, wenn die Handflächen nach unten zeigen.

Nehmen Sie einfach wahr, wie sich Ihre Atemmuster selbst bei minimalen Veränderungen der Körperhaltung ändern.

Die vier Phasen der holoenergetischen Atmung

Eigentlich ist Atmen ein automatischer Vorgang, der als Zwei-Phasen-Zyklus (Ein- und Ausatmung) abläuft, ohne daß bewußtes Eingreifen nötig ist. Im holoenergetischen Heilen wird ein Vier-Phasen-Zyklus eingesetzt, der von Yogis schon seit Jahrtausenden beim Meditieren Anwendung findet (vgl. die Tabelle auf Seite 106). In den östlichen Traditionen ist die Atemkontrolle der wesentliche Grundbestandteil des Pranayama, der ›Wissenschaft vom Zurückhalten des Atems‹.

Die vier Phasen der holoenergetischen Atmung sind

1. Pause
2. Einatmung
3. Anhalten
4. Ausatmung

1. Die Pause – das Zur-Ruhe-Kommen vor dem Einatmen

Am Anfang eines jeden Prozesses muß Raum geschaffen werden. Dies bedeutet beim Atmen, daß einmal vollständig ausgeatmet wird, um Platz für die nächste Einatmung zu machen.

Metaphorisch kann man sich diesen Raum als das Nichts vorstellen, einen Zustand ohne Bewegung bzw. absoluter Bewegung, aus dem alles entsteht. Raum ist nicht leer, sondern enthält unglaublich viel Energie. Der Physiker David Bohm hat errechnet, daß ein Kubikzentimeter Raum mehr Energie enthält als die Gesamtheit der Materie im uns bekannten Universum.

Nach dem tiefen Ausatmen, im bewußt wahrgenommenen Ruhezustand, baut sich allmählich eine Spannung auf, und die Bewußtheit wird zur konzentrierten Aufmerksamkeit. Dem liegt das Bedürfnis nach dem nächsten Atemzug zugrunde, das Bedürfnis nach Atmen, Bewegung oder Veränderung. Diese aus dem Nichts aufgebaute Spannung ist die Quelle kreativer Energie für den Wandel.

Metaphysisch betrachtet ist das Nichts der Raum, aus dem Wünsche entstehen und Vibration ihren Anfang nimmt. Durch die Vibration entstehen elektromagnetische, Schwerkraft- und akustische Muster, welche durch das Nervensystem als ›Substanz‹ in Form von Empfindungen oder physischer Materie wahrgenommen werden. Die ›Substanz‹ des Geistes sind die Gedanken und Gefühle.

2. Einatmung – das Hereinnehmen von Luft in den Körper

Die Einatmung ist die aktive Phase des Atemzyklus, bei der sich die an der Atmung beteiligten Muskeln, welche vom sympathischen Nervensystem beeinflußt werden, zusammenziehen. Der Körper nimmt in dieser Phase den ›Geist‹ auf, die lebenspendende Komponente der Luft. Jetzt kann sich Kraft und Tatkraft aufbauen, die ›Energiebatterie‹ wieder aufladen. In östlichen Traditionen wird die Einatmung mit der Yang-Energie des Atmungszyklus bzw. der maskulinen oder aktiven Seite in uns (siehe Abb. 3) gleichgesetzt.

Die Inspiration gibt uns neue Ideen, ›inspiriert‹ uns. In Ideen nehmen Wünsche und Bedürfnisse Form an – Gedanken und Gefühle tauchen auf.

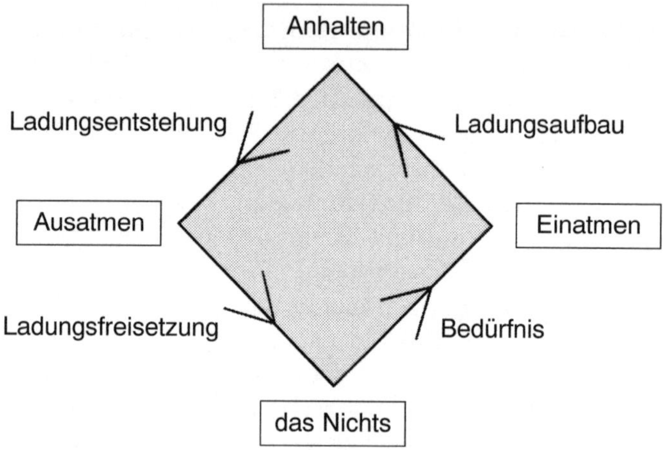

Abb. 3 *Energetische Ladung durch den Atem*

Die vier Phasen der holoenergetischen Atmung

Ruhe/Pause	**Einatmung**	**Ruhe/Anhalten**	**Ausatmung ohne Unterstützung***
Bewußtheit Spannungslosigkeit	Tun aktiv	Zurückhalten	Zulassen passiv
Aufmerksamkeit	Kontraktion Zwerchfell Zwischenrippenmuskeln yang sympathischer Einfluß	Intention In-Tention	Entspannung yin parasympathischer Einfluß
Sein	> Werden	>> Werden	< Werden

* Die Ausatmung kann durch die Bauch- und Zwischenrippenmuskeln unterstützt werden oder verläuft ohne Hilfe durch das Ausstoßen von Luft und hängt dabei weitgehend von der Elastizität und der Oberflächenspannung der Lunge ab. Normalerweise geschieht die Ausatmung durch Kontraktion der Muskeln des Atmungssystems.

3. Anhalten – die Ruhephase zwischen Ein- und Ausatmung
Um den Atem anzuhalten, ist eine bewußte Intention nötig, die Energie eines Bedürfnisses/Wunsches, die eine bestimmte Form annimmt. Wird die Luft unter Spannung angehalten, bleibt die Ladung noch für eine Weile erhalten.

Die Phase des Anhaltens ist eine Willensäußerung. Metaphorisch betrachtet, entsteht Wille, wenn der Wunsch dauerhaft Form und Fokus annimmt. Oft ist die Form eine bestimmte Intention, ein Entschluß, eine Erwartung oder eine Vorstellung.

Durch Visualisierung und fokussiertes Denken erhält die Idee eine Form. Die Ideenenergie wird in eine Gedankenform mit kausaler Potenz transformiert.

4. Ausatmung – Ausstoßen der Luft
Wird die Ausatmung nicht von außen unterstützt, stellt sie die Entspannungsphase des Atemzyklus dar, die vom parasympathischen Nervensystem beeinflußt wird. Dabei läßt man die Luft passiv entweichen, was in erster Linie durch die Elastizität der Lunge geschieht. Willentliche Ausatmung ohne Intention lädt mit Energie auf, worauf der Wille gerichtet ist. Durch das gezielte Lösen der aufgebauten Spannung werden Energie und Information übertragen.

Entspannte Ausatmung ist der Gegenpol zur Einatmung und entspricht damit der weiblichen Yin-Seite in uns.

Mit der Ausatmung wird das Gefühl, der Gedanke, die Idee, die sich gebildet hat und während der Haltephase mit Energie und Intention geladen wurde, in einer Handlung manifestiert. Gewichtheber heben beispielsweise bei der Ausatmung, und in der Gymnastik werden bestimmte präzise Bewegungen während des Ausatmens ausgeführt.

Nach der Ausatmung betreten wir wieder die Welt des Nichts. Ohne den nächsten Atemzug würden wir sterben und das Nichts verlassen. Im Nichts ist die Aufnahmefähigkeit für Informationen und schöpferische Energie verstärkt. Auch die Verwundbarkeit durch äußere Einflüsse wächst (siehe Abb. 4).

Entsteht ein Wunsch aus dem Nichts, stellt es zunächst eine potentielle Wahl dar und ist in dieser Phase eine Substanz ohne

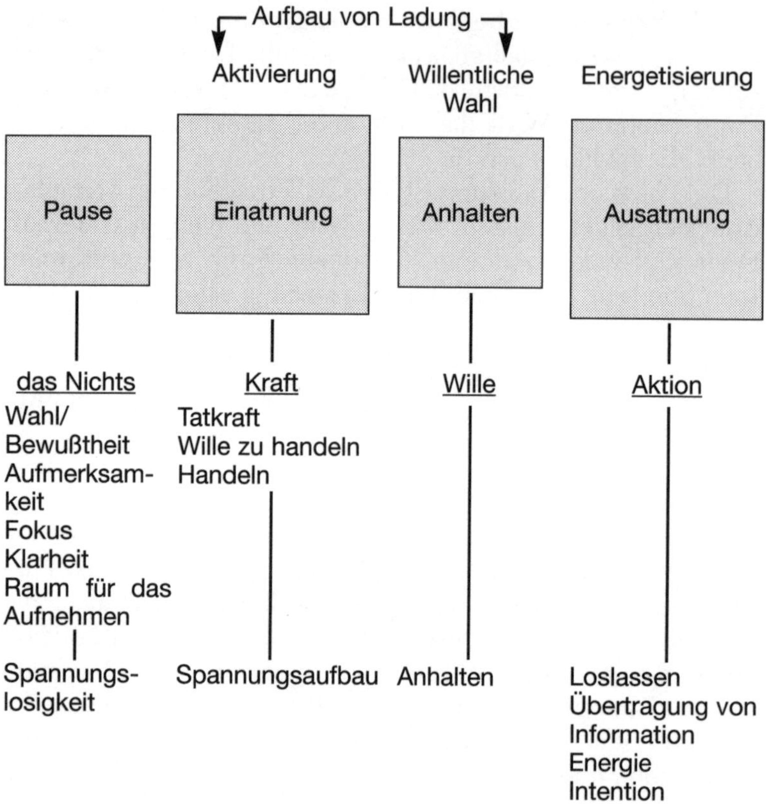

Abb. 4 *Energetisierung des Atems*

Form, ist Energie in Bewegung. Manchmal verspürt man dann auch tatsächlich den Wunsch, sich zu bewegen, spazierenzugehen. Mit einer Verstärkung dieses Gefühls, wird die In-Spiration bzw. die Idee aufgebaut. Beim Halten der Idee entsteht der Gedanke und gibt der Substanz Struktur, Tiefe und Weite und transformiert sie letztendlich in eine Aktion.

Man kann den Gedanken fokussieren und ihm dabei immer mehr Form verleihen: »Ich werde jetzt ein wenig wandern gehen und bis zum Gipfel hochsteigen und den Sonnenuntergang beobachten. Ich nehme auch eine Flasche Wasser mit.« Beim Freisetzen des Gedankens manifestiert sich die Aktion,

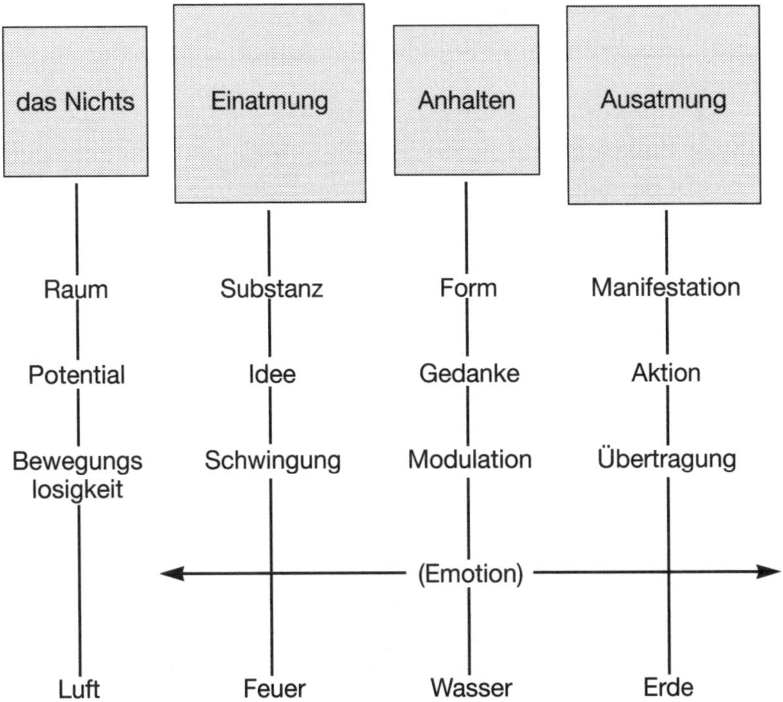

Abb. 5: *Esoterische Funktionen des Atems*

wodurch die Gedankenenergie auf das Geschaffene, in diesem Fall den Spaziergang, übertragen wird. Genauso trägt uns der Vier-Phasen-Zyklus durch die bewußte Schöpfung, Formgebung und Übertragung eines Gedankens oder Gefühls von reiner Energie in die Form und dann in die Aktion (vgl. Abb. 5).

Joseph Campbell schreibt in seinem Buch *Die Kraft der Mythen* über die metaphysischen Aspekte der Vies-Phasen-Atemzyklus und ihren Ausdruck im AUM-Klang in der Meditation. Viele alte Traditionen betrachten den Klang AUM als den ältesten heiligen Klang. In der Bibel steht: »Am Anfang war das Wort...« Für viele Mystiker ist AUM dieses kosmische Urwort:

›A‹, die Geburt, entspricht der Einatmung.

›U‹, das Werden, entspricht dem Anhalten nach der Einatmung.

›M‹, die Auflösung, entspricht der Ausatmung.

Am Ende kehrt AUM in die Stille zurück, in der es entstand. Dies ist das Nichts, welches der Ruhephase vor dem Einatmen entspricht.

Lenken der Aufmerksamkeit durch den Atem

Aufmerksamkeit ist fokussierte Bewußtheit und definiert und verfeinert einen bestimmten Inhalt dieser Bewußtheit. Erst durch Bewußtheit können wir eine Wahl oder Entscheidung treffen. Nur durch bewußtes Erkennen der gegenwärtigen Umstände und der Alternativen können wir unser Leben selbst in die Hand nehmen.

Die folgende Atemübung zeigt, wie die Aufmerksamkeit bewußt und zweckgerichtet fokussiert und verändert werden kann. Durch das Üben der Aufmerksamkeit sind wir in der Lage, Energie durch bloße Wahl gezielt auf etwas Bestimmtes zu richten.

Nehmen Sie während der nun folgenden Übung wahr, wie Sie durch Ihre Aufmerksamkeit Ihren Körper mit Energie aufladen und wie sich durch den Atem die Energie noch verstärkt.

ÜBUNG

Fokussierte Aufmerksamkeit durch den Atem

1. Sie sitzen entspannt, mit geschlossenen Augen und richten Ihre Aufmerksamkeit auf die linke Hand. Nehmen Sie wahr, was passiert.
2. Stellen Sie sich nun vor, wie Sie in Ihre linke Hand hinein- und wieder hinausatmen. Der Atem geht dabei durch alle fünf Finger. Sie atmen hoch in Ihr Handgelenk, und beim Ausatmen gehen Sie wieder in Ihre Finger. Was passiert, wenn Sie das tun?

3. Atmen Sie durch die linke Hand ein und über die rechte Hand aus.

Was fällt Ihnen dabei auf? Viele empfinden in der linken Hand Wärme oder ein Kribbeln. Wenn sie sich auf die andere Hand konzentrieren, spüren sie, wie die Energie dorthin geht.

Sie können mit dieser Übung ein bißchen herumexperimentieren. Nehmen Sie dabei Ihre Phantasie zu Hilfe, um der Energie Form zu geben; zum Beispiel können Sie sich vorstellen, wie Ihre Hand durch den Atem Feuer schlägt, wie Holzscheite im Feuer durch einen plötzlichen Windstoß entflammt werden. Genauso können Sie sich vorstellen, wie sich die Hände beim Ausatmen abkühlen.

Die Erfahrung hat gezeigt, daß beim Biofeedback Kopfschmerzen verschwinden, wenn die Betroffenen die Technik zum Erwärmen der Hand, speziell der Handflächen, anwenden.

Wird die Einatmung mehr betont als die Ausatmung, kann der Körper mit Ladung bzw. Energie aufgeladen werden. Umgekehrt ist es sehr entspannend, wenn die Ausatmungsphase verlängert wird.

- Betonung auf der Einatmung baut Ladung auf.
- Betonung auf der Ausamtung setzt Ladung frei.

ÜBUNG

Energetisierung des Atems

Zunächst atmen Sie einmal vollständig aus. Dann atmen Sie etwa zwanzigmal kurz und kräftig durch die Nase ein. Kümmern Sie sich nicht um die Ausatmung – sie findet irgendwie von alleine statt. Wird dies korrekt durchgeführt, hört es sich an wie eine Dampflokomotive. Wie wirkt sich dies auf Ihren Körper aus? Auf Ihre Gefühle? Oft stellen sich Wärmegefühle oder Kribbeln ein, der Kopf wird leichter, und man fühlt sich vitaler. All dies ist Ausdruck von Energie.

ÜBUNG

Entspannung des Atems

1. Zunächst atmen Sie vollständig aus.
2. Dann zählen Sie bis drei und atmen leicht und sanft durch die Nase ein; bei sechs atmen Sie wieder aus.
3. Wiederholen Sie dies dreimal. Können Sie Veränderungen spüren?

Die meisten Menschen fühlen sich nach dieser Übung entspannter.

Zugriff auf Informationen aus dem Unterbewußten

Mit Hilfe der Atemkontrolle können lang vergessene Erinnerungen oder auch neue, unbewußte Informationen zugänglich gemacht werden. Durch das willentliche Zurückhalten des Atems wird die Aufmerksamkeit des Unterbewußten geweckt, dessen Aufgabe unter anderem ja darin besteht, das physiologische Gleichgewicht, die *Homöostase*, aufrechtzuerhalten, was nichts anderes als der uns bereits bekannte ›Körpergeist‹ ist. Besonders in der Lösungs- und der Umformungsphase ist die Atemkontrolle im holoenergetischen Heilungsprozeß eine große Hilfe.

Dabei ist das Zurückhalten des Atems zu Heilungszwecken natürlich zu unterscheiden von chronischem Luftanhalten, mit dessen Hilfe Angst und Furcht unterdrückt oder verdrängt werden. Richtig eingesetzt, ist die Atemkontrolle eine wertvolle Heilungshilfe, da sie auf das Unterbewußte, welches den Heilprozeß auslöst, einwirken kann.

Ich beschreibe diese Interaktion immer folgendermaßen:

Alles ist soweit in bester Ordnung. Du atmest einmal tief ein und hältst dann die Luft an. Dadurch erhöht sich der Kohlendioxidgehalt im Körper, und das Unterbewußte, welches sich meistens in Bildern, Symbolen und physiologischer Kommunikation mit dem autonomen Nervensystem bemerkbar macht, sagt: »He, der Kohlendioxidgehalt steigt. Was ist denn los? Was machst du denn? Was willst du eigentlich?« Nun hast du seine Aufmerksamkeit auf dich gelenkt. Du sagst: »Hör zu, ich möchte, daß du dafür sorgst, daß in diesem bestimmten Körperteil mehr weiße Blutkörperchen aktiviert werden.« Die Antwort des Unterbewußten lautet: »Okay, ich habe verstanden. Ich kümmere mich darum.« Und du sagst darauf: »Sehr gut, dann atme ich weiter.«

Sobald die Aufmerksamkeit des Unterbewußten geweckt ist, können ihm Botschaften übermittelt werden. Es ist eine Art Filter zwischen dem Bewußtsein und dem Unbewußten. Überzeugungen und Einstellungen haben im Unterbewußtsein Entsprechungen, die zum Heilen zugänglich gemacht werden müssen. Sowohl das Auffinden von tieferen Informationen als auch das Umprogrammieren werden durch bestimmte Atemtechniken unterstützt. Es ist ganz einfach: Sie brauchen nur den Atem anzuhalten und bewußt um die gewünschte Information bitten.

In Resonanz kommen

In seinem Buch *Stalking the Wild Pendulum* berichtet Itzhak Bentov, daß sich durch das Anhalten des Atems die Herzrate senkt und das Herz und die Aorta zu einem resonanten System werden. Normalerweise wird Blut vom Herzen in die Aorta gepumpt und fließt dann durch den Druck des Herzschlags durch den Körper bis zum Becken. Dort verzweigt bzw. teilt sich die Aorta in zwei große Blutgefäße, die Blut in die Beine weiterleiten. Wenn der vom Herzschlag verursachte Druck diese Verzweigung erreicht, prallt er zurück wie ein Echo und kollidiert mit dem neuen Puls. Dadurch entsteht ein negatives Interferenzmuster, ähnlich zwei Wellen, die aufeinanderprallen und eine Turbulenz verursachen, die zu einer unregelmäßigen Mikrobewegung im Körper führt.

Durch das Anhalten der Luft verringert sich der Pulsschlag, und das Echo und der neue Puls werden koordiniert und synchronisiert. Ein solches System ist *in Resonanz*. Der Körper schwingt rhythmisch mit einem Zyklus von circa 7,5 Zyklen pro Sekunde. Gleichzeitig entsteht eine Resonanz mit zwei anderen wichtigen Systemen, nämlich den Gehirnwellen des tiefen rezeptiven Stadiums zwischen den Alpha- und den Teta-Wellen (7–8 Zyklen pro Sekunde), und der natürlichen Pulsation der Wölbung der äußersten Hülle der Erdatmosphäre mit ihrem Rhythmus von circa 7,8 Zyklen pro Sekunde.

Durch das Luftanhalten kommt der Körper in Resonanz mit sich selbst, mit den Rhythmen des Gehirns in seinem aufnahmefähigsten Zustand und den Rhythmen der Erde. Diese Synchronie erleichtert die Informations- bzw. Energieaufnahme und -übertragung, zwei sehr wichtige Komponenten des Heilens.

ÜBUNG

Informationen zugänglich machen

1. Um die erhöhte Aufnahmefähigkeit in der Phase der Atempause erleben zu können, müssen Sie sich zunächst eine Frage ausdenken, die Sie stellen möchten. Sie können Sie sich auch aufschreiben.
2. Wie zuvor atmen Sie erst einmal aus. Dann schließen Sie die Augen und atmen dabei tief ein.
3. Halten Sie die Luft an, und stellen Sie sich die Frage.
4. Entspannen Sie dann Ihre Brust und den Bauch und lassen mit dem Ausatmen auch Ihre Frage los.
5. Machen Sie Ihren Geist frei von Gedanken und Anstrengungen. Lassen Sie einfach während der 5- bis 10-Sekundenpause vor der nächsten Einatmung Information kommen.
6. Falls es das erste Mal nicht klappt, probieren Sie es einfach ein zweites Mal, ohne Beurteilung, ohne Verhaftung an den Informationsgehalt, und seien Sie offen für alles, was kommt.

Die Ausgleichsatmung

Während meiner Forschungstätigkeit an einem Universitätslabor für Biofeedback über den Zusammenhang zwischen Atem und Gehirnwellenaktivität entdeckte ich eine Atemtechnik, die bei der Heilarbeit äußerst nützlich ist, die sogenannten *Ausgleichsatmung*. Sie hilft, das Bewußtsein sehr schnell zu erwei-

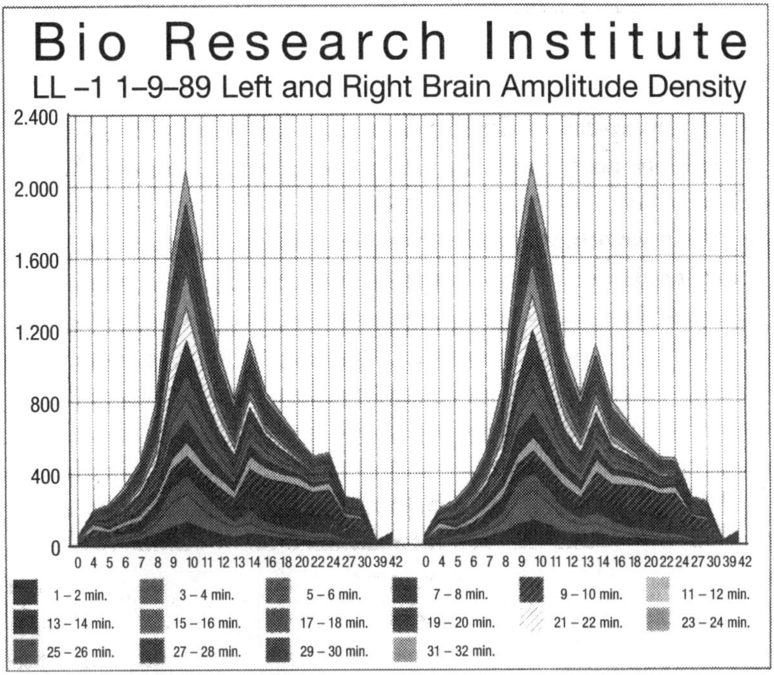

Abb. 6: *Dichte der linken und der rechten Gehirnhälftenamplitude*

tern und zu erhöhen, da sie die rechte und linke Gehirnhälfte synchronisiert. Dadurch kommt der Geist in einen resonanten Kohärenzzustand.

Zu Beginn meiner Untersuchungen beschäftigte ich mich mit einer alten Yogatechnik für den Ausgleich zwischen rechter und linker Gehirnhälfte, die sogenannte wechselseitige Nasenatmung. Dabei werden die Nasenlöcher abwechselnd mit einem Finger zusammengedrückt und wieder losgelassen. Man atmet also auf der einen Seite ein und auf der anderen aus.

Einmal war ich bei dieser Atmung an einen Elektroenzephalographen (EEG) angeschlossen, der die Aktivität meiner rechten und linken Gehirnhälften aufzeichnete. Dabei stellte ich fest, daß sich durch die Hand, wie es in der alten Technik vorgeschrieben war, ein unbalanciertes Muster aufbaute. Wenn ich dagegen die Hand nicht zum Zuhalten der Nase benutzte, sondern mir einfach vorstellte, daß die Luft durch das eine Nasenloch ein-, durch das andere wieder ausströmte und so weiter, passierte etwas sehr Interessantes: Auf dem EEG war zu sehen, daß meine rechte und linke Gehirnhälfte synchronisiert wurden und dadurch eine hemisphärische Kohährenz entstand. Meine Gehirnwellenaktivität zeigte ein synchrones Alpha-Muster (circa 7–8 Zyklen pro Sekunde) in beiden Gehirnhälften (vgl. Abb. 6).

Durch diesen resonanten Zustand wird die Leistung auf vielen Ebenen erhöht, was sich besonders in der Heilarbeit als wertvoll erweist. Am Anfang ist es jedoch ziemlich schwierig, diesen Zustand balancierter hemisphärischer Kohärenz über längere Zeit aufrechtzuerhalten. Am wirkungsvollsten ist die Ausgleichsatmung kurz vor der Heilarbeit oder als Meditationsvorbereitung.

Atmen bringt uns auf unterschiedliche Weise ins Gleichgewicht. Rhythmisches, gleichmäßiges Atmen bringt das autonome Nervensystem in Balance, da durch die Einatmung das sympathische System, durch die Ausatmung das parasympathische System angeregt wird. Das Einatmen durch das eine sowie Ausatmen durch das andere Nasenloch balanciert auf einer anderen Ebene.

Im Osten wird die Balance zwischen den zwei Gehirnhälften als die Balance zwischen Yin und Yang verstanden. Doch wie kommt der Körper in dieses Gleichgewicht?

Beim normalen automatischen Atmen fließt die Luft circa 90 Minuten lang hauptsächlich durch das eine Nasenloch ein. Dann wird auf das andere Nasenloch umgeschaltet.

Wenn Sie feststellen wollen, durch welches Nasenloch Sie gerade hauptsächlich atmen, brauchen Sie nur die Handfläche feucht zu machen und darauf zu atmen. Eine Seite wird sich kühler anfühlen. Sie können auch die Nasenlöcher beim Einatmen zuhalten und spüren, auf welcher Seite Sie leichter atmen.

Ausgelöst wird dieser Wechsel durch den Hypothalamus, der das autonome Nervensystem steuert. Die Blutgefäße, die die Nasenschleimhäute versorgen, werden vom sympathischen und parapsympathischen Teil des autonomen Nervensystems kontrolliert. Durch abwechselnde sympathische Verengung und parasympathische Erweiterung dieser winzigen Gefäße kann durch die Atemwege entweder mehr Luft einfließen oder diese verstopfen.

Welche Nasenseite dominiert, kann sich erheblich auf die Gedanken, Stimmungen und den Bewußtseinszustand auswirken.

Einatmung durch das linke Nasenloch stimuliert die rechte Gehirnhälfte und umgekehrt. Der Forscher D. A. Werntz führte an der medizinischen Fakultät der Universität von Kalifornien in San Diego eine Studie durch, die zeigte, daß Atmung durch eine Nasenhälfte auf dem EEG die Tätigkeit der entgegengesetzten Gehirnhälfte aktivierte.[2]

Die linke und rechte Gehirnhälfte haben unterschiedliche Aufgaben. Die linke Hälfte steht normalerweise im Zusammhang mit verbalen, linearen, rationalen Tätigkeiten, während die rechte mit räumlichem, nichtlinearem, intuitivem Tun assoziiert wird. Werntz zeigte, daß durch erzwungene Atmung durch eine bestimmte Seite die Leistung der entsprechenden Gehirnhälfte anstieg. Atmung durch das rechte Nasenloch verbesserte beispielsweise den verbalen Ausdruck, Atmung durch das linke Nasenloch wirkte sich positiv auf intuitive und räumliche Fähigkeiten aus, welche mit der rechten Gehirnhälfte assoziiert werden.

Sogenannte ›negative‹ Emotionen und Stimmungen wie etwa Wut, Depression oder Angst, scheinen sich hauptsächlich in der rechten Gehirnhälfte zu konzentrieren, die eher positiven Emotionen wie Freude und Dankbarkeit dagegen in der linken Gehirnhälfte.

Indem Sie Ihren Atem durch das entgegengesetzte Nasenloch lenken bzw. dies visualisieren, können Sie die bestehende Dominanz verändern. Wollen Sie Ihre intuitiven Seiten stimulieren? Dann halten Sie das rechte Nasenloch zu und atmen ein paarmal durch das linke Nasenloch ein. Oder Sie stellen sich einfach vor, wie Ihr Atem durch das linke Nasenloch strömt.

Werntz' Kollege David S. Shannahoff-Khalsa bestätigt, daß Appetit und Verdauung bei rechter Nasenatmung bzw. linker

---

2 D. A. Werntz, R. G. Bickford, D. S. Shannahoff-Khalsa, »Selective Hemispheric Stimulation by Unilateral Forced Nasal Breathing«, in: *Human Neurobiology* 6: 165–171.

Gehirnhälftendominanz steigen. Einatmen durch das linke Nasenloch verstärkt die Empfänglichkeit für neue Ideen, während durch die rechte Nasenatmung Sprecherqualitäten unterstützt werden.[3]

Die Dominanz einer bestimmten Nasenatmung wirkt sich auch auf das autonome Nervensystem aus, so daß nicht nur eine Gehirnhälfte, sondern die jeweilige Körperseite eine verstärkte sympathische Aktivität aufweist.

Bei Versuchsstudien, bei denen Freiwilligen in regelmäßigen Abständen an beiden Armen Blut abgezapft wurde, erhöhte sich der Noradrenalinspiegel in der nasendominierten Körperseite sehr viel mehr, was zeigt, daß der Körper genauso wie das Gehirn die Dominanz regelmäßig umschaltet.

Nach der Ausgleichsatmung wird durch ein paar Atemzüge durch beide Nasenflügel die Balance zwischen den beiden Gehirnhälften und den damit verbundenen Funktionen noch verstärkt. Außerdem kommt es dadurch zu einer natürlichen Dominanzüberschneidung. Der Dominanzwechsel nach jedem circa 90minütigen Zyklus dauert etwa zehn Minuten. In dieser Zeit können bei Aufgaben, bei denen beide Gehirnhälften gefordert sind, Höchstleistungen vollbracht werden. Diese Überschneidung kann durch Atmen durch beide Nasenflügel willkürlich erreicht werden.

Normalerweise wird nach einiger Zeit ein Gleichgewicht zwischen beiden Gehirnhälften erreicht. Dieser Zustand ist jedoch auch ›im Moment‹ sehr nützlich. So kann durch die Ausgleichsatmung bei der Meditation, beim Heilen oder Counseling dadurch das Bewußtsein in transpersonale Dimensionen ausgedehnt werden.

Mit der folgenden Übung können die beiden Gehirnhälften ins Gleichgewicht gebracht werden.

---

3 D. S. Shannohoff-Khalsa, *Energy Medicine Around the World,* hrsg. von T. M. Srinwasan, Phoenix 1988, S. 89–110.

ÜBUNG

Die Ausgleichsatmung

1. Setzen Sie sich bequem und entspannt hin.
2. Schließen Sie langsam die Augen.
3. Nun atmen Sie aus. Ihre Lungen entspannen sich und werden leer.
4. Beim nächsten Einatmen stellen Sie sich vor, daß Ihr Atem durch das linke Nasenloch einströmt und ins Stirnchakra aufsteigt.
5. Beim Ausatmen stellen Sie sich vor, wie Ihr Atem durch das rechte Nasenloch ausströmt.
6. Dann atmen Sie durch das rechte Nasenloch ein, hoch bis ins Stirnchakra. Die Ausatmung erfolgt durch das linke Nasenloch.
7. Diesen Atmungszyklus (Einatmen und Ausatmen) wiederholen Sie siebenmal.
8. Beim achtenmal atmen Sie durch beide Seiten gleichzeitig ein. Halten Sie dann kurz die Luft an und konzentrieren Sie sich auf die Stirn.
9. Atmen Sie so aus, als ob Sie durch die Stirn ausatmen. Das öffnet das sechste Chakra, das Energiezentrum, das für die intuitiven geistigen Funktionen zuständig ist.

Versuchen Sie diese Übung mit all Ihren Sinnen durchzuführen. Spüren Sie, wie kühl die eingeatmete Luft sich anfühlt und wie warm sie beim Ausatmen ist. Spüren Sie, wie sich beim Atmen die feinen Härchen in der Nase bewegen?

Sie können sich auch vorstellen, daß Sie Licht oder Farbe einatmen, oder einen bestimmten Duft, zum Beispiel Rosenduft. Wenn Sie ein bestimmtes Chakra harmonisieren wollen, lesen Sie noch einmal den Abschnitt über Chakren in Kapitel 3, und stellen Sie sich vor, wie Sie die entsprechende Farbe einatmen. Wie wäre es, wenn Sie beim siebenteiligen Atemzyklus einmal die sieben Chakrafarben einatmen? Das harmonisiert das gesamte subtile Energiesystem.

Mit Hilfe der Ausgleichsatmung können Sie also die Dominanz einer Gehirnhälfte fördern oder beide Hälften und das autonome Nervensystem harmonisieren, ganz wie Sie wollen. Ist das nicht faszinierend? Sie beeinflussen mit Ihrer Atmung Ihren Körper, Ihre Gefühle und Gedanken und Ihren Bewußtseinszustand. Die Ausgleichsatmung bringt Sie in Verbindung mit Ihrem Geist und macht Heilung zu einer bewußten Entscheidung.

Die Ausgleichsatmung und die transpersonale Dimension

Wenn beide Gehirnhälften, zum Beispiel durch die Ausgleichsatmung, im Gleichgewicht sind, wird das Bewußtsein in die transpersonale Dimension verlagert. In diesem balancierten und synchronen Zustand wird oft Energie freigesetzt, die als Licht wahrgenommen wird, in einer blauen Farbe, der ›blauen Perle‹ der östlichen Traditionen.

Bei mir selbst war die Wahrnehmung dieser blauen Perle mit einer energetischen Fusion der rechten und linken Gehirnhälfte verbunden. Mit dem Licht ging ein Gefühl des inneren Friedens und des Einsseins einher. Mein Bewußtsein schien sich in solchen Augenblicken über meinen Kopf hinaus auszudehnen, den sogenannten *transpersonalen Raum.*

Dieser umfassende Bewußtseinszustand brachte mir auch die Einsicht, daß Energie nötig ist, um die Illusion des Getrenntseins aufrechtzuerhalten, so wie auch Energie gebraucht wird, um zwei unterschiedliche Ladungen in einer Batterie oder in Zellen zu halten. Deshalb wird Energie frei, wenn Getrenntes zusammenkommt. Das ist die Energie der Synergie, die Energie des vereinten Ganzen, das größer ist als die Summe seiner Teile. Je mehr wir uns den transpersonalen Dimensionen des Bewußtseins öffnen – zum Beispiel durch Meditation und bewußte Atmung – desto mehr von der Energie, mit der wir die Illusion des Getrenntseins aufrechterhalten, wird überflüssig und als Licht freigesetzt.

In normalen Bewußtseinszuständen, in denen die eine oder andere Gehirnhälfte dominiert, besteht auch die Illusion der Trennung, was auch eine Entfremdung von unserem Zentrum, unserer Quelle mit sich bringt. Dies macht sich als Verlustangst oder Verlassenheitsgefühl bemerkbar. Wir spüren, daß wir die Verbindung mit unserer wahren Natur verloren haben. In solchen Augenblicken sind wir nicht in Resonanz mit unserem Körper, unserem Geist, unserem wahren Selbst, und auch die resonante Beziehung zum Universum fehlt. Umgekehrt fühlen wir uns in den Momenten des Einsseins und des Verbundenseins mit unserer wahren Natur nicht mehr allein und verlassen, sondern fühlen uns zu Hause und in Resonanz mit unserem Selbst/wahren Kern.

Krankheit ist nichts anderes als die Folge dieser Trennung vom Ursprung und eine Erinnerung daran, daß wir zur resonanten Einheit zurückkehren müssen. Heilen ist in seiner Essenz also die Wiedervereinigung mit der Wurzel unseres Selbst.

Das Thomas-Evangelium beschreibt diese Illusion der Trennung und Dualität bzw. die Einheit von Materie und Geist sehr schön:

Jesus sah Kinder, die noch gesäugt wurden.
Und er sagte zu seinen Jüngern:
Sehet diese Kinder,
Denn ihrer ist das Himmelreich.
Sie fragten ihn:
Müssen wir wie Kinder sein,
Um in das Himmelreich zu kommen?
Und Jesus antwortete:
Wenn ihr aus zwei eines macht,
Und das Innere zum Äußeren,
Und das Oben zum Unten,
Und wenn ihr das Weibliche und das Männliche
Zu einem macht,
So daß das Männliche nicht mehr männlich,
Und das Weibliche nicht mehr weiblich ist,
Dann werdet ihr ins Himmelreich eingehen.[4]

4 Thomas-Evangelium, II, 2, 22.

Betrachtungen über Energie, Atem und Heilung

Wenn eine Welle mit einer bestimmten Frequenz und Amplitude auf eine entgegengesetzte Welle mit der gleichen Frequenz und Amplitude trifft, entsteht am Punkt der Resonanz eine sogenannte stehende Welle. Dabei baut sich ein sich selbst organisierendes Muster, eine Schablone auf, die ähnliche Formen und die dauernde Wiederholung sucht.

Oder eine Analogie: In einer Orgel bestimmt die Länge und Größe der Pfeifen die Form der stehenden Welle. Wird Luft hineingepumpt, entsteht eine stehende Welle, die wir als Ton wahrnehmen und die für diese Form charakteristisch ist.

Wenn Frequenzen miteinander eine resonante stehende Welle schaffen, erzeugen sie geometrische Energiemuster bzw. -schablonen, welche Informationen speichern und auf andere resonante Formen übertragen. So führt die Interaktion zweier oder mehrerer Energiefelder zur Entstehung von Formen.

Bei synchroner rechter und linker Gehirnhälfte entsteht durch die energetische Verschmelzung eine stehende Welle, die mit dem transpersonalen Raum resoniert, wodurch sich die Wahrnehmung von der Körpergeist-Ebene auf die spirituelle Ebene verlagert.

Im holoenergetischen Heilungsmodell haben Überzeugungen, Gedanken und Gefühle auch ihre energetische Signatur. So hat also das Gefühl der Wertlosigkeit eines einzelnen eine ganz spezifische, erkennbare Form, so einzigartig wie die persönliche Unterschrift. Jeder Gedanke und jede Überzeugung schaffen eine ganz spezielle energetische Form, die innerhalb des Energiefeldes des Körpergeistes existiert, sich jedoch auch darüber hinaus ausdehnen kann wie ein Radarsystem welches passende Formen sucht und/oder erzeugt, mit denen es in der Außenwelt resonieren kann.

Die energetischen Schablonen bzw. Holoforms unserer Gedanken und Gefühle suchen sich Umstände (andere Leute, Erfahrungen, physische Formen etc.), die diese Schablonen bestätigen. Anders ausgedrückt, finden die energetischen Formen unserer Überzeugungen, Gedanken und Gefühle am ehesten andere Menschen oder Situationen, die sie bestätigen, beweisen und rechtfertigen. Entspricht die energetische Konfiguration einer Opferkonstellation, geraten wir auch schnell in Situationen, in denen wir das bedauernswerte Opfer des Restes der Welt sind. Sobald die Energie dagegen eine aktivere Form annimmt, erscheint uns auch die Welt glückverheißend und voller Chancen. So entsteht durch die Resonanz zwischen Außenwelt und den energetischen Feldern die individuelle Realität eines jeden einzelnen.

Im holoenergetischen Heilungsmodell werden mit Hilfe des Atems Wünsche, Intentionen und Vorstellungen (mentale Visualisierung) fokussiert und verstärkt. Durch kontrollierte Atmung kommt es zu einer stehenden Wellenresonanz (organisierendes Energiefeld), was die gewählten Bedingungen verstärkt und aus der Umwelt ähnliche Formen anzieht.

Nehmen wir als Beispiel einmal die Angst vor Nähe, die wir heilen wollen, weil wir mit jemandem eine langfristige Beziehung eingehen möchten. Zunächst entsteht der Wunsch, das Energiemuster dieser Angst zu verändern, was uns dann zu der Quelle und der positiven Intention hinter dieser Angst führt. Geistig entsteht daraufhin das mentale Bild einer neuen Form: Wir selbst, wie wir frei Liebe geben und empfangen können. Das Erzeugen dieser neuen Form reicht jedoch nicht aus. Was noch fehlt, ist der Wille, diese Form auch zu erhalten. Der nächste Schritt ist die Intention, mit Hilfe eines Planes mit dieser neuen Form zu wachsen, sie nach außen zu bringen und als organisierendes Feld zu erhalten, so daß ähnliche Formen in der Außenwelt zu uns finden.

Bei jedem Schritt, vom Wunsch über die Visualisierung hin zum Plan und zum Ausdruck der neuen Form, helfen uns die bereits beschriebenen Atemübungen dabei, unser Unterfangen zu fokussieren und zu verstärken. Dieser Prozeß und die unterstützenden Atemmethoden sind der Zündfunke für die Energie, die uns zum inneren und äußeren Wandel führt – hin zu der Wirklichkeit, die wir uns wünschen.

Durch bewußtes Atmen werden außerdem die beiden Gehirnhälften balanciert und ein Gefühl des Einsseins mit sich selbst erreicht: ein Gleichgewicht zwischen den Polaritäten des Einatmens (des Lebens) und des Ausatmens (des Todes), zwischen aktiv und passiv, zwischen sympathisch und parasympathisch, zwischen männlich und weiblich. All dies erreicht durch rhythmisches Atmen ein Gleichgewicht.

So wird durch die Ausgleichsatmung bzw. die Balancierung der beiden Gehirnhälften ein Bewußtseinszustand erreicht, der den Heilungsprozeß erheblich erleichtert.

ÜBUNG

Das Strukturieren von Wein und Wasser

Die Übertragung liebender Energie läßt sich gut an einem praktischen Beispiel demonstrieren: dem Restrukturieren von Wein. Diese einfache Übertragungsübung bildet die Grundlage der Fernheilung, der telepathischen Kommunikation und der Segnung von Nahrung und Wein.

Wer nicht mit Alkohol arbeiten will, kann die Übung auch mit Wasser durchführen.

1. Machen Sie eine Flasche Wein bzw. Mineralwasser auf und füllen Sie zwei Gläser (A und B) damit. B wird zunächst einmal zur Seite gestellt.
2. Legen Sie nun Ihre Hände um Glas A, ohne die Hände miteinander und mit dem Glas in Berührung zu bringen.
3. Denken Sie an eine Zeit in Ihrem Leben, in der Sie viel Liebe empfangen und gegeben haben. Dieses Gefühl nehmen Sie in Ihrem Herzchakra wahr. Atmen Sie ein und aus, während sich dieses Gefühl der Liebe in Ihnen ausbreitet.
4. Wenn Sie die Übung mit Wein machen, sollten Sie sich einen Augenblick lang der Quelle bewußt werden – Trauben am Rebstock, die sich geopfert haben für unsere Ernährung und unseren Genuß, anstatt einfach am Weinstock zu sterben. Spüren Sie die Dankbarkeit dafür und stellen Sie sich vor, daß die Trauben ein Bewußtsein haben. Zeigen Sie mit Ihrer Dankbarkeit und Liebe, daß Sie dieses heilige Geschenk der Lebensenergie zu schätzen wissen. Spüren Sie diese Gefühle. Wenn Sie Wasser verwenden, empfinden Sie die Dankbarkeit und Liebe für das Geschenk des Lebens, das wir durch Wasser empfangen.

Atemzyklus

1. Konzentrieren Sie sich auf den Wein bzw. das Wasser und atmen Sie seine Essenz durch Ihr Herzchakra ein. Mit geschlossenen Augen fällt dies leichter. Das Bild bzw. das damit verbundene Gefühl bewahren Sie in Ihrem Herzchakra. Ihre Dankbarkeit und Liebe verbindet sich mit der Essenz des Weines.
2. Benutzen Sie nun bewußte Intention dazu, Ihre Liebesenergie in den Wein bzw. das Wasser im Glas aus Ihrem Herzchakra über Ihren Atem zu übertragen.
3. Mit dem nächsten Atemzug nehmen Sie noch einmal die Essenz des Weines bzw. Wassers in Ihr Herzchakra auf. Beim Einatmen stellen Sie sich vor, wie Ihr Atem bis in Ihre Schultern geht. Beim Ausatmen geht Ihr Atem durch die Arme und Hände in den Wein bzw. das Wasser und füllt ihn mit Liebe und Dankbarkeit.
4. Wiederholen Sie diesen Atemzyklus dreimal.
5. Warten Sie mindestens zehn Minuten und vergleichen Sie dann Aroma und Geschmack der beiden Gläser. Stellen Sie irgendwelche Unterschiede fest? Für die meisten hat sich die Qualität des strukturierten Weines oder Wassers verbessert. Doch das ist eine Frage des persönlichen Geschmacks. Manchen schmeckt auch der nichtstrukturierte Wein besser.

Diese Übung funktioniert auch aus der Distanz. Lassen Sie den Schritt mit den Händen weg. Das Glas kann sich irgendwo im Zimmer oder in einem anderen Raum befinden. Übertragen Sie dann die Herzchakraenergie wie oben beschrieben.

Das Energiefeld des ›gesegneten‹ Weines oder Wassers hält sich tage-, sogar monatelang. Auch feste Nahrung kann man so segnen. Der Akt des Segnens gibt uns nicht nur direkt Energie, sondern macht die Nahrung zu einer zusätzlichen energetischen Quelle der Liebe. So nehmen wir durch alles, was so strukturiert wurde, unsere eigene Liebe wieder in uns auf.[5]

5 In Kapitel 6 wird beschrieben, wie mit speziellen Wünschelruten aus Draht, den L-Drähten, Energiefelder ausgemessen werden. Damit können Sie auch den Energiepegel des Weines bzw. Wassers messen. Entsprechende Anleitungen finden sich im selben Kapitel.

TEIL II

5

Erkenntnis – das rationale Wissen

Wahrheit ist ganzheitlich und kann nicht nur einem Teil des Geistes bekannt sein.

A Course in Miracles

Nun wollen wir die Prinzipien, die in Teil I dieses Buches vorgestellt wurden, in die Praxis umsetzen. Dieses und die nächsten fünf Kapitel sind der holoenergetischen Selbstheilung gewidmet. Für das Heilen anderer Menschen gelten die gleichen Techniken; bei Abweichungen werden kurze Anleitungen gegeben.

Am besten lesen Sie das folgende und die nächsten sieben Kapitel einmal ganz durch, bevor Sie mit der Praxis beginnen. Dies hilft Ihnen, sich den gesamten holoenergetischen Heilungsprozeß geistig vorzustellen. Kapitel 12 wird durch eine vereinfachte Darstellung der einzelnen Schritte abgeschlossen und kann Ihnen dann in der Praxis als Führer dienen.

Wichtig dabei ist, daß wir Erkenntnis als zweiphasigen Prozeß verstehen. Zum einen gibt es das rationale Wissen, ein verbaler Prozeß, der hauptsächlich in der linken Gehirnhälfte stattfindet und in dem durch Fragen und stilles Horchen auf die Antworten Informationen zu den gegenwärtigen Umständen abgerufen werden; dabei sind der bewußte Geist und das Gedächtnis beteiligt. In der zweiten, intuitiven Phase wird auf nonverbale Informationen zurückgegriffen, dabei ist im wesentlichen die rechte Gehirnhälfte beteiligt.

Wenn Sie alleine arbeiten, kann ein Kassettenrekorder ganz hilfreich sein, um die einzelnen Schritte aufzunehmen, besonders die Teile, bei denen Sie die Augen geschlossen halten. Sie können zum Beispiel die kurze Übersicht am Ende dieses Abschnitts aufnehmen; planen Sie dabei auch Zeit für Ihre Antworten mit ein. Notfalls müssen Sie das Band anhalten, um Zeit für die einzelnen Schritte zu haben. Mit ein bißchen Übung dürfte es Ihnen aber nicht schwerfallen, das für Sie passende Tempo herauszufinden.

Auch Papier und Bleistift sollten nicht fehlen, damit Sie sich Aufzeichnungen machen können, und zwar am besten so kurz wie möglich, damit die Heilungssitzung im Fluß bleibt. Nach der Sitzung können Sie fehlende Details ergänzen.

Sie können aber auch mit einem Partner arbeiten, der Ihnen die Fragen stellt, die einzelnen Schritte vorliest und dann Ihre Antworten aufzeichnet. Sie müssen allerdings nicht laut antworten, sondern können genauso kurze Aufzeichnungen machen, wenn Ihnen das lieber ist.

Die Quelle der Krankheit identifizieren

Die Erkenntnis, das Sammeln von Informationen, ist der erste Schritt im holoenergetischen Heilungsprozeß. Dabei identifizieren Sie die Energieform, die Sie bewußt oder unbewußt in Ihrem Leben aufrechterhalten. Die Erkenntnisphase ist in allen Behandlungssystemen und in allen Systemen für den bewußten Wandel ein wesentlicher Schritt. Denn nur durch das Erkennen der jeweiligen Energieform kann sie auch bewußt transformiert werden.

Frances Vaughan weist in ihrem Buch *Intuitiver leben* darauf hin, daß »man umso tiefer in die kreativen Quellen der Intuition, wo Heilung stattfindet, eindringen kann, je mehr man sich mit seiner inneren Erfahrung identifiziert (je besser man sie kennenlernt)«. Ihre Empfehlung: »Machen Sie sich Ihre Gefühle bewußt zu eigen, bevor Sie sie transzendieren.« (S. 89)

Dabei erhält das Wort Information eine neue Bedeutung. Die Wurzeln dieses Ausdrucks sind ›In‹ und ›Formation‹, es geht also darum, etwas ›in eine Form zu bringen‹. Dabei ist für uns Formation die Art und Weise, in der Energie im Moment im Körpergeist gespeichert ist. Diese In-Formationen zu erkennen heißt, sie sich mehr und mehr bewußt zu machen.

Wohl fühlen und Gesundheit

In jedem Behandlungssystem, sei es die moderne Medizin, die Zahnheilkunde, die Psychotherapie, die Homöopathie, Körperarbeit oder holoenergetisches Heilen, ist der erste wesentliche Schritt das Sammeln von Informationen. In der modernen westlichen Medizin besteht dies hauptsächlich in einer biographischen medizinischen Geschichte, einer körperlichen Untersuchung und Labortests. Der Diagnosefokus liegt dabei auf der Organpathologie. Die Frage lautet: »Was sind die Symptome und körperlichen Anzeichen, wenn Organe und andere Körpersysteme krank sind?« Im holoenergetischen Heilen steht das Energiefeld des Körpergeistes im Mittelpunkt, denn dort werden Informationsmuster gehalten. Bevor ein Energiemuster transformiert werden kann, muß seine gegenwärtige Form bekannt sein. Das heißt, daß für den holoenergetischen Heilungsprozeß das Zugreifen auf diese Energiemuster ein wesentlicher Bestandteil ist. Eine energetische Imbalance zeigt sich zwar im Körper als Krankheit, doch ihre Quelle findet sich auf der emotionalen, mentalen, spirituellen Ebene oder auch auf allen Ebenen gleichzeitig.

Bei der Identifikation von Krankheitsmustern hilft uns die holoenergetische Geschichte der Person, die intuitive Diagnose und das Austesten der feinstofflichen Energie. Viele der im folgenden beschriebenen Techniken greifen dabei auf intuitive Fähigkeiten zurück, um Informationen, die noch diffus und unbewußt sind, mehr bewußt zu machen, so daß sie klar ausgesprochen werden können.

Der holoenergetische Heilungsprozeß beginnt damit, daß wir uns auf ein oder auch mehrere Probleme konzentrieren, die wir ändern wollen. Dies beginnt auf der verbalen Ebene. Dabei hilft die persönliche holoenergetische Heilungsgeschichte.

Die holoenergetische Heilungsgeschichte

Die persönliche Geschichte im holoenergetischen Heilen regt zum Nachdenken über die Vergangenheit, die Gegenwart und die Zukunft an. Wunden, die vor der Welt versteckt werden, kommen zutage, und auch die Erkenntnis, wie uns dieses Versteckspiel oft am Wandel hindert. Auch die bewußten und unbewußten Energiemuster in uns werden erkennbar.

Fünf Schlüsselfragen

Stellen Sie sich nun die fünf folgenden Schlüsselfragen. Wenn Sie wollen, können Sie die Antworten aufnehmen, aufschreiben oder von einem Freund aufschreiben lassen.

1. Was möchte ich verändern?
2. Warum will ich mich jetzt verändern?
3. Wie trage ich selbst zu den gegenwärtigen Umständen bei?
4. Von was hält mich diese Krankheit (oder Situation ab)? Was kann ich dadurch nicht tun, sein oder haben? Und was kann ich dadurch tun, sein oder haben?
5. Wohin will ich von hier aus gehen? Welches Ergebnis oder innere Erfahrung möchte ich wirklich dadurch erreichen?

Sobald wir eine Frage zu einem bestimmten Umstand stellen, interagiert der intuitive mit dem rationalen Geist und erforscht die geforderte Information. So entstehen durch die holoenergetische Heilungsgeschichte Energieebenen, auf denen die Heilarbeit stattfindet; der Samen für die Heilung wird gesät.

Jede Frage der holoenergetischen Geschichte ist ein wichtiger Schritt im Heilungsprozeß. Die Geschichte ist sowohl für die Selbstheilung als auch für das Heilen anderer sehr nützlich. Das Ganze dauert etwas 15 bis 30 Minuten.

Frage 1: Was möchte ich verändern?

Welche Umstände, Bedingungen, Symptome, Gefühle, Gedanken, Einstellungen oder Überzeugungen möchte ich verändern?

Damit richten Sie Ihre Aufmerksamkeit auf die Wahrnehmung der gegenwärtigen Umstände und der damit verbundenen Gefühle. Die Antwort könnte zum Beispiel lauten: »Ich habe starke Rückenschmerzen und fühle mich deswegen miserabel. Außerdem kann ich nicht richtig arbeiten, und Spaß habe ich auch keinen.«

Frage 2: Warum möchte ich mich gerade jetzt verändern? Fragen Sie sich. »Was bringt mich dazu, daß ich gerade jetzt Veränderung will? Und kommt der Druck dafür aus mir selbst oder von außen?«

Dadurch wird das Motiv für den Wandel klar. Die Antwort scheint zunächst ganz offensichtlich: »Ich habe Schmerzen und möchte sie loswerden.« Doch wenn Sie noch tiefer schauen, können Sie feststellen, ob der Wunsch nach Veränderung wirklich von innen heraus kommt oder von außen aufgedrückt wird. So wünscht man sich oft Veränderungen, um die Liebe der anderen zu gewinnen. Die Antwort könnte also lauten: »Mein Mann und meine Kinder brauchen mich, und wegen der Schmerzen kann ich mich nicht richtig um sie kümmern.« Meiner Erfahrung nach ist bei einer solchen äußeren Motivation die Wahrscheinlichkeit für holoenergetischen Wandel eher gering, wenn nicht die tiefere Ursache der eigenen Unzufriedenheit hinterfragt wird. Ein inneres Motiv für den Wandel könnte zum Beispiel sein: »Ich bin unglücklich, weil meine Familie dauernd meine Zeit und Energie für sich in Anspruch nimmt. Ich möchte auch einmal für etwas anderes als meine Hausfrauenfähigkeiten geliebt werden.«

Durch die Frage nach den Wandlungsmotiven kommt man mit einigen Quellen der Krankheit in Kontakt. Können Sie bestimmte Muster oder Themen in Ihrem Leben erkennen?

Gibt es beispielsweise ein Opfermuster? Viele Menschen haben als Kind erfahren, was es bedeutet, ein Opfer zu sein. Bei Verletzungen bekommt das Kind besondere Zuwendung. Und es erkennt, daß es durch Kranksein und Leiden das bekommt, was es möchte, zum Beispiel Geborgenheit oder von der Schule zu Hause bleiben dürfen. Dies war Teil des Erwachsenwerdens. Als Erwachsene kontrollieren Sie mit diesem Muster der Schwäche und des Schuldbewußtseins andere, um Ihre Bedürfnisse so zu erfüllen wie in der Kindheit.

Ein anderes weitverbreitetes Thema ist die Ko-Abhängigkeit. Beugen Sie sich immer den Wünschen anderer, stellen Sie Ihre eigenen Bedürfnisse zurück? Oder verletzen Sie sich dauernd selbst, ein Muster der Selbstbestrafung aus der Kindheit?

Muster gibt es so zahllose wie Menschen; doch es gibt auch Gemeinsamkeiten. Einige der allgemein üblichen Muster werden in dem Abschnitt über das Erkennen von fünf Krankheitsmustern beschrieben.

Die Frage nach dem *Warum* und dem *Was* kann sehr einfache Themen aufwerfen, aber auch sehr komplexe. Oft scheinen die Muster etwas obskur zu sein, doch glauben Sie mir, ein Teil von Ihnen weiß genauestens Bescheid. Durch das Hinterfragen wird die intuitive Ebene des Geistes durchsucht, die Ebene, die einfach weiß. Aktives Erforschen birgt die Chance, mit der Dimension des intuitiven Geistes in Resonanz zu kommen, die Muster erkennt, welche das Alltagsbewußtsein nicht unbedingt sieht. So können sich die tieferen Schichten des Geistes ohne bewußte Anstrengung auf den holoenergetischen Heilungsprozeß vorbereiten.

Die Fragen decken Lebensmuster auf. Dies ist noch nicht der Zeitpunkt für nähere Erforschung und Lösung. Für den Moment heißt die Aufgabe: Erkennen und spüren, daß Sie selbst die Quelle Ihres Wunsches nach Wandel sind.

Frage 3: Wie trage ich selbst zu den gegenwärtigen Umständen bei?

Mit dieser Frage machen Sie sich bewußt, wie vergangene und gegenwärtige Entscheidungen zu den Umständen, die Sie jetzt verändern wollen, beigetragen haben. Dabei geht es nicht um Schuldzuweisung und Fehler, sondern vielmehr darum herauszufinden, welche Wahl Sie bewußt oder unbewußt getroffen haben, so daß Sie jetzt noch einmal wählen können. Mit der Erkenntnis, daß Sie die Wahl hatten und weiterhin haben, sind Sie wieder ›am Drücker‹ und mit Ihrer Kraft in Kontakt.

Vergessen Sie dabei nicht, daß Sie die Rolle, mit der Sie zu Ihrer gegenwärtigen Situation beigetragen haben, vor langer Zeit gespielt haben, als Kleinkind und mit einem sehr eingeschränkten Wissen um die Optionen. Auch bei Beth, einer jungen Frau, war das so. Sie litt unter starken Kopfschmerzen und fand heraus, daß sie als Kind eine Entscheidung getroffen hatte:

Ihre Eltern hatten damals oft Streit, und Beth's Angst wurde erträglicher, wenn sie die Nackenmuskeln anspannte, so als ob sie die Schultern hoch- und den Kopf einzog, um Schutz zu finden. Dies war zwar damals keine bewußte Entscheidung, aber eine Entscheidung war es dennoch, und zwar ihre ganz individuelle. Jemand anderes hätte vielleicht mit Weinen reagiert oder mit Weglaufen und Verstecken.

Beth erkannte, daß diese Entscheidung für ihre Angewohnheit, unter Druck die Schulter- und Nackenmuskeln anzuspannen, verantwortlich war. Die Kopfschmerzen waren eine Folge davon. Nachdem ihr das bewußt war, übernahm sie ihren Teil Verantwortung für die Situation, die sie jetzt ändern wollte. Und so konnte sie eine neue Entscheidung treffen und die alte Form holoenergetisch loslassen. Verantwortlichkeit in diesem Sinne bedeutet sich bewußt machen, wie man unter den gegenwärtigen Umständen reagiert, und sich zu fragen, ob es nicht andere, weniger schädliche Möglichkeiten gibt.

Auch wenn man sich damals nicht bewußt darüber war, wurde eine bestimmte Wahl getroffen, um eine bestimmte Überzeugung über sich selbst und die Welt aufrechterhalten zu können, die Entscheidung zu handeln oder gewisse Dinge geschehen zu lassen. Entscheidungen werden selbst in sehr bedrückenden und ungerechten Situationen getroffen. So beschreibt Viktor Frankl in *Der Mensch vor der Frage nach dem Sinn* seine Erfahrungen in einem Nazi-Konzentrationslager:

> »Das Lagerleben zeigt, daß der Mensch sehr wohl eine Wahl hat. Dafür gab es genügend, oft sehr heldenhafte Beispiele; sie beweisen, daß man Apathie überwinden und Ärger unterdrücken kann. Der Mensch kann sich einen Rest spiritueller Freiheit und geistiger Unabhängigkeit bewahren, selbst unter solch furchtbarem psychischem und physischem Streß. Jeder, der in einem Konzentrationslager gelebt hat, kann sich an die Männer erinnern, die durch die Lager gingen, Trost spendeten und ihren letzten Bissen Brot herschenkten. Es waren zwar nur wenige, doch sie genügen als Beweis dafür, daß man den Menschen aller Dinge berauben kann außer dem einen, der letzten menschlichen Freiheit – sich für seinen Weg zu ent-

scheiden, seine Haltung: die Entscheidung, sein Schicksal anzunehmen mit all dem damit verbundenen Leid, die Entscheidung, sein Kreuz zu tragen. Dies ist die Chance, selbst unter schwierigsten Umständen dem Leben einen tieferen Sinn zu verleihen.«2

Das Leben existiert. Es ist unsere Entscheidung, wie wir damit umgehen und wie wir es erfahren. Je klarer wir uns über unsere Verantwortung dabei sind, je mehr Verantwortung wir annehmen, desto eher können wir unsere Lebenserfahrungen auch verändern. Akzeptieren wir die Verantwortung, können wir uns selbst und anderen verzeihen. An diesem Punkt kann Heilung einsetzen.

Ich kann gar nicht oft genug sagen, wie wichtig es ist, sich zu fragen, inwieweit man zu den gegenwärtigen Umständen beigetragen hat, ohne Vorwürfe und Schuldzuweisung. Jeder Mensch schafft sich seine eigene Realität: durch Gedanken und Gefühle, Wahrnehmungen,Interpretationen und Überzeugungen, Taten und Geschehenlassen. Der erste Schritt zur Heilung ist, mit Mitgefühl diesen seinen eigenen Beitrag zu erkennen und wieder darauf zu vertrauen, daß Veränderung möglich ist, daß wir uns entscheiden können, heil zu werden.

Frage 4: Wovon hält mich diese Krankheit (oder Situation) ab? Was kann ich dadurch nicht tun, sein oder haben? Und was kann ich dadurch tun, sein oder haben?

Wovon hält mich diese Krankheit (oder Situation) ab? Und was mache ich, bin ich, habe ich, was ohne diese Krankheit nicht der Fall wäre? Welchen Gewinn ziehe ich aus der Situation?

Dies sind wichtige Fragen. Bevor Heilung stattfinden kann, müssen die Vorteile, die aus gegenwärtigen Umständen entstehen, bewußt identifiziert und losgelassen werden. Auch so unangenehme Dinge wie Krankheiten haben oft sogenannte ›Sekundärgewinne‹, welche der Heilung Widerstand entgegensetzen. So hatte ich beispielsweise einmal einen Patienten, der nach einem Herzanfall in ein Rehabilitationszentrum ging. Er mußte einsehen, daß er inzwischen abhängig war von der

2 Viktor Frankl, *Der Mensch vor der Frage nach dem Sinn.* Piper 1993.

Zuflucht und Sicherheit, die ihm das Zentrum bot. Um den nächsten Schritt machen zu können, nämlich nach Hause zu gehen und wieder die volle Verantwortung für sich zu übernehmen, mußte er zunächst einmal dieses äußere Gefühl von Sicherheit aufgeben. Für ihn war die Sicherheit der Gewinn aus der Situation, die er heilen wollte.

Mit Hilfe der oben aufgeführten Fragen können Sie herausfinden, was Ihre Krankheit für Sie bedeutet. Wie hat sie Ihr Leben verändert? Allmählich spüren Sie dann, welche Widerstände Sie einer Heilung entgegensetzen. Welchen Vorteil haben Sie, wenn Sie das, was Sie verändern wollen, nicht loslassen? Was blockiert den Wandel? Welche Bedürfnisse werden durch Ihre Krankheit erfüllt, die Sie anders nicht hätten erfüllen können? Die Sekundärgewinne lassen sich oft in drei Kategorien einordnen: finanzielle, körperliche oder emotionale.

Ersetzt Ihre Krankheit eine vielleicht befriedigendere Liebe, eine echte Beziehung, einen wirklichen Erfolg? Ist Ihnen inzwischen die Fürsorge der anderen, die Sicherheit wichtiger als das Gesundwerden?

Wenn diese Sekundärgewinne und die Ursache von Blockaden identifiziert werden, werden auch die wirklichen legitimen Bedürfnisse erkennbar, die dann auf bessere und befriedigendere Weise erfüllt werden können.

Therapeuten, die Krebs mit Visualisierungstechniken und veränderten Einstellungen behandeln, glauben inzwischen, daß die Krankheitsgründe ganz legitim sind. Der Körper teilt uns damit mit, daß physische und emotionale Bedürfnisse nicht befriedigt werden. Durch Krankheiten werden diese sehr wichtigen Bedürfnisse oft erfüllt.[3]

Frage 5: Wohin will ich von hier aus gehen? Welches Ergebnis oder innere Erfahrung möchte ich dadurch wirklich erreichen?

Was wäre der nächste Schritt für Sie, wenn Sie als Folge dieser Heilarbeit tatsächlich spontan und auf der Stelle gesund wären, voller Energie und Lebendigkeit? Wie würden Sie diese

3 Carl O. Simonton u. a.: Wieder gesund werden. Rowohlt 1982.

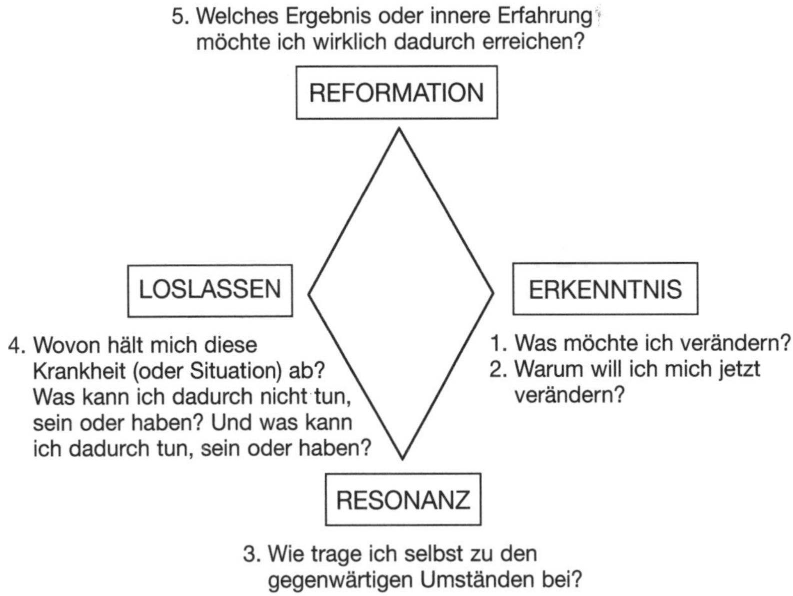

Abb. 7 *Die Erkenntnis-Fragen*

frei gewordene Energie einsetzen? Stellen Sie sich vor, Sie hätten bereits, was Sie wollen!

Hinter diesen Fragen kann die Bedeutung der wahren Wünsche, der eigentliche Sinn entdeckt werden. Man kann die Fragen auch anders formulieren: Stellen Sie sich vor, Sie wüßten, daß Ihnen nichts mehr mißlingen könnte; was würden Sie tun? Was hätten Sie? Was wären Sie? Mit diesen Fragen lassen Sie die Angst vor dem Versagen, vor Demütigung und Schande los und können – zumindest für einen Augenblick – spüren, wie Ihr Weg der wahren Wünsche aussieht. Dies ist etwas völlig anderes als die Frage: Was, meinen Sie, könnten Sie tun bzw. sollten Sie tun? Es ist ganz klar die Frage nach den wirklichen Wünschen, nach dem Ziel der Reise. Wodurch kommen Sie in den Genuß von Freude, Frieden, Freiheit und Liebe? Was ist für Sie Glückseligkeit, die Erfüllung?

Stellen Sie sich diese Fragen (in Abb. 7 werden sie noch einmal im Überblick zusammengestellt), und Sie werden erkennen, daß Sie wirklich die Wahl unter vielen Möglichkeiten haben – zwischen dem, was Ihr Leben jetzt ausmacht und dem, was Sie gerne hätten. Finden Sie diese Möglichkeiten heraus. Dann werden Sie auch erkennen, daß Sie wirklich Veränderung wollen und daß Sie bewußt oder unbewußt ein Bild davon haben, wie diese Veränderung aussehen könnte. Sie werden die Form des alten Energiemusters erkennen und auch die neue Form, die Sie in die Zukunft zieht.

Fünf Krankheitsmuster

Zu Beginn meiner holoenergetischen Forschungen, als ich mich mit Herpes beschäftigte, fielen mir fünf wesentliche Krankheitsmuster auf, die zu verändernde energetische Formen aufrechterhalten.

1. Die Schwierigkeit, Liebe zu empfangen
Gründe dafür, daß ein Mensch keine Liebe annehmen kann, gibt es viele: Angst vor Verletzungen, Verpflichtungen, die damit verbundene Verantwortung. Viele fühlen sich verletzbar, wenn sie geliebt werden, da man sich dem anderen verpflichtet fühlt. Man spürt, daß der andere offen und verletzlich ist, weil er liebt, und das bringt ein Gefühl der Verantwortlichkeit mit sich.

Wie könnte man Liebe und die damit verbundenen Verantwortlichkeiten besser vermeiden als mit einer ansteckenden Krankheit wie Herpes, für die es bis heute kein Heilmittel gibt? Diese Krankheit ist zwar nicht lebensbedrohend, aber ein guter Grund, den Kontakt mit anderen zu vermeiden. Herpes steht dabei nicht alleine; die Bandbreite reicht von anderen Infektionskrankheiten bis hin zu finanziellen Schwierigkeiten; sie alle können zum gleichen Ergebnis führen.

Oft liegt die Quelle dieses Musters in der frühen Kindheit. Vielen Kindern wird gesagt, daß ihre Eltern sie dann lieben, wenn sie brav sind und das tun, was von ihnen verlangt wird. Eine solche Liebe stellt Bedingungen, und das Kind erlebt die Drohung des Liebesentzugs als Manipulation. Liebe wird auf diese Weise schnell mit Manipulation gleichgesetzt. Wenn die Eltern oder andere nahestehende Personen kindliche ›Untaten‹

mit Liebesentzug bestrafen, entwickelt das Kind sehr schnell ein Gefühl des Verrats, des Verlassenseins, der Demütigung, der Zurückweisung. Damit wird die Bühne frei für Schamgefühle. Wer sich schämt, hält nicht nur seine Handlungen für wertlos oder sogar schlecht, sondern fühlt sich selbst wertlos und schlecht. Wer als Kind die ›Schande‹ seiner Eltern war, dem wird es schwerfallen, als Erwachsener Liebe zu empfangen.

Auch die Angst vor Nähe ist dabei ein wichtiger Faktor. Jeder einzelne hat seine Maske, seine Persona, die der Welt präsentiert wird. Diese Maske besteht aus Aspekten der Persönlichkeit, die ›akzeptabel‹ oder bewunderswert sind. Hinter der Maske verbirgt sich oft der Teil, der weniger erstrebenswert, eine Schande ist. Hinter der Angst vor der Liebe steckt die Angst, daß jemand anderes hinter die Maske schaut, das Verborgene entdeckt und uns wieder verläßt oder demütigt – eine Erfahrung, die wir wohl nicht ertragen könnten. Es ist leichter, wenn nur die Maske abgewiesen wird, und deshalb werden durch die Maske Signale gesandt: Ich möchte nicht geliebt werden. Diese Signale sind oft sehr subtil, aber bewußt oder unbewußt werden sie von den anderen dennoch sehr schnell wahrgenommen.

Bei meinen Untersuchungen gaben viele, wenn auch sicherlich nicht alle, Herpes-Infizierten einen der drei folgenden Gründe für ihre Schwierigkeit, Liebe zu empfangen an: 1. »Was stimmt mit mir nicht?«; 2. »Ich bin es nicht wert, zu lieben oder geliebt zu werden«; und 3. »Ich bin ein Versager.« Dahinter stecken meist wirkliche oder auch eingebildete Situationen von Verlassenwerden, Mißbrauch und/oder Verrat in der frühen Kindheit.

2. Die Schwierigkeit, Lust zu empfangen

Ähnlich steht es mit der Schwierigkeit, Lust zu empfangen. Oft steckt dahinter die Überzeugung, daß man für jede Lust bezahlen muß. Solche Denkweisen entstehen in der Kindheit oder werden von den Eltern, der Gesellschaft oder religiösen Erziehern übernommen. Hinterfragt man noch weiter, kommt oft eine andere, mit Schamgefühlen verbundene Überzeugung zutage: »Ich verdiene keine Lust.«

Der Preis, den viele meiner Patientinnen für ihre Lust bezahlten, waren u.a. chronische Scheidenentzündungen wie Herpes und ungewollte Schwangerschaften.

3. Die Schwierigkeit, wütend zu sein

Auch die Fähigkeit, Wut auszudrücken, wird häufig durch Erfahrungen in der Kindheit beeinflußt. Oft macht das Kind die Erfahrung, daß die Eltern Wutausbrüche einfach ignorieren und nicht ernst nehmen. Als Folge davon lernt es, Wutgefühle zu unterdrücken. Oder seine Wut ruft bei Eltern und anderen so beängstigende Reaktionen hervor, daß es Angst vor seinen Gefühlen bekommt. Egal, ob das Kind selbst wütend ist oder zum Ziel eines Wutausbruchs wird – die Angst vor der Wut ist die Folge.

Interessanterweise ist ein entzündeter Herpes rot. Intuitiv wird damit oft Ärger oder Wut assoziiert.

Für viele Menschen bedeutet Wut Kontrollverlust und damit Gefahr von Verletzungen. Dieses Muster ist vor allem bei Menschen zu finden, die als Kind strenge körperliche oder emotionale Bestrafung erfahren haben. Die Verbindung von Kontrollverlust, Wut und Verletzung ist zwar nicht unbedingt gegeben, wird jedoch oft gemacht. Dies verhindert natürlich den kraftvollen Ausdruck von Emotionen und Wut.

An sich ist Wut nicht unbedingt negativ oder kontraktiv, wenn sie ohne verletzende oder manipulierende Intention zum Ausdruck kommt. Oft werden wir erst dann richtig wütend, wenn wir für uns selbst keine Entscheidungs- und Handlungsfreiheit mehr sehen, zum Beispiel, weil wir aus Unwissenheit eine Wahl treffen, mit der wir die Macht an andere abgeben. Oder uns wird die Macht, die wir über jemanden haben, genommen, wie dies typischerweise bei Eltern der Fall ist, sobald das Kind ihre Autorität anzweifelt. Eine solche als Machtverlust empfundene Erfahrung geht häufig mit Kontrollverlust und den entsprechenden Wutgefühlen einher.

Unterdrückte Wut wird zu einer negativen oder ›kontrahierten‹ Emotion. Die emotionale Energie geht nach innen und führt zu einem Gefühl des Isoliertseins und der Trennung. Krebspatienten richten Wut oft nach innen und geben den

Wünschen und Forderungen anderer nach. Sie wollen andere nicht verletzen oder deren Ärger nicht zu spüren bekommen und leugnen deshalb die eigenen Gefühle, ordnen ihre Bedürfnisse und Gefühle denen der anderen unter. Es hat sich herausgestellt, daß Krebspatienten, die schließlich ihre Wut angemessen zum Ausdruck bringen und sich dadurch weniger ohn-mächtig und ausgeliefert fühlen, eine höhere Überlebenschance haben.

Ich selbst machte mit Herpespatienten die Erfahrung, daß die Krankheitssymptome beträchtlich zurückgingen, sobald sie mit der angestauten Wut besser umgehen konnten. Ärger und Wut können zum Ausdruck gebracht werden, ohne daß andere dadurch verletzt oder manipuliert werden. Anstatt den anderen zu attackieren und zu beschimpfen (»Ich werde es dir heimzahlen...«), sollte man einfach sagen, was man fühlt, um so seine Wut mitzuteilen und das damit verbundene Gefühl freizusetzen. Manchmal ist es nicht angebracht, Wut direkt auszudrücken, weil es negative Auswirkungen hätte. So könnte der Chef die direkt gezeigte ehrliche Wut mit einer Kündigung ›honorieren‹. In solchen Situationen ist es besser, seine Wut an das mentale Bild des Chefs zu richten oder, wie dies in manchen Therapien der Fall ist, sie an einem Kissen auszulassen. Auch das Vergeben, wie es im Kapitel 9 (»Loslassen«) beschrieben ist, ist eine Möglichkeit, die Wut auszudrücken und durch Vergebung innerlich zu lösen und so seinen Seelen-(und Herzens-)frieden zu finden.

4. Die Schwierigkeit zu vergeben

Ein weiteres krankmachendes Muster ist das Festhalten an Beschuldigungen, um andere zu strafen und sich selbst vor weiteren Verletzungen zu schützen. Herpespatienten geben die Schuld oft dem Partner, der sie angeblich infiziert hat, oder auch sich selbst, weil sie sich haben infizieren lassen. Häufig werden mit der Suche nach dem ›Sündenbock‹ auch die Eltern oder andere bestraft, welchen man etwas übelnimmt.

Zu diesem Gemisch aus Schuldzuweisung und Nicht-Vergeben-Wollen gesellt sich gerne das Selbstmitleid, das sich oft in einem Schweigen äußert, das lauter als Worte ist – noch eine Methode, sich selbst und andere zu bestrafen. Die Frage lautet: »Wen bestrafst du, wenn du dich selbst bemitleidest?«

Auch Selbstbestrafung und selbstzerstörerisches Verhalten sind ein Ausdruck von Schuld, womit die eigenen Eltern bestraft werden sollen. Bei Menschen mit diesem Muster liegt der Ursprung oft in der frühen Kindheit; damals erreichten sie mit Selbstverleugnung und Selbstmißbrauch, daß die Eltern sich Sorgen machten. Dies war nichts anderes als der Hilferuf nach Liebe und Zuwendung.

Auf der Grundlage dieser Muster entwickelte ich den Vergebungsprozeß, um sich von seinem Widerstand gegen das Verzeihen befreien zu könnnen.

5. Die Schwierigkeit zu vertrauen

Oft fragt man sich: Wie würde meine Familie reagieren, wenn ich krank würde? Manch einer geht noch einen Schritt weiter und ›testet‹ durch sein Krankwerden, wie groß die Liebe, Treue und Verläßlichkeit des Partners wirklich ist. Dies ist oft ein Ersatz für das eigene mangelnde Vertrauen, was auf den anderen übertragen wird. Er/Sie muß seine/ihre Vertrauenswürdigkeit ›beweisen‹. Damit wird dann entweder das Mißtrauen gerechtfertigt oder tatsächlich eine Vertrauensbasis geschaffen, die allerdings nicht das gleiche ist wie echtes Vertrauen, sondern eher zu einem endlosen ›Testen‹ führt, sobald Zweifel oder Ängste auftauchen oder der ›Tester‹ sich ungeliebt oder der Liebe nicht würdig fühlt.

Dieser ›Liebestest‹ ist ein bei vielen Krankheiten wohlbekanntes Muster. Bei meinen Studien an Herpespatienten steckte dabei oft die Frage dahinter: »Wie sehr liebst du mich? Liebst du mich so sehr, daß du sogar das Risiko einer ansteckenden Krankheit in Kauf nimmst, die du dein ganzes Leben lang mit dir herumschleppen müßtest?«

Eine meiner Herpespatientinnen war als Kind von ihrem Vater sexuell mißbraucht worden und verachtete und fürchtete deshalb alle Männer. Als Beweis dafür, daß sie vor ihnen keine Angst zu haben brauchte, machte sie den ›Test‹: »Ich habe Herpes. Mal sehen, wie sehr du mich wirklich liebst. Gehst du dieses Risiko ein?« Wenn ein Mann diesen Test bestand und die Infektion riskierte, war er für sie vertrauenswürdig, und ihre Angst vor dem Mißbrauch schwand.

Während einer Heilbehandlung war sie in der Lage, an die Quelle zu gehen und die Energie ihrer Wut in Liebe zu transformieren. Daraufhin verminderten sich die Schwere und Häufigkeit ihres Herpes beträchtlich.

Viele Herpespatienten, die mit ihren Partnern solche Tests durchführen, sind meiner Erfahrung nach in der Vergangenheit sexuell, emotional oder physisch mißbraucht worden. Für sie dient der Herpes als Schutz vor einem neuerlichen Mißbrauch.

Jedes dieser Muster blockiert den Energiefluß und führt zu einem Ungleichgewicht, welches sich im Ätherfeld niederschlägt. Als Folge davon wird die Widerstandskraft des Immunsystems geschwächt und Krankheiten der Weg geebnet.

Die fünf hier vorgestellten Muster entdeckte ich zwar bei meinen Herpes-Forschungen, doch sind sie mit Sicherheit nicht auf dieses Krankheitsbild beschränkt. Für mich ist es immer sehr hilfreich, während der Heilbehandlungen nach diesen Mustern Ausschau zu halten, unabhängig von der Art der Krankheit. Für jeden Heilprozeß ist das Identifizieren dieser Muster, mit denen die Liebesenergie blockiert wird, ein wichtiger Schritt. Das Loslassen der Muster macht den Weg frei für die heilende Energie der Liebe.

Natürlich sind dies nicht die einzigen Krankheitsmuster. Dennoch ist es sinnvoll, sie alleine oder in Kombination zu suchen, denn bei ihnen steht das Annehmen von Liebe, der Heilkraft des holoenergetischen Heilens, im Mittelpunkt. Sie sind dennoch nur Modelle, welche Aufschluß darüber geben, nach was wir in der Erkenntnisphase des Heilprozesses Ausschau halten müssen.

Mit der Identifikation der Krankheitsmuster wird der Samen gesät für die intuitive Heilarbeit. Mit diesen Fragen können Sie die Vergangenheit und die Gegenwart noch einmal genau anschauen und sich auf die Zukunft einstellen. Selbst wenn Sie nicht sofort die Antwort finden, werden ehrliche Fragen mit der Zeit zu bewußten Antworten führen. In Verbindung mit dem Prozeß der ›holoenergetischen Aktivierung‹ führen sie oft zu tiefen Einsichten und Lösungsmöglichkeiten für physische und psychospirituelle Probleme.

Dabei gibt es keine ›richtigen‹ und ›falschen‹ Antworten. Erkenntnis ist ein fortlaufender Prozeß, der sich – mit einer ihm eigenen, ganz subtilen Magie – durch die weiteren drei Schritte des holoenergetischen Heilens hindurchzieht und auch danach nicht endet, sondern Veränderung und Trost bringt und sich tief auf unseren Alltag auswirken kann.

6

Erkenntnis – das intuitive Wissen

Das Verständnis für die fundamentalen Gesetze des Universums wurde mir nicht durch den rationalen Verstand zugänglich.

Albert Einstein

Wir sollten nicht so tun, als ob wir die Welt nur mit dem Intellekt begreifen; wir verstehen genauso durch Fühlen. Deshalb ist ein intellektuelles Urteil allerbestens die halbe Wahrheit und muß, sofern es ehrlich ist, auch seine eigene Unzulänglichkeit verstehen.

Albert Einstein

In diesem Kapitel lernen wir, zu den subtilen energetischen Ebenen des Körpergeistes Zugang zu finden. Dabei wird auf der ätherischen Ebene eine ›Gestalt‹ bzw. ein Überblick über die persönlichen Energiefelder und die Auswirkungen auf den Körpergeist gewonnen. Für gezielte Informationen liegt die Konzentration auf den Chakren. Zum Auswerten des Ätherfeldes und der Chakren habe ich die Methode des biomechanischen Testens (›Wünschelns‹) mit der ›Wünschelrute‹ für unsere Zwecke weiterentwickelt. Die Herstellung von Wünschelruten, in unserem Fall spezielle Drähte, und ihre Handhabung werden detailliert beschrieben. Zum Bauen brauchen Sie einfach zwei Drahtkleiderbügel und eine Zange.

Wahrscheinlich möchten Sie sich solche Wünschelruten machen und mit ihnen üben, bevor Sie eine Heilbehandlung durchführen. Auch aus diesem Grunde ist es sinnvoll, die Kapitel über Resonanz, Loslassen und Reformation einmal durchzulesen und erst dann in die Praxis umzusetzen.

Das intuitive biomechanische Austesten kann, muß jedoch nicht in den holoenergetischen Heilprozeß einbezogen werden. Da die Intuition aber ein integraler und natürlicher Teil dieser Arbeit ist, schadet es bestimmt nicht, wenn Sie Ihr Können auf diesem Gebiet weiterentwickeln. Mit Hilfe der Intuition gewinnen Sie Einsicht in die Form und die Quelle des Problems bzw. der Krankheit, und die intuitiven Fähigkeiten, die durch das biomechanische Testen entwickelt werden, leisten unschätzbare Dienste bei der holoenergetischen Aktivierung, wo eine Läsion, ein Symptom, eine emotionale Störung, ein traumatisches Erlebnis, ein in Mitleidenschaft gezogenes Chakra oder die Thymusdrüse behandelt werden.

Subtile Energien als Informationsspeicher

Im Körpergeist werden viele Informationen, die für das holoenergetische Heilen sehr wertvoll sind, nonverbal gespeichert. Sie beeinflussen uns auf allen Ebenen: mental, emotional, physisch und spirituell. Durch ihren Ausdruck in der subtilen Energie, die sich auch über den Körper hinaus ausdehnt, können sie identifiziert werden. Die Information existiert zunächst als Energieform und manifestiert sich schließlich als verbale Botschaft, als physisches Symptom oder auch als mentales Bild.

Um an diese Informationen heranzukommen, werden zwei Hauptquellen intuitiv ›erspürt‹: das Ätherfeld und die Chakren. Mit Hilfe des biomechanischen Testens kann man auch herausfinden, wann das alles angefangen hat und wie sich Emotionen, bestimmte Allergene, Nahrungsmittel und Umweltfaktoren auf die Energiezentren auswirken.

Biomechanisches Testen

Das Suchen mit der Wünschelrute ist eine der ältesten überlieferten Methoden zum ›Anzapfen‹ intuitiver Informationen. Bereits in alten Höhlenzeichnungen in Europa wird davon berichtet. Jeder hat schon einmal von den Wünschelrutengängern gehört, die früher nach Wasserquellen suchten. Doch die Wünschelrute ist nicht nur zum Wassersuchen wirksam, sondern wurde auch eingesetzt, um Mineralien und archäologische Artefakte, verlorene Sachen, vermißte Personen und Tiere und sogar Ölfelder zu finden. Die in Vietnam stationierten Soldaten

entdeckten damit Landminen, Fallen und feindliche Munitionsdepots.
Das SRI, ein kalifornisches Forschungsinstitut, führte Studien mit geübten Wünschelrutengängern durch und kam dabei zu dem Schluß, daß mit einer Wahrscheinlichkeit von eins zu einer Million positive Ergebnisse nicht bloß Zufall sind. Wissenschaftliche Erklärungen für das Warum und Wieso sind jedoch bestenfalls unzureichend.[1]

Ich finde die Wünschelrute eine höchst wirksame Hilfe, um das riesige Informationslager des Unterbewußtseins zu erschließen. Wahrscheinlich funktioniert das folgendermaßen:

Das Unterbewußtsein nimmt jedes einzelne Detail unserer Umwelt auf: visuelle und andere Sinneseindrücke, Klänge, Gerüche. Während Sie diese Zeilen lesen, konzentrieren Sie sich wahrscheinlich auf das Buch und nehmen den Verkehrslärm, das Summen des Ventilators, die Gerüche aus der Küche gar nicht wahr. Doch Ihr Unterbewußtsein nimmt all diese unbemerkten Informationen in sich auf, und dort bleiben sie und können abgerufen werden.

Um herauszubekommen, wieviel Informationen wir unterbewußt speichern, führte ein Hypnotiseur folgendes Experiment durch: Er bat einen Mann, die Backsteine an der Fassade eines bestimmten Gebäudes der Universität zu zählen, an der er 20 Jahre vorher studiert hatte. Der Mann sah im Geiste das Gebäude vor sich und zählte die Steine. Als sie dann zum Campus gingen und die Backsteine nachzählten, stimmte zu ihrem großen Erstaunen die Zahl genau.

Was zeigt uns diese kleine Geschichte? Jeder kann zu Informationen, selbst winzigen Details aus seinem Leben, Zugang finden, die in einem normalen Bewußtseinszustand nicht abrufbar sind. Die Wünschelrute ist ein mögliches Werkzeug, um dies zu erreichen.

Wenn Sie mit der Wünschelrute arbeiten, werden Sie selbst zu einer Art Detektor. Genau wie bei elektronischen Geräten,

---

1 Berichtet auf der Konferenz der ›American Society of Dowsers‹ (amerikanische Gesellschaft der Wünschelrutengänger) an der University of California in Santa Cruz, Juli 1987.

zum Beispiel einem Radio, müssen die Informationen normalerweise verstärkt werden. In der Elektronik zeigen die Nadeln auf einer Anzeige oder die Schlangenlinien auf einem Oszilloskop die Information an. Wir benutzen dazu ›L-Drähte‹ (in L-Form gebogene Drähte), die traditionelle Form der Wünschelrute.

Dabei sollte nicht vergessen werden, daß die L-Drähte selbst uns nicht den direkten Informationszugang gewähren, sondern daß sie viel eher als eine Art psychomotorische Ausdehnung des Unterbewußten zu verstehen sind, die die winzigen neuromuskulären Reaktionen verstärken, welche der Teil des Unterbewußten, der die Antwort weiß, auslöst. Die L-Drähte sind ein Werkzeug, um die Aufmerksamkeit zu fokussieren. Sie geben ein visuelles Signal über eine bestimmte intuitive Information.

Und so funktionieren die L-Drähte: Sie halten in jeder Hand einen L-Draht, und zwar in einer neutralen Position (siehe Abb. 8). Dann konzentrieren Sie sich genau auf das, was Sie wissen möchten, sei dies nun über sich selbst (Ihr eigenes Spiegelbild) oder eine andere Person. Dabei können Sie sich mental eine Frage stellen, zum Beispiel: »Wo beginnt das Ätherfeld dieser Person?« Genausogut kann es eine Aufforderung sein: »Zeig mir, wie stark das Ätherfeld ist.« Sie können also Ihr Unterbewußtsein mit Fragen oder Befehlen ›programmieren‹.

Dann bewegen Sie sich auf die Person oder den Gegenstand zu. Nehmen wir einmal an, Sie wollen in das unsichtbare Energiefeld treten, das eine Person umgibt. Wenn Sie sich darauf zubewegen, werden sich die Drähte entweder überkreuzen oder auseinandergehen, einer nach rechts, der andere nach links. Beide Reaktionen sind gleichwertig, aber der Einfachheit halber beschränke ich mich im folgenden auf das Auseinandergehen. Bei einem energetischen Ungleichgewicht bewegt sich ein Draht wahrscheinlich stärker als der andere (siehe Abb. 9).

Kontaktadresse für Informationen über Herstellung und Bezug von L-Drähten:

Christian Muschal
Postfach 1307
78105 St. Georgen

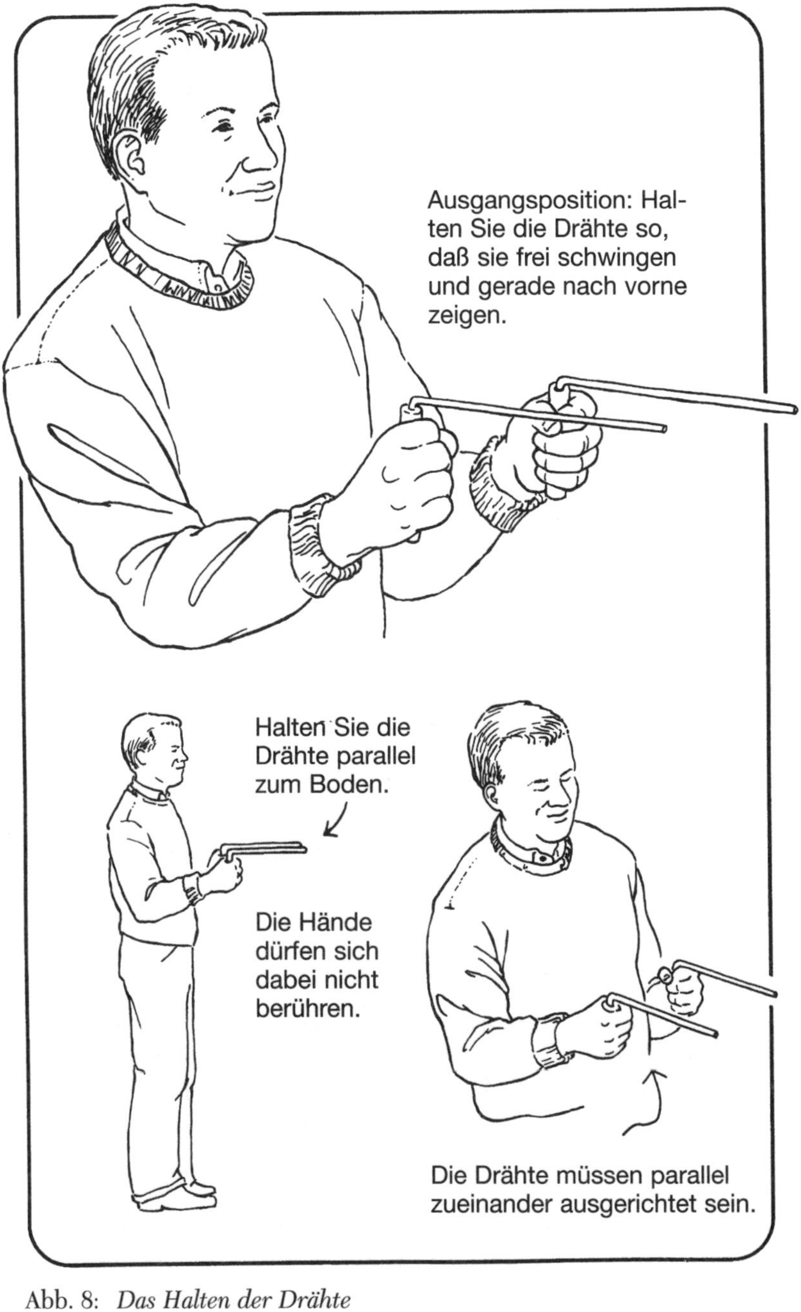

Abb. 8: *Das Halten der Drähte*

Der L-Draht

Der L-Draht besteht normalerweise aus einem dünnen Metalldraht, der zu einen ›L‹ gebogen wird (siehe Abb. 10). Sie brauchen davon zwei Stück.

Das Herstellen der L-Drähte

Alles was Sie brauchen, sind zwei Drahtkleiderbügel und eine Zange.

1. Den Querdraht des Bügels am besten an der Ecke aufschneiden (gerade Länge circa 25 Zentimeter). Dann an einer Seite so durchschneiden, daß Sie einen Griff von circa 12 bis 13 Zentimeter Länge haben.
2. Beide Drähte zu einem rechten Winkel zurechtbiegen.

Die Griffe müssen sich frei bewegen können. Am besten schneiden Sie sich einen Trinkhalm oder ein Papprohr entsprechend zurecht und stülpen es über den Griff.

Wie die L-Drähte gehalten werden

- Die L-Drähte müssen frei im Griff schwingen können, ohne die Hände zu berühren.
- Die Drähte müssen parallel zum Boden und zueinander ausgerichtet sein und gerade nach vorne zeigen. Das ist die Ausgangsposition, auf die im folgenden immer wieder Bezug genommen wird. Mit ein bißchen Übung sollte dies kein Problem sein.
- Gehen Sie nun versuchsweise langsam durch das Zimmer, und halten Sie dabei die Drähte in der Ausgangsposition. Konzentrieren Sie sich darauf, daß sie parallel ausgerichtet sind. Sie werden sehen: Sobald Sie geistig ›auf Wanderschaft‹ gehen und anderen Gedanken nachhängen, werden auch die Drähe wandern.
- Die Drähte sollten so gleichmäßig wie möglich gehalten werden. Sobald sie nach unten zeigen, können sie die winzigen neuromuskulären Reaktionen des Körpers nicht mehr auf-

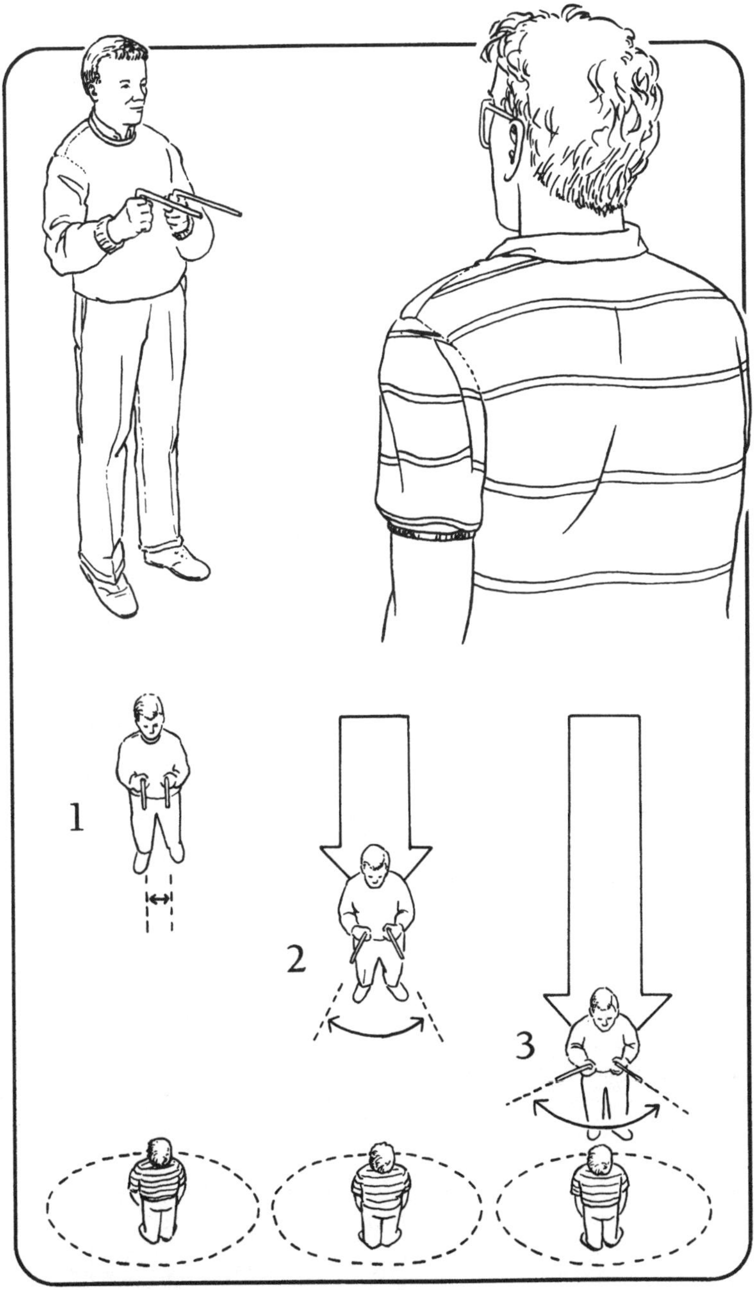

Abb. 9: *Die Handhabung der L-Drähte*

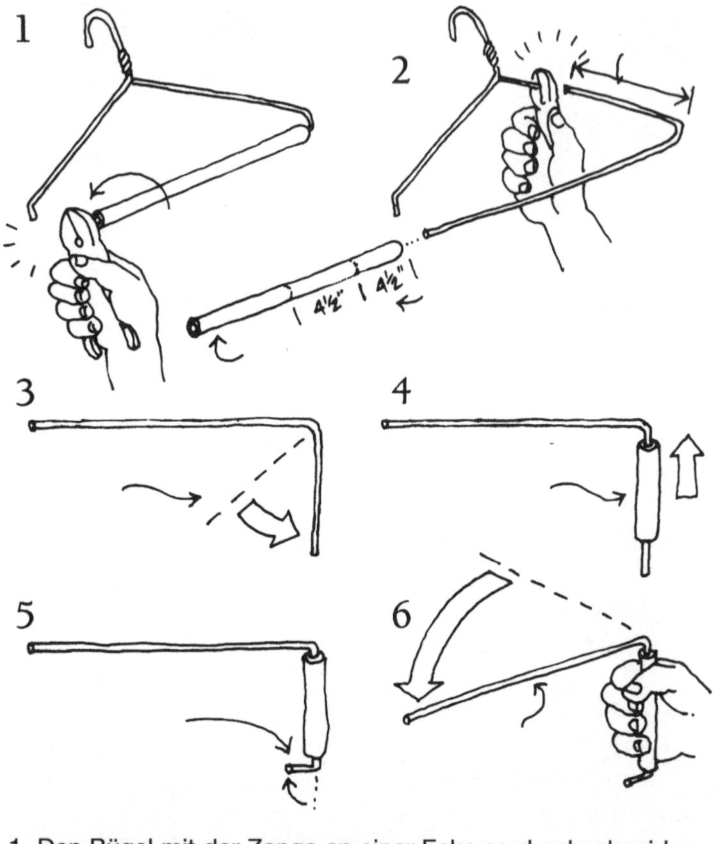

1 Den Bügel mit der Zange an einer Ecke so durchschneiden, daß ein circa 25 Zentimeter langes gerades Stück übrigbleibt.
2. Ein Seitenstück durchschneiden (circa 14–15 Zentimeter) Das Pappröhrchen oder den Trinkhalm entsprechend zuschneiden (circa 12 Zentimeter).
3. Den Bügel rechtwinklig abbiegen.
4. Das zurechtgeschnitten Rohr darüberstülpen.
5. Das Ende des Drahtgriffs umbiegen (90°), damit das Rohr nicht abrutscht.
6. Der Draht sollte sich nun frei drehen können. Gegebenenfalls das obere Ende des Papprohres bzw. Trinkhalms entsprechend glätten.

Abb. 10 *Das Herstellen von L-Drähten*

decken, da sie die Schwerkraft zu überwinden haben. Zeigen sie dagegen nach oben, werden sie überempfindlich. Falls Ihre Drähte zu empfindlich sind und sich laufend drehen, können Sie die Spitze leicht nach unten richten, aber bitte nur leicht, um sie nicht der Schwerkraft auszusetzen.

Das Programmieren der Drähte

Bevor Sie mit dem Austesten beginnen, sollten Sie sich immer einen Augenblick Zeit nehmen, um Klarheit zu gewinnen, was Sie genau wissen wollen. Dabei ist nicht nur die richtige Frage von Bedeutung, sondern auch die klare Intention, eine genaue Antwort zu bekommen.

Eine klare und genaue Frage bringt Sie in Resonanz mit dem betroffenen Objekt bzw. der betroffenen Person, Sie schwingen also mit derselben Frequenz oder einer harmonischen Schwingung. Das ist ähnlich wie bei einem Klavier: Wenn Sie ein A anschlagen, resonieren mit dieser Note auch andere Saiten, nämlich diejenigen, die die doppelte, die halbe Frequenz etc. haben, die Oktaven. Auch Sie können in Resonanz auf unterschiedlichen Ebenen oder Oktaven Informationen abrufen.

Jeder Gedanke, jedes Gefühl, jede Überzeugung hat eine energetische Signatur, so einmalig wie das Gesicht und die Fingerabdrücke eines Menschen. Sie erzeugen bestimmte energetische Muster, die in den Energiefeldern des Körpergeistes existieren und sich auch nach außen ausdehnen, um ihnen ähnliche Formen zu finden, mit denen sie in der Außenwelt resonieren können.

Die energetischen Template von Intentionen, Fragen und Programmierungen suchen nach resonanten Formen in der Außenwelt. Treffen sie auf eine passende Form, entsteht eine stehende Welle. Das Unterbewußtsein zeichnet dies auf, und der ganze Körper reflektiert dies als winzige neuromuskuläre Bewegungen, die sich auf die L-Drähte übertragen. An dem Punkt, an dem die stehende Welle entsteht, also eine Resonanz stattfindet, geraten die Drähte in Bewegung und zeigen uns so visuell, daß die ›Partner‹-Form gefunden wurde.

Dabei dürfen Sie sich der Antwort auf Ihre Frage nicht verhaftet fühlen. Jede emotionale Bindung, der Wunsch nach einer ganz bestimmten Antwort macht die ganze Sache unverläßlich. Wenn Sie als Arzt beispielsweise Informationen über das Immunsystem eines Patienten erhalten möchten und dabei ein ganz persönliches Interesse daran haben, daß das Immunsystem die Krankheit im Griff hat, werden Sie wahrscheinlich die Antwort erhalten, daß es voll funktionsfähig ist, was vielleicht gar nicht stimmt. Ihr persönlicher Wunsch macht Sie blind für die vielleicht weniger positive Realität.

In Vietnam konnten Soldaten, die der Antwort nicht verhaftet waren und ihre Ängste und Hoffnungen beiseite lassen konnten, mit der Wünschelrute Landminen auffinden. Mit einer klaren, gezielten Intention können Sie die inneren Kontrollen loslassen und den Informationszugang unvoreingenommen angehen und so den offenen Raum in Ihrem Bewußtsein schaffen, in den die Informationen eingehen und intuitive Gefühle frei in Ihrem Unterbewußtsein fließen können.

Mit einer Frage oder einem Befehl können Sie klar und unvoreingenommen programmieren. Wenn Sie zum Beispiel vor der ersten Behandlung den Gesamtenergiepegel bzw. die Vitalität testen wollen, können Sie fragen: »Wie groß ist im Moment das Ätherfeld dieser Person (oder auch mein eigenes)?« Dabei legen Sie auch Zeit- und Raumparameter fest, stellen also sicher, daß Sie Informationen aus dem Hier und Jetzt haben wollen. Das ist wichtig für das Unterbewußtsein, denn Sie könnten genausogut Fragen zur Vergangenheit stellen. Der bewußte Geist programmiert das Unterbewußtsein für die Suche nach der Antwort.

Atmen Sie einmal tief ein und lassen Sie die Frage in Ihrem Geist verweilen, damit Sie auch während der Behandlung klar bleibt. Mit dem Lufthalten wird eine Ladung aufgebaut und die Programmierung energetisiert. Mit einem langsamen, ruhigen Ausatmen kommen Sie in den rezeptiven Zustand, um die Antworten zu empfangen.

Die Vielseitigkeit der L-Drähte

In meinen Seminaren bringe ich den Teilnehmern den Umgang mit den L-Drähten bei. Sie lernen, den energetischen Zustand an sich und anderen zu testen. Ich lege ihnen immer nahe, die Drähte auch für andere Zwecke einzusetzen, zum Beispiel um verlorene Dinge wiederzufinden. Der Gebrauch im täglichen Leben baut Vertrauen in die Intuition auf. Sobald das Vertrauen da ist, braucht man die Drähte eigentlich nicht mehr.

Als Beispiel zitiere ich aus einem Brief, der zeigt, wie oft die Intuition – reflektiert in den L-Drähten – dem rationalen Verstand sogar überlegen ist:

»Lieber Dr. Laskow,
ich möchte Ihnen von einer Erfahrung mit der Wünschelrute berichten. Als meine Eltern mich besuchten, wollte ich die L-Drähte, die ich im Seminar bei Ihnen angefertigt hatte, einmal ausprobieren.
Ich bat meine Mutter, ihren Ehering irgendwo im Wohn- oder Eßzimmer oder in der Küche zu verstecken. Diese Räume gehen ineinander über. Ich ging in einen anderen Teil des Hauses, und sie versteckte den Ring. Als ich zurückkehrte, programmierte ich die Suche mit der Aufforderung: »Zeig mir, wo der Ehering meiner Mutter ist.« Dabei stellte ich mir den Ring vor. Zuerst versuchte ich herauszufinden, in welchem Teil des Hauses der Ring war, um die Suche räumlich einzuschränken. Die Drähte schlugen aus, als ich zum anderen Ende des Wohnzimmers ging, gingen aber wieder zurück, bevor ich bei der Wand oder den Möbeln ankam. Ich ging deshalb davon aus, daß der Ring am anderen Ende, eher Richtung Küche, versteckt war. Wieder reagierten die Drähte und gingen zurück, noch bevor ich irgendeinem Platz nahekam, wo er hätte versteckt sein können. Dies wiederholte sich ein paar Mal, und ich war ziemlich verwirrt, weil die Drähte mir meldeten, daß der Ring weder hier noch dort war, ich aber keinen für ein Versteck geeigneten Platz ausmachen konnte. Meine Eltern beobachteten das Ganze fasziniert, und meine Mutter sagte schließlich: »Ich glaube, die Wünschelrute weiß mehr als der Wünschelrutengänger.« Da schaute ich auf den Boden und sah einen meiner Socken dort liegen. Ich hob ihn auf, und tatsächlich war der Ring darin ver-

steckt! Ich war einfach darübergelaufen, hatte auch eine entsprechende Reaktion bemerkt, aber nicht erkannt, daß er die ganze Zeit dort lag.«

Aufgrund dieses und ähnlicher Berichte empfehle ich Ihnen, ein bißchen herumzuexperimentieren, selbst wenn Sie sich noch nicht an die Chakren oder Ihr Ätherfeld heranwagen.

Die Ausgangsposition bestimmen

Wie Sie bereits wissen, besteht jeder Mensch aus Energiefeldern, die sich gegenseitig durchdringen und eine holographische Entsprechung im Ätherfeld haben. Das bioenergetische Feld wird dem physischen Körper zugeordnet und ist wissenschaftlich nachweisbar. Alle anderen Felder können am besten intuitiv erfaßt werden.

Im Ätherfeld reflektieren sich in jedem Augenblick die wichtigsten Überzeugungen, körperliche Störungen, Umwelteinflüsse, Gedanken und Gefühle. Es repräsentiert außerdem die harmonische Zusammensetzung aller Chakren, jedes Chakra wiederum spiegelt eine energetische Ebene wider: die physische, ätherische, emotionale, mentale oder spirituelle. Jede dieser Ebenen wird von jedem einzelnen Chakra beeinflußt. Wie in einem Hologramm, dessen kleinstes Teilchen das visuelle Ganze enthält, sind in unserem feinstofflichen energetischen ›Make-up‹ Informationen über das energetische Ganze enthalten.

Für mich ist das Austesten der Chakren auf der Ätherebene am effektivsten, da sich dort die Interaktionen zwischen Physiologie und dem feinstofflichen Energiesystem am besten ablesen lassen.

Das ätherische Energiefeld kann unterschiedlich intensiv sein – einmal stärker, einmal schwächer, wie ein Licht, das mit Hilfe eines ›Dimmers‹ heller oder dunkler gestellt werden kann. Es kann auch sein Muster verändern: Ein Bereich kann stärker oder schwächer ausgeprägt sein, links ist das Feld vielleicht größer als rechts etc. Das hängt von physiologischen, emotionalen, mentalen oder spirituellen Faktoren des einzelnen ab, gegenwärtigen und vergangenen. Die Programmierung bzw. Frage entscheidet, auf welchen Aspekt des holographischen Feldes wir zugreifen.

Ist das Ätherfeld in einem gesunden Zustand, unterstützt und spiegelt es die normalen zellularen und physiologischen Abläufe. Ist es aus dem Gleichgewicht, wirkt es sich auch störend auf diese Funktionen aus und spiegelt die unharmonischen Faktoren wider (Abb. 1 auf Seite 54 zeigt ein normal funktionierendes Ätherfeld).

Als Ausgangsbasis müssen wir die Intensität und das Gleichgewicht zwischen rechts und links bestimmen, so wie es sich im Moment darstellt. Innerhalb dieses Feldes gibt es viele interagierende Energiefelder unterschiedlicher Frequenzen, die im gleichen Raum zur gleichen Zeit nebeneinander existieren, wie Licht- oder Radiowellen. Eigentlich gibt es keine richtigen Ebenen mit oben und unten, sondern nur Energieformen, die sich gegenseitig durchdringen. Konzentriert man sich auf eine einzelne Form, erhält man ein bestimmtes Ergebnis; bezieht man alle Felder gleichzeitig mit ein, entsteht ein ganz anderes Bild. Erklären kann man dies mit einer Analogie:

In San Francisco gibt es einen Aussichtspunkt, von dem aus man eine herrliche Aussicht über das Meer genießen kann. Vom Kliff aus sieht man die Wellen, die sich an der Küste brechen, Wirbel und Strudel um die Felsen, die der Küste vorgelagert sind. Auch die Bewegungen der kalten Strömung weiter draußen sind sichtbar. All diese Wellen, Strömungen, Wirbel und Strudel bilden das Gesamtenergiefeld des Meeres, so wie ich es vom Aussichtspunkt aus wahrnehme. Dazu kommen die Gezeiten und riesige Sturmwellen.

Als Ausgangsbasis für das Ätherfeld des Meeres könnte ich nun einen Gesamteindruck meiner Erfahrung mit dem Meer in diesem Moment ansetzen und mich so programmieren, daß die Konzentration nicht auf einer einzelnen Strömung oder einem bestimmten Strudel, sondern auf der ganzen Dynamik des Meeres innerhalb meines Wahrnehmungsvermögens liegt. Wenn es stürmisch ist, könnte ich mich auf die Wellenbrecher an der Küste konzentrieren, doch weiter draußen ist die Strömung vielleicht ganz friedlich. Wenn ich nur das eine oder andere berücksichtige, hätte ich keine genaue Ausgangsbasis. Um sie zu erhalten, muß ich sämtliche Energiefelder einbeziehen und nicht nur ein bestimmtes.

Beim Einschätzen eines Ätherfeldes ist es genauso: Wir brauchen ein aus dem Gesamtenergiepegel zusammengesetztes Bild, die Gesamtinteraktion aller feinstofflichen und physischen Energien. Und dazu benötigen wir die Holoenergetik.

Energie breitet sich in bestimmten Bereichen zu einem bestimmten Zeitpunkt aus und verstärkt sich oder zieht sich zusammen und wird schwächer; dann kehrt sie zur Ausgangsbasis zurück, reagiert damit auf Gedanken und Gefühle und auch auf Vorgänge in der unmittelbaren Umgebung. Bei einer Fehlzündung zucken wir zum Beispiel erst einmal zusammen, und die Energie dehnt sich aus oder zieht sich zusammen. Dann entspannen wir uns wieder, und auch der Energiepegel stabilisiert sich und kehrt auf die stabilere Ausgangsbasis zurück. Das gleiche passiert, wenn wir an eine bevorstehende Auseinandersetzung denken oder an einen idyllischen Platz, an dem wir gerne sein möchten.

Normalerweise kann man die Energie eines anderen aus einer Entfernung von einem halben bis einem Meter einschätzen, da sich das Energiefeld in etwa diesem Bereich bewegt. Diese Vitalitätsbasis ist die Grundlage für weitere spezielle Informationen über die Chakren.

All dies hört sich schwieriger an, als es ist. Deshalb nun die Praxis.

Die Ausgangsbasis des ätherischen Energiefeldes bestimmen

Gesunde Energiemuster unterstützen die zellulären und physiologischen Abläufe; disharmonische Muster wirken sich dagegen störend aus, blockieren den Energiefluß und sind so die Ursache von Störungen und Krankheiten.

1. Zunächst bestimmen Sie Ihre eigene Ausgangsbasis, die Intensität und Harmonie Ihres Ätherfeldes. Stellen Sie sich dazu vor einen Spiegel. Auf seiner Oberfläche können Sie

Ihre Energiefelder und Chakren bestimmen; die illusorische Tiefe spielt dabei keine Rolle. Falls Sie keinen geeigneten Spiegel zur Hand haben, können Sie mit der Übung »Ein Spiegelbild schaffen« in der Beschreibung des ›Transpersonalen Verbindungsprozesses‹ in Kapitel 3 arbeiten. Dabei zeigt Sie der Spiegel seitenverkehrt, das durch diese Übung geschaffene Bild reagiert dagegen so, als ob Ihnen jemand gegenübersitzt.

2. Sie stehen circa zweieinhalb bis drei Meter vom Spiegel entfernt und halten die L-Drähte in der Ausgangsposition. Nun atmen Sie tief ein und stellen sich dabei die Frage: »Wie groß ist mein Ätherfeld im Moment?« Um ganz sicherzugehen, daß auch wirklich das Ätherfeld ausgemessen wird, konzentrieren Sie sich auf eine Auswertung des gesamten interagierenden Energiesystems, wie es sich im Ätherfeld spiegelt.
3. Atmen Sie jetzt langsam aus, und lassen Sie dabei die Frage zwischen die Drahtspitzen fließen. Dann gehen Sie langsam auf den Spiegel zu. Sie brauchen sich nun nicht mehr darauf zu konzentrieren, die Drähte parallel zueinander zu halten. Sie reagieren auf den Einfluß der Energiefelder. Experimentieren Sie damit ruhig ein wenig, bis Sie ein Gefühl für die Drähte entwickeln. Lassen Sie sich Zeit für diesen Lernprozeß. Gehen Sie so langsam, daß die Drähte wirklich Zeit haben zu reagieren, sobald Sie die Schnittstelle mit dem gespiegelten Energiefeld erreichen.
4. Sobald die Drähte mindestens 45° auseinanderschwingen (siehe Abb. 9), haben Sie in etwa die äußere Grenze des gespiegelten Energiefeldes erreicht, meist etwa 60 bis 120 Zentimeter, durchschnittlich 90 Zentimeter vom Spiegel entfernt.

Liegt der Schnittpunkt weniger als 60 Zentimeter vom Spiegel entfernt (bzw. dem Körper der Person, die Sie ausmessen), ist das Ätherfeld ziemlich kontrahiert, bei über 90 Zentimeter ist es ziemlich ausgedehnt. Im Moment sollten Sie die Entfernungen nicht interpretieren, sondern einfach als Tatsache feststellen.

So schnell wirken sich Gedanken und Gefühle auf die subtilen Energiefelder aus

Gedanken und Gefühle, seien sie nun positiver oder negativer Natur, wirken sich sowohl auf den ›Behandler‹ als auch auf den ›Patienten‹ aus. Dabei gibt es zwei Arten: 1. grundsätzliche und 2. vorübergehende. Grundsätzliche Gefühle und Gedanken spiegeln sich fast immer im Ätherfeld wider. Sie stehen mit den in Kapitel 5 beschriebenen holographischen Mustern in Verbindung, also mit der persönlichen Geschichte, und sind mehr oder weniger immer konstant. Vorübergehende Gefühle sind Ausdruck einer eher unmittelbaren Erfahrung: die Freude über den unerwarteten Besuch eines guten Freundes, das Gefühl, wenn wir als Verkehrssünder erwischt werden etc.

Deshalb ist es so wichtig, sich über das, was ausgetestet werden soll, klar zu sein. Wollen wir eine grundsätzliche Aussage oder stellen wir fest, welchen Einfluß vorübergehende Gedanken und Gefühle auf uns selbst oder den anderen haben? Mit der folgenden Übung dürfte es Ihnen leichter fallen, den Unterschied zu verstehen.

Gedankenmuster und ihre Auswirkung auf die Energie

1. Messen Sie zunächst Ihr eigenes oder ein anderes Ätherfeld mit den L-Drähten aus, wie oben beschrieben. Markieren Sie die Schnittstelle, an der sich die Drähte um mindestens 45° öffnen; das ist die äußere Grenze des Feldes.
2. Sie halten die Drähte weiterhin in dieser offenen Position und bitten den Partner, an etwas Negatives zu denken. Können Sie mit den L-Drähten eine Veränderung des Energiefeldes feststellen? Programmieren Sie nun die offenen Drähte um: Halten Sie die Luft an und fragen Sie innerlich: »Wie groß ist das Energiefeld unter dem Einfluß dieser vorübergehenden Gefühle und Gedanken?« Beim Ausatmen dürften Sie normalerweise feststellen, daß sich das Energiefeld kontrahiert hat.
3. Dann lassen Sie den Partner scharf ausatmen (Expulsation),

um die negative Information loszulassen und so ganz aus dem Körper zu entfernen. Eventuell sind dazu mehrere Atemzüge notwendig.
Alle negativen Gedanken und Gefühle wirken sich als erstes auf das Energiefeld desjenigen aus, der sie fühlt bzw. denkt. Dasselbe gilt für Positives. Sie können auch negativen Gedankengängen und Gefühlen folgen mit dem Wunsch, auf etwas Positives dahinter zu stoßen, oder Sie können eine Art positiven Segen schicken, so wie man nach dem Silberstreif Ausschau hält und sich gesegnet fühlt, wenn man ihn findet. Holoenergetik heißt: »Was du gibst, bekommst du auch.«

4. Wenn der Partner seine negativen Gedanken durch das Expulsieren geklärt hat, testen Sie ihn am besten erneut. Sie können sehen, wie sich sein Energiefeld wieder auf die vorherige Stärke ausdehnt. Falls dies nicht der Fall ist, lassen Sie ihn noch einmal scharf ausatmen. Wenn die Drähte wieder die ursprüngliche Ausgangsbasis anzeigen, sind die negativen Gedanken geklärt.
5. Nun lassen Sie Ihren Partner an etwas Positives denken, eine Person, Situation, die in ihm Gefühle und Gedanken der Freude, des Glücks oder der Liebe hochbringt. Diese positiven Gedanken sollten sich ausdehnen und ihn ganz ausfüllen. Dann messen Sie das Energiefeld mit den Drähten. Sie sollten etwas weiter weg stehen, denn positive Einflüsse vergrößern das Feld oft erheblich.
   Wenn Sie zu nahe sind, kann es passieren, daß die L-Drähte ungleichmäßig oszillieren und vibrieren, sich jedoch nicht öffnen. Oder sie öffnen sich kurz, nachdem Sie die Frage gestellt haben, aber noch bevor Sie nach vorne gehen, und zwar weil Sie sich innerhalb des größer gewordenen Ätherfelds befinden. Gehen Sie ein paar Schritte nach hinten, und fangen Sie von vorne an.
   Das gleiche können Sie mit Hilfe eines Spiegels wie bereits beschrieben bei sich selbst ausprobieren.

Immer wenn Sie einen biomechanischen Test durchführen wollen, bei sich selbst oder bei anderen, sollten Sie diese vorübergehenden Einflüsse kontrollieren und gegebenenfalls mit

Expulsieren klären. Programmieren Sie sich dann darauf, den Basisenergiepegel ohne diese vorübergehenden Einflüsse festzustellen.

Um ein Beispiel zu nennen: Sie kritisieren sich selbst, finden sich zu dick oder zu dünn. Mit Hilfe des Expulsierens können Sie ein so negatives Urteil, das Sie vorübergehend beeinflußt, loslassen und damit die negativen Effekte Ihrer Gedanken auf das Energiefeld eindämmen.

Manchmal kann es eben passieren, daß Sie beim Auswerten auf einmal negative Gedanken haben und anfangen zu verurteilen, was sich wiederum auf das Ätherfeld und das Resultat auswirkt. Bedenken Sie also immer wieder, daß Sie hier einfach Informationen sammeln über *das, was ist*, und über den entsprechenden Energiewert.

Den Energiewert können wir definieren als die lebensbereichernde und spirituelles Wachstum fördernde Qualität eines Menschen. Beim Heilen hilft das Wissen um diesen Wert, bewußte Entscheidungen zu treffen und die Gesundheit und Lebensqualität zu verbessern.

Zusammenfassend müssen Sie bei einem intuitiven Austesten der Energie immer Ihre eigenen Gedanken, Gefühle und Wünsche berücksichtigen. Stehen sie dem Testen eher im Wege, helfen folgende Techniken:

1. Die zu programmierende Frage auf das Testen des ätherischen Basiswertes fokussieren und nicht auf vorübergehende Gedanken, Gefühle oder Urteile.
2. Wenn Sie sich als negativ und kritisch empfinden, lassen Sie durch Expulsieren alles Negative los.
3. Bleiben Sie in der Position des Beobachtenden Selbst und identifizieren Sie einfach *das, was ist*.

Bleiben Sie innerlich unbeteiligt, ohne auf ein bestimmtes Ergebnis zu hoffen, sowohl positiv als auch negativ. Nehmen Sie das, was kommt. Seien Sie der unbeteiligte Zeuge, der für die andere Person da ist, aber nicht seine eigenen Wünsche in den Test einfließen läßt. Finden Sie das heraus, *was ist*, und zwar so genau, objektiv und liebevoll wie möglich; das ist der beste Einstieg in den Transformations- und Heilungsprozeß.

Wenn durch das Projizieren negativer Urteile das, *was ist*, noch schlimmer gemacht wird, wird die Information unklar, und das Ergebnis ist nur beschränkt gültig. Genauso verzerren positive Projektionen das Ergebnis. Auch beim holoenergetischen Heilen gilt die alte Golfer-Regel: »Spiel dort, wo der Ball ist.«

Das Austesten der Chakren

In Kapitel 2 wurde bereits über die Chakren, die multidimensionalen feinstofflichen Energiezentren, gesprochen. Sie stehen mit dem Körpergeist in Verbindung und sind für die energetische Gesundheit bestimmter Organe und Körperfunktionen zuständig. Das Energiefeld der einzelnen Chakren zeigt die körperliche Gesundheit oder den emotionalen Zustand an. Informationen darüber erhalten wir wieder durch biomechanisches Austesten. Ein erweitertes bzw. kontrahiertes Energiefeld reflektiert nur relative energetische Unterschiede. Bei Überlebensangst zum Beispiel haben Sie zwei Möglichkeiten: Kämpfen oder Flucht. Flucht zeigt sich oft in einer Kontraktion des 1. Chakras, aktives Fliehen bzw. Kämpfen erweitert es. Es kann also beides passieren. Die Intuition kann vorherrschende Muster aufzeigen. Wut dehnt normalerweise das 3. Chakra aus, unterdrückte bzw. blockierte Wut zieht es zusammen. Es gibt noch weitere Faktoren, zum Beispiel die Chakrarotation, doch für den Moment sind diese komplexen dynamischen Vorgänge eher zweitrangig.

Die energetische Stärke eines Chakras wirkt sich auf seine Position im Gesamtmuster aus. Meistens entsprechen ein oder zwei Chakrafelder der gemessenen Ausgangsbasis des Ätherfeldes. Wenn einige Chakren ein beträchtlich größeres Feld aufweisen, befinden sich andere normalerweise innerhalb dieser Grenzen und sind sogar so intensiv, daß sie diesen Grundwert festlegen.

Tabelle: *Die sieben Chakren*

Chakra	Lage	Esoterische Funktion	Organische Funktion	Farbe
Erstes (Wurzel)-Chakra	unterer Rücken, Steißbein	Sicherheit, Lebenskraft, Lebenswillen	Nebennieren (über beiden Nieren), ›Kampf-oder Flucht‹-Syndrom, entspannungserzeugende Hormone. Die Nebennieren reagieren auf physisch oder emotional bedrohlich wirkende Ereignisse; auch Streß im Zusammenhang mit Überlebensproblemen wirkt sich auf das Wurzelchakra aus.	rot
Zweites (Bauch-) Chakra	Bauchmitte, über dem Schambein	Empfindungen, Lust, Kreativität, Fortpflanzung und Sexualität. Ist es gestört, spiegelt es einen Fokus auf äußerer Stimulierung und materiellem Besitz wider. Einstellung gegenüber Geld, Arbeit, Beziehungen zu anderen, Gleichgewicht.	Fortpflanzungsorgane und Keimdrüsen	orange
Drittes (Solarplexus-) Chakra	Solarplexus-Bereich	emotionale Entwicklung; spiegelt wechselnde Emotionen wider. Die Energie des dritten Chakras spielt eine Rolle in bezug auf bedingtes Geben, Fürsorge und Nähren, Empathie und Selbstkontrolle, Kraft. Bei Störungen spiegelt es Manipulationsbedürfnis und Kontrolle über andere anstelle von Selbstbeherrschung und eigener Macht.	Bauchspeicheldrüse	gelb

Viertes (Herz-) Chakra	Brustmitte	Liebe, Mitgefühl, bedingungsloses Geben, Fürsorge und Akzeptanz; der ›Drehpunkt‹ bzw. die Verbindung zwischen den unteren drei Chakren (Sicherheit, Kreativität, Kraft) und den drei höheren Chakren (kreativer Ausdruck, Intuition, Spiritualität und bedingungslose Liebe). Störungen dieses und der drei höheren Chakren spiegeln Störungen der drei niederen Chakren wider.	Thymusdrüse und Herz	smaragdgrün
Fünftes (Hals-) Chakra	Halsbereich	kreativer Ausdruck. Die kreative Energie des zweiten Chakras erhält im fünften Chakra Ausdruck und Form. Seine Energie steht mit Selbstverwirklichung, Selbstausdruck und Kommunikation in Verbindung.	Schilddrüse	blau
Sechstes (Stirn-) Chakra, das ›Dritte Auge‹	Stirn	Intuitives Wissen. Die Rohenergie des Lebenswillens (1. Chakra) wird im 6. Chakra zum persönlichen Ausdruck des Willens. Das 6. Chakra bringt Wissen aus intuitiven und spirituellen Quellen.	Hypophyse (Hirnanhangdrüse), Zirbeldrüse	indigoblau
Siebtes (Scheitel-) Chakra	über dem Kopf (Scheitelpunkt)	Spiegelt die Bewußtheit der eigenen spirituellen Essenz wider. Voll entwickelt integriert das Scheitelchakra alle anderen Chakren und bringt sie mit spirituellen Werten in Einklang.	Zirbeldrüse	violett

Die qualitative Auswertung der Chakren

Die Kontraktion oder Expansion von Chakren reflektiert nicht nur die Entwicklungs- oder Bewußtseinsstufe eines Zentrums, sondern auch seine Aktivität. Um die Bewußtseinsqualität feststellen zu können, muß die Programmierung so sein, daß das Beobachtende Selbst (vgl. Kapitel 7) diese Qualität intuitiv erspüren kann, also mit jedem Chakra in Verbindung tritt und den momentanen höchsten Bewußtseinsstand erfragt. Dabei kann der ›Transpersonale Verbindungsprozeß‹ als Grundlage dienen. Fragen Sie als erstes um Erlaubnis dazu.

Normalerweise dehnt sich die Energie der Chakren fortschreitend in immer größeren Kreisen aus, vom ersten (dem kleinsten) bis zum siebten (dem größten). Insgesamt sieht das wie ein Kegel aus. Manchmal haben die Chakren auch ungefähr die gleiche Ausdehnung, dann ähnelt das Gesamtmuster eher einem Faß.

Stimmt diese Reihenfolge nicht, ist das nicht unbedingt ein Hinweis auf eine Krankheit oder Störung oder etwas Negatives, sondern kann durchaus auch positiv sein. Es ist in jedem Fall sinnvoll, sich dies genauer anzuschauen. Bei der Heilarbeit kann das Herzchakra beispielsweise sehr groß werden. Wer kreativ tätig ist oder im öffentlichen Leben steht, hat oft ein erweitertes 5. Chakra. Psychologische oder intuitive Tätigkeiten vergrößern das 6. Chakra.

Ein Ungleichgewicht in der Reihenfolge, das auf etwas Negatives zurückzuführen ist, ist oft temporär und macht Wandel und Wachstum möglich, denn die Störung ist eine Chance, die Botschaft hinter dem gestörten Gleichgewicht zu verstehen.

Eine Krankheit drückt sich nicht unbedingt in einem energetischen Ungleichgewicht aus, da andere Faktoren diese Störung wieder ausgleichen können. Um ein bestimmtes Organ oder einen Körperteil zu testen, sollte sich die Programmierung genau darauf beziehen.

Beim Austesten der Chakren mit Hilfe des biomechanischen Testens sind nur relative Ergebnisse wichtig. Es gibt keinen Standard, der für alle Gültigkeit hat. Bei der Auswertung ist die ›Gestalt‹ der ganzen Person die Grundlage. Interpretation ist erst mit entsprechender Praxis und entwickelter Intuition sinnvoll.

Es gibt eine sehr gute Möglichkeit, die Intuition auch ohne L-Drähte zu entwickeln: Konzentrieren Sie sich geistig auf ein bestimmtes Chakra und fragen Sie sich: »Was muß ich über dieses Chakra wissen, um den Heilungsprozeß zu unterstützen?« Seien Sie geistig offen für die Antworten, nehmen Sie das, was kommt und bringen Sie es in die Arbeit ein. Auf diese Weise können viele Informationen durch einfaches Konzentrieren gesammelt werden.

ÜBUNG

Die Energiezentren (Chakren) einer anderen Person auswerten

1. Finden Sie zunächst, wie bereits beschrieben, die Ausgangsbasis heraus.
2. Das Chakra-Diagramm (Abb. 2) hilft Ihnen, ein klares geistiges Bild von der Lage der Chakren zu gewinnen (Becken-, Nabel-, Brustkorb-, Hals- und Kopfbereich).
3. Werten Sie jedes Chakra einzeln aus. Eventuell können Sie die ungefähren Chakrapositionen auf einem Blatt Papier aufzeichnen und die Ergebnisse notieren.
   Dabei sind zwei Faktoren wichtig: 1. Ist das entsprechende Chakrafeld größer oder kleiner als das Ausgangsfeld? 2. Sind die beiden Seiten des Chakrafeldes ausgewogen? Falls dies nicht der Fall ist, kann eine holoenergetische Form daran schuld sein.

ÜBUNG

Die eigenen Energiezentren auswerten

1. Sie stellen sich vor einen Spiegel und finden zunächst Ihre Ausgangsbasis heraus. Dann gehen Sie wieder in die Ausgangsposition (circa zwei Meter entfernt) zurück.

2. Halten Sie die L-Drähte in der parallelen Ausgangsposition und atmen Sie tief ein. Beim Luftanhalten fragen Sie sich: »Wo ist jetzt in diesem Moment das Energiefeld meines 1. (2., 3. usw.) Chakras im Vergleich zum Ätherfeld?«
3. Mit dem Ausatmen lassen Sie die Frage und auch Ihre mentale Kontrolle über die Drähte los. Gehen Sie langsam auf den Spiegel zu. An der Stelle, an der die Drähte mindestens 45° ausschlagen, ist die Schnittstelle bzw. Grenze des gespiegelten Chakras.
   Liegt diese Schnittstelle vor der Ausgangsbasis, ist das Chakrafeld ziemlich groß. Das kann zweierlei bedeuten: Entweder ist diese Seite erweitert oder die andere Seite ist kontrahiert. Wenn Sie sich über das Gesamtmuster der Chakren im klaren sind, wissen Sie normalerweise, wo das Ungleichgewicht liegt. Zur Sicherheit können Sie auch Ihre Intuition fragen, welche Seite nun erweitert bzw. kontrahiert ist.
   Bei bilateralen Störungen des Gleichgewichts zwischen rechts und links sollten Sie bedenken, daß die linke Seite die rezeptive, weibliche Seite ist, während die rechte die aktiven,männlichen Qualitäten repräsentiert. Eine Kontraktion auf der linken Seite ist ein Hinweis darauf, daß Sie bei Dingen, die mit diesem Chakra in Verbindung stehen, weniger rezeptiv sind.
   Wenn Sie Ihr Spiegelbild anschauen und der rechte Draht aufschwingt, weist dies auf eine Ausdehnung der rechten Spiegelbildseite hin – dies entspricht auch Ihrer rechten Körperseite. Bei der Arbeit mit einem Partner ist es anders: Der rechte Draht steht mit der linken Seite des Partners in Verbindung. Dies trifft auch bei der Arbeit mit dem eigenen mentalen Bild zu (siehe die Übung »Einen Doppelgänger schaffen«). Mit anderen Worten: Bei der Arbeit mit einem anderen Menschen oder dem eigenen geistigen Bild sind die Seiten seitenverkehrt, bei der Arbeit mit dem Spiegelbild nicht.
   Bei der Arbeit mit einer anderen Person sollten Sie am Anfang circa drei bis vier Meter entfernt stehen. Konzentrieren Sie sich auf ein Chakra, programmieren Sie die Frage, und gehen Sie langsam auf die Person zu, bis die Drähte anzeigen, daß Sie die Schnittstelle gefunden haben.

Wenn sich die L-Drähte sofort öffnen, sobald Sie sich für ein bestimmtes Energiefeld entschieden haben, ist das Feld sehr ausgedehnt, Sie sind sozusagen schon ›mitten drin‹. Gehen Sie in diesem Fall ein wenig zurück, bis Sie die äußere Grenze des Feldes erreicht haben. Ganz selten passiert es auch, daß der Platz nicht ausreicht, weil das Chakra so ausgedehnt ist. Dann kann man sich eine andere Meßskala vorstellen, zum Beispiel ein halber Meter entspricht einem Meter. Damit können Sie dann weiterarbeiten.
Bitte halten Sie die Drähte immer parallel zum Boden, anstatt auf das Chakra zu deuten. Die Programmierung des Unbewußten sucht sich dann das ›Ziel‹ aus. Ihre Aufgabe dabei ist es, die Programmierung geistig parat zu haben: ein Befehl, ein Bild oder eine Frage zu dem Chakra, das ausgewertet werden soll.

Informationsinterpretation

Sie wissen nun bereits eine ganze Menge über die sieben Chakren: wie groß oder klein sie sind, wie ausgeglichen und welche Seite gegebenenfalls ausgedehnt oder kontrahiert ist.

Gehen Sie nun noch einmal zur Abb. 2 in Kapitel 2 zurück, »Die Chakren und ihre esoterischen Funktionen«. Dort lernen Sie einiges darüber, was Ausdehnung und Kontraktion, Gleichgewicht oder Ungleichgewicht eines Chakras bedeuten könnte. Die fünf Kategorien: 1. die Lage im Körper, 2. die zugeordneten Organe, 3. mentale/emotionale Funktionen, 4. Störungen, 5. die Farbe – zur Verstärkung oder Ausbalancierung der Energie des betreffenden Chakras.

Dann nehmen Sie Ihre Chakra-Auswertungen zur Hand und vergleichen sie mit der Tabelle. Damit beginnen Sie herauszufinden, was Sie ändern wollen. Lassen Sie Assoziationen zu. Sie werden Ihre gegenwärtigen Umstände immer klarer verstehen.

Wenn Sie wollen, arbeiten Sie mit einem Freund. Testen Sie sich gegenseitig aus und diskutieren Sie offen darüber. Damit können Sie sich gegenseitig sehr unterstützen.

Dieser Prozeß braucht seine Zeit. Seien Sie sich selbst gegenüber ganz ehrlich, damit kommen Sie am weitesten. Sie leisten Detektivarbeit, und die Belohnung ist ein viel tieferes Selbstverständnis und ein klares Bild davon, was in Ihrem Leben geändert werden muß.

Weitere Anwendungen des biomechanischen Testens

Die Wünschelrute ist in der Heilarbeit sehr vielseitig einsetzbar. Dem Arzt hilft sie festzustellen, wo eine Krankheit ihren Ursprung hat. Ein Heilpraktiker kann damit die Wirksamkeit und Dosierung eines bestimmten Medikamentes oder eines Vitaminpräparates feststellen. Auch allergische Reaktionen oder die Stärke bestimmter Emotionen oder Erinnerungen können damit ausgetestet werden, bei sich selbst und bei anderen. Die besten Ergebnisse werden selbstverständlich durch die Kombination von rationalem und intuitivem Wissen erreicht.

Das Austesten von strukturiertem Wein oder Wasser

Haben Sie den strukturierten Wein aus der Übung in Kapitel 4 noch? Dann können Sie jetzt damit weiterarbeiten. Stellen Sie den strukturierten Wein und ein Glas unbehandelten Wein mindesten drei Meter voneinander entfernt auf, damit sich die Felder nicht überlappen. Testen Sie dann mit den L-Drähten die jeweiligen Energiefelder (siehe nachfolgende Übung »Energietransfer«).

Höchstwahrscheinlich ist das Feld um den nicht strukturierten Wein eher klein oder gar nicht wahrnehmbar. Der behandelte Wein dagegen dürfte energetisch viel stärker reagieren.

Und so stellen Sie fest, wann alles angefangen hat

Sobald klar ist, wann ein Problem begonnen hat, wird auch der Zusammenhang mit bestimmten Ereignissen klarer. Finden Sie wieder die Ausgangsbasis heraus, und stellen Sie sich genau dorthin. Nun bringen Sie die jetzt offenen Drähte wieder in die Grundstellung, parallel zueinander und zum Boden. Überprüfen Sie Ihre Resonanz mit den Drähten: Atmen Sie tief ein und wieder aus. Reagieren die Drähte? Beim Einatmen zieht sich das Energiefeld wahrscheinlich zusammen, und dies sollte sich auch an einer leichten innengerichteten Bewegung der Drähte zeigen. Beim Ausatmen dehnt sich die Energie wieder aus, und die Drähte gehen nach außen; dies zeigt, daß Sie mit den Drähten in Resonanz sind.

Nun fragen Sie sich: »Wie alt war ich (bzw. der Partner), als dieses Problem zum ersten Mal auftrat?« Lassen Sie den Partner bei physischen Angelegenheiten in das Problem hineinfühlen. Auch bei einer Selbstbehandlung ist ein Gefühl oder ein geistiges Bild dazu sehr wichtig.

Dieses Gefühl oder Bild sollte lebendig bleiben, während Sie Zeitintervalle abfragen. Am besten fangen Sie mit Fünf-Jahres-Intervallen an, beginnend mit dem jetzigen Alter. Die Frage kann zum Beispiel lauten: »Nahm das Problem zwischen 25 und 30 seinen Anfang?«, wenn Sie (bzw. die behandelte Person) 30 Jahre alt sind. Reagieren die Drähte nicht, ist das ein »Nein«, ein Öffnen können Sie als »Ja« interpretieren. Wenn Sie auch bei der Zeit zwischen Geburt und fünf Jahren noch ein »Nein« als Antwort erhalten, fragen Sie weiter: »Liegt die Quelle des Problems in der Zeit (1) der Geburt, (2) im Mutterleib, (3) der Empfängnis, (4) noch vor der Empfängnis?« Um den Zeitpunkt genauer festzulegen, können Sie bei einem »Ja« kleinere Zeiträume abfragen.

Zur Selbstbehandlung ist auch ein Spiegelbild oder ein Foto hilfreich; das gleiche gilt bei Partnerarbeit. Der Partner muß also nicht unbedingt anwesend sein. Beachten Sie, daß bei Fotos die rechte und linke Seite so sind, als ob Sie die Person direkt behandeln.

Das Austesten von Einflüssen auf Energiemuster

Wenn Sie das Ätherfeld austesten können, können Sie praktisch alles austesten, was sich auf das feinstoffliche Energiesystem auswirkt. Diese Auswirkungen waren Ihnen vorher wahrscheinlich nicht bewußt, doch nun werden Sie ins Bewußtsein gebracht und können bewußt geändert werden (oder auch nicht!). Zu diesen Einflußfaktoren zählen unter anderem Nahrungsmittel, Gedanken, Gefühle, Beziehungen, Umweltbedingungen und vergangene Erfahrungen. Auch die Entscheidung, die jetzt oder auch in der Zukunft getroffen wird, können Sie austesten. Fragen Sie, wie sie sich auf die Energiefelder auswirkt.

Sie stehen an der Grundlinie, an der sich die Drähte mindestens 45° weit öffnen. Nehmen wir als Beispiel Zucker. Sie stellen sich nun möglichst lebendig Zucker vor, seinen Geschmack, das Aussehen, die Konsistenz. Fragen Sie: »Ist Zucker zur Zeit gut für mich?« Ein Öffnen der Drähte zeigt ein »Ja« an; bleiben sie geschlossen, lautet die Antwort »Nein«.

Jede Art von Entscheidungsfindung können Sie so austesten. Doch Sie sollten sich nicht ausschließlich darauf verlassen, sondern diese Methode eher als zusätzliche Hilfe betrachten, ohne andere Möglichkeiten, die für Sie früher sinnvoll waren, beiseite zu lassen.

An diesem Punkt ist der erste Schritt im holoenergetischen Heilungsprozeß, die Erkenntnis, abgeschlossen. Der zweite Schritt ist die Resonanz. Mit der Zeit und mit wachsender Erfahrung werden Sie erkennen, daß die einzelnen Schritte ineinander übergehen und nicht voneineinder getrennt sind, sondern einen freien fließenden Prozeß bilden. Die Unterteilung in vier Schritte ist als Hilfe gedacht, da kleine Schritte für viele Menschen leichter zu gehen sind als ein großer Sprung.

ÜBUNG

Energietransfer

Mit dieser Übung können Sie lernen, Energie auf eine andere Person zu übertragen, von dieser Person Energie abzuziehen oder Energie in deren oder Ihrem eigenen Körper zu verschieben. Alles was Sie dazu brauchen ist eine Orange, ein scharfes Messer zum Aufschneiden und (wenn Sie wollen) ein Paar L-Drähte. Falls Sie keine Drähte benutzen, können Sie einige der folgenden Übungen überspringen und direkt mit der »Auswertung mit den Sinnen« beginnen.

1. Testen Sie das Energiefeld der Orange mit den Drähten aus. Dazu stellen Sie sich etwa eineinhalb bis zwei Meter von der Orange entfernt auf und formulieren Ihre Intention: »Zeig mir das energetische Feld dieser Orange.«
2. Atmen Sie ein und wiederholen Sie beim Luftanhalten innerlich diese Programmierung. Beim Ausatmen lassen Sie sie los, gehen langsam auf die Orange zu und lassen die Drähte schwingen, um den Schnittpunkt herauszufinden. Eine nicht energetisierte Orange hat wahrscheinlich nur ein sehr schwaches Feld.

Die Orange energetisieren
1. Reiben Sie die Hände aneinander, um eine Ladung aufzubauen. Atmen Sie dabei tief und stellen Sie sich beim Einatmen vor, wie Sie durch Ihre Füße die Energie aus der Erde in sich aufnehmen. Diese Energie fließt weiter in Ihre Hände und ist sozusagen der Zündfunken.
2. Dann legen Sie Ihre Hände um die Orange, ohne sie oder die Unterlage direkt zu berühren. Konzentrieren Sie sich ganz auf die Orange, damit Sie in Resonanz kommen. Sie treffen nun die klare Entscheidung, die Orange zu energetisieren.
3. Atmen Sie ein, noch immer ganz auf die Orange konzentriert. Das verstärkt die resonante Kopplung und aktiviert die Orange. Beim Luftanhalten programmieren Sie sich: Sie wollen der Orange vitale Energie senden. Stellen Sie sich vor, wie die Orange zu einem leuchtenden Lichtball wird.
4. Atmen Sie nun sehr kräftig durch die Nase aus, eine Art Expulsation, durch die die Energie auf die Orange übertragen wird. Gleichzeitig stellen Sie sich vor, wie auch Ihre Hände die Orange energetisieren.
5. Wiederholen Sie die Übung dreimal, um die Energieübertragung noch zu erhöhen.

Auswertung mit den L-Drähten
Führen Sie jetzt noch einmal eine Auswertung mit den L-Drähten durch. Wenn die Übung richtig durchgeführt wurde, zeigt sich dies in einem ausgedehnten Energiefeld, das mindestens die zwei- bis dreifache Größe des Ausgangsfeldes hat.

Energie abziehen

Als nächstes ziehen Sie aus der Orange Energie ab.

1. Sie legen wieder konzentriert die Hände um die Orange, ohne sie zu berühren, und kommen in Resonanz. Nun ist Ihre Intention, die Orange zu ent-energetisieren.
2. Atmen Sie durch die Nase ein, wie bei einer Impulsation, und stellen Sie sich vor, wie Sie aus der Frucht die Energie herausziehen. Wenn die Einatmung fast beendet ist, nehmen Sie abrupt die Hände weg, wie wenn Sie die Energie damit wegnehmen. Dadurch wird das Feld unterbrochen. Sonst könnte es passieren, daß die Orange beim Ausatmen wieder aufgeladen wird.

Auswertung mit den L-Drähten

Messen Sie jetzt das Feld der entenergetisierten Orange mit den L-Drähten. Es dürfte in etwa so groß sein wie das Ausgangsfeld oder sogar noch kleiner.

Auswertung durch Aussehen, Geschmack und Geruch

Schneiden Sie die Orange in zwei Hälften. Eine Hälfte dient nur als Kontrollvergleich. Die andere Hälfte wird energetisiert, wie oben beschrieben. Nach zehn Minuten vergleichen Sie die beiden Orangenhälften miteinander. Gibt es Unterschiede bezüglich Aussehen, Geruch und Geschmack?

Auswertung mit den Sinnen

Auch ohne L-Drähte können Sie eine Auswertung vornehmen; Sie nehmen einfach Ihren Geschmacks- und Geruchssinn sowie Ihre Augen zu Hilfe.

1. Eine frische, reife Orange wird in zwei Hälften geschnitten; eine Hälfte dient Vergleichszwecken. Die andere wird energetisiert, wie im Punkt »Eine Orange energetisieren« beschrieben.
2. Die energetisierte Fruchthälfte wird in zwei Viertel zerteilt.
3. Aus einem Viertel wird nun die Energie – wie oben beschrieben – abgezogen.
4. Nach zehn Minuten vergleichen Sie das energetisierte mit dem entenergetisierten Viertel und der nicht energetisierten Fruchthälfte. Welche Unterschiede im Aussehen, Geruch und Geschmack können Sie feststellen?

Das Segnen von Nahrung und Menschen

Die Energie der Liebe, Freude, Dankbarkeit, des Friedens und des Heilens kann auf Nahrungsmittel und Getränke übertragen werden. Beim Essen wird diese Energie vom Körper aufgenommen. Viele meiner Patienten trinken das Wasser, das sie mit Liebe und heilender Intention energetisiert haben, und segnen sich damit selbst.

7

Das Beobachtende Selbst

Das transpersonale Selbst, welches die Persönlichkeitsgrenzen transzendiert, macht Erfahrungen, ohne der Erfahrung verhaftet zu sein. Es wird uns oft erst dann bewußt, wenn wir mit unserem Inneren Zeugen, dem Beobachter, in Kontakt kommen, der nicht den Inhalten des Bewußtseins, zum Beispiel Gedanken, Gefühlen, Empfindungen und Bildern, verhaftet ist.

Frances Vaughan

In der Erkenntnisphase geht es um Fragen stellen und Antworten bekommen. Bei dieser Selbsterforschung, vor allem beim biomechanischen Austesten, gibt es Momente, wo man nicht so spürt und denkt wie man es gewohnt ist, sondern auf eine Bewußtseinsebene wechselt, in der man weniger verwickelt ist und eher als Beobachter fungiert, ohne daß man sich dessen unbedingt bewußt wird. In den folgenden Kapiteln wollen wir uns mit Hilfe bestimmter Techniken nun ganz bewußt in die Position dieses Beobachtenden Selbst versetzen.

Urteilen und das Beobachtende Selbst

Der Alltag verlangt von uns, daß wir ständig urteilen und bewerten müssen: Kann ich jetzt sicher die Straße überqueren oder sollte ich lieber zur nächsten Fußgängerampel gehen? Wird Dorothy die Arbeit rechtzeitig abgeben oder sollen wir uns lieber vorsichtshalber um eine andere Lösung kümmern? Habe ich Lust auf Eiscreme oder auf Joghurt? Manchmal mag dies ganz sinnvoll sein, doch beim holoenergetischen Heilen, vor allem nach der Erkenntnisphase, geht es auch darum, den Geist einmal ganz bewußt anders einzusetzen. Es geht um die Kunst, einmal einen Schritt zurückzugehen, seine eigenen Werturteile und Meinungen beiseitezulegen, aus einem erweiterten Bewußtseinszustand heraus Fragen zu stellen und Antworten zu bekommen. Doch wie kann man diesen Standpunkt

des Beobachtenden Selbst einnehmen? Und was ist das überhaupt?
Roberto Assagioli, M.D., der Begründer der Psychosynthese, hat einmal folgendes geschrieben:

> »Im innersten Selbst gibt es sowohl ein aktives als auch ein passives Element, einen Agenten, der handelt, und einen Zuschauer. Selbst-Bewußtsein heißt auch einfach ein objektiver und liebevoller Zeuge sein zu können für das innere und äußere Geschehen. So betrachtet ist das Selbst nicht dynamisch an sich, sondern ein Zeuge, Betrachter, Beobachter des Flusses. Der andere Teil des Inneren Selbst ist der Teil, der etwas will und aktiv in das Geschehen eingreift, die unterschiedlichen Funktionen und Energien der Persönlichkeit zusammenbringt. Dieser Teil bringt uns dazu, uns auf etwas einzulassen, er stiftet uns zu Taten an. Im Innersten Selbst sind männlich und weiblich, Wille und Liebe, Agieren und Beobachten, eins.«[1]

Ein Teil des Selbst interpretiert all die Informationen der Sinne, macht sich einen Reim darauf. Die Psychologen bezeichnen dies als das Sensorium. Elmer und Alyce Green weisen in ihrem Buch Beyond Biofeedback darauf hin, daß die Aussage »Mein Finger tut weh« eigentlich lauten müßte: »Die Erregung freier Nervenenden in meinem Finger wird in bestimmte Teile des Gehirns projiziert, welche ein Gefühl des Schmerzes verursachen, wenn sie aktiviert werden und die Aufmerksamkeit darauf gerichtet ist.« Dies meinen wir mit ›Körperbewußtsein‹ oder ›Sinneswahrnehmung‹.

Wenn wir die Informationen unserer Sinne *interpretieren*, geben wir den Botschaften, die über die Sinnesorgane das Gehirn erreichen, eine ganz bestimmte Bedeutung. Die Sinneswahrnehmungen werden durch vergangene Erfahrungen und Überzeugungen gefiltert. Auf der anderen Seite des Filters kommt dann eine aktuelle Wahrnehmung heraus, die gefärbt ist von der Vergangenheit. Und deshalb sieht jeder die Welt ein bißchen anders.

1 zitiert in einem Artikel von Sam Keen, »The Golden Mean of Roberto Assagioli«, in: *Psychology Today*, Dezember 1974: 33.

Bereits vor über 60 Jahren schrieb der Philosoph und Mathematiker Alfred North Whitehead dazu folgendes:

> »Der Geist nimmt wahr und macht dabei auch sinnliche Erfahrungen, die eigentlich einzig Eigenschaften des Geistes sind. Diese Empfindungen projiziert der Geist auf etwas Äußeres, was dann als etwas wahrgenommen wird, was es in Wirklichkeit gar nicht ist, mit Eigenschaften, die dem Geist entsprungen sind. So wird der Natur für etwas Anerkennung gezollt, wofür eigentlich wir selbst Anerkennung verdient hätten: der Rose für ihren Duft; der Nachtigall für ihren Gesang; der Sonne für ihr Leuchten. Die Dichter liegen völlig falsch. Sie sollten ihre schönen Worte sich selbst widmen, als Loblied auf den großartigen menschlichen Geist.«[2]

Filter und selbsterfüllende Prophezeiungen

Jede innere Überzeugung kann zu einer selbsterfüllenden Prophezeiung werden, denn wir machen in der Außenwelt genau die Erfahrungen, die innere Einstellungen unterstützen. Aus dem grenzenlosen Vorrat an Möglichkeiten picken wir uns genau die heraus, die der inneren Wahrnehmung entsprechen. Einfach ausgedrückt bedeutet dies: Was wir sehen, ist das, was *wir einmal zu sehen glaubten*, und nicht *das, was ist*.

Die Filter geben dem Bewußtsein eine Struktur und versorgen uns mit so etwas wie Kontinuität in einer unendlichen und immer im Wandel befindlichen Realität. Die Filter benützen wir zur Interpretation von Sinnesinformationen und auch für *Projektionen*.

Projektion bezeichnet die Übertragung von Überzeugungen, Gefühlen und Wahrnehmungsstrukturen auf die Außenwelt, sozusagen mit einem unsichtbaren Filmvorführgerät im Kopf, das ständig den Film vergangener Erfahrungen abspielt. Die Interpretationsfilter werden zum Film, der nach außen projiziert wird und die neuen Erfahrungen mit alten Erfahrungen aus der Vergangenheit durchmischt. Da solche Projektionen meistens unbewußt passieren, ist es schwierig, neue Informationen und altes ›Filmmaterial‹ auseinanderzusortieren.

---

2 Alfred North Whitehead, *Process and Reality,* New York 1929, S. 383.

Bei ihren Forschungen über Biofeedback fanden Elmer und Alyce Green heraus,

> »daß die Energie, die Empfindungen auslöst, gemäß der Struktur des Wahrnehmungsapparates wahrgenommen bzw. interpretiert wird. Was wir sehen und hören (oder sonstwie entdecken), ähnelt Projektionen, denen offensichtlich gemäß Regeln in der Körpergeist-Struktur ein bestimmer Charakter, Natur oder Merkmale gegeben werden. Wenn man zum Beispiel mit einem extrem starken Magneten am Hinterkopf entlangstreicht, interagieren die magnetischen Kraftlinien mit dem Sehzentrum in der Hirnrinde, und man sieht farbige Lichtstreifen im Blickfeld. Eigentlich ist das Magnetfeld farblos und besteht nicht aus Lichtstreifen. Doch seine Auswirkung auf das Gehirn wird vom Wahrnehmungsapparat auf die einzige Weise wahrgenommen bzw. interpretiert, die er kennt. Angeregte Sehnerven sehen Licht; angeregte Hörnerven hören Geräusche. Alles bewußt Wahrgenommene wird mit einer bestimmten elektrochemischen Aktivität im Gehirn assoziiert, doch die entspricht nicht unbedingt seiner wahren Natur; dies gilt in noch höherem Maße, wenn der Anreiz parapsychologischer (feinstofflich-energetischer) Natur ist.« (*Beyond Biofeedback*, S. 154)

Es werden also Informationen von außen gefiltert und Informationen aus dem Innern nach außen projiziert. Der eigene, ganz persönliche ›Film‹ beeinflußt auf diese Weise die Außenwelt.

Projektionen in der energetischen Welt

Energetisch betrachtet sind Projektionen ein Satz von Frequenzen. Wenn sie zu einem bestimmten Projektionsobjekt passen, entsteht eine verstärkte Reaktion, und die projizierten Qualitäten werden so ins Leben gerufen. Eine Projektion kann also sich selbst erfüllen. Wenn das Projektionsobjekt nicht mit der Projektion resoniert, passiert auch nicht viel. Schönheit oder Liebe liegt im Auge des Betrachters, wie es so schön heißt. (»Schön ist, was gefällt.«) Wenn das Betrachtete die projizierten Qualitäten tatsächlich aufweist, werden sie sich verstärken, und die Person bzw. das Objekt strahlen die Energie der Liebe bzw.

der Schönheit aus. Dies funktioniert natürlich auch umgekehrt: Wird auf einen Menschen Feindseligkeit projiziert, der diese Qualität bereits in sich hat, kommt es zu einer Aktivierung, und die Feindseligkeit wird sich gegen jemand anderen richten.

Selbst bei anscheinend einfachen Sinneswahrnehmungen werden die im Bewußtsein strukturierten Filter eingesetzt. Manchmal lasse ich in Seminaren die Teilnehmer kurz eine Hand in heißes, die andere Hand in eiskaltes Wasser und dann beide Hände gleichzeitig in lauwarmes Wasser tauchen. Die Teilnehmer berichten dann, daß die Hand, die vorher im kalten Wasser war, das lauwarme Wasser als warm, die andere Hand es dagegen als kühl empfindet.

Doch wie kann das gleiche lauwarme Wasser einmal als kalt, einmal als warm empfunden werden? Für die spürenden Hände, also das Körperbewußtsein, ist das ein dualistisches Paradoxon. Doch das Beobachtende Selbst in uns hat eine breitere, eher integrative Bewußtheit. Es nimmt den gesamten Prozeß wahr und nicht nur das, was die Sinne ihm anscheinend mitteilen. Das Beobachtende Selbst ist sich zwar der Sinneseindrücke bewußt, doch gleichzeitig weiß es auch noch, wo die Hände kurz vorher waren. Deshalb berücksichtigt es, wie eine vorherige Konditionierung die gegenwärtige Wahrnehmung beeinflußt. Ihm steht außerdem eine weitere Quelle zur Verfügung: der ›sechste Sinn‹, die Intuition.

Wer dieses Wasser-Experiment einmal selbst macht, wird sich wahrscheinlich nicht darüber wundern, daß das Wasser sich gleichzeitig warm und kühl anfühlt, da man sich über den Einfluß der vorherigen Konditionierung auf die jetzige Wahrnehmung im klaren ist. Das Beobachtende Selbst macht darauf aufmerksam, daß die Sinneswahrnehmung nur ein Teil des Bildes ist, daß es noch mehr zu beachten gilt. Wenn man mit diesem scheinbaren Paradoxon konfrontiert wird, wird die Bewußtheit instinktiv auf eine höhere Ebene gehoben, um die Lösung zu finden.

Für das holoenergetische Heilen soll dieser instinktive Prozeß zu einer bewußten Wahl werden.

Identifikation und Dis-Identifikation

Je tiefer wir in den holoenergetischen Heilungsprozeß eindringen, desto mehr arbeiten wir mit der Intuition, und desto nützlicher wird die Fähigkeit, das Bewußtsein willentlich zu verändern. Wir müssen beides können: uns mit dem Teil in uns identifizieren, der eine Krankheit oder ein Problem hat und dies ändern will, und uns von ebendiesem Teil distanzieren, einen Schritt zurücktreten und eine neue, offenere Wahl treffen. Anders ausgedrückt heißt das: Es ist wichtig, sich mit seinen Gedanken, Gefühlen und Empfindungen zu identifizieren und sich ebenso von ihnen dis-identifizieren zu können.

In der Resonanzphase des holoenergetischen Heilungsprozesses kommen wir mit unseren Empfindungen, Gefühlen, Überzeugungen und Bildern in Kontakt, welche das holoenergetische geistige Muster ausmachen. Dabei lösen sich alte Widerstände, und wir können das, was ist, besser akzeptieren.

Mit dem nächsten Schritt gehen wir über die Akzeptanz und das Verstehen der Resonanzphase (Identifikation) hinaus und lassen die Identifikation los, gehen in das Beobachtende Selbst (Dis-Identifikation). Der Resonanzprozeß ist sozusagen der lange Aufstieg auf den Berg; im Zustand des Beobachtenden Selbst genießen wir dann die Aussicht vom Gipfel. Die Luft ist frisch und klar, und wir haben den Rundblick. Das holoenergetische Muster können wir von hier aus betrachten wie das Lager, von dem aus wir unseren Aufstieg begannen.

Identifikation und Verstehen

Genaue Wahrnehmung und Verständnis setzt Identifikation voraus – wir werden zu dem, was wir wahrnehmen, verschmelzen damit. Buddha hat gelehrt, daß wir eins werden müssen mit dem, was wir verstehen wollen. Wahrnehmung und gefühlte Bewußtheit führen also durch Identifikation zum Verständnis. Durch liebende Identifikation werde Ich Du, und deshalb verstehe Ich Dich. Ich sehe und fühle, was Du siehst und fühlst – und Ich verstehe. Ich verstehe, warum Du so bist, wie Du bist, und was Du wirklich willst.

Identifikation, um zu verstehen, heißt auch *Mitgefühl* haben. Wenn die Kraft des Mitgefühls und des Verständnisses eine lebendige, heilende Kraft in unserem Leben wird, führt dies zur Weisheit.

Wahl und Dis-Identifikation

Die Entscheidung, etwas zu verändern, setzt Dis-Identifikation voraus. Wir nehmen einen Schritt Abstand und werden zum *Beobachter-Teilnehmer* – zum objektiven, liebevollen Zeugen, der teilnimmt und in das Geschehen eingreift. Die Identifikation wird losgelassen, doch das durch sie gewonnene Verständnis bleibt.

Dis-Identifikation ist sozusagen der Drehpunkt – der Ruhepunkt des Beobachter-Teilnehmers, von dem aus der Wille als Hebel wirken kann, um das, womit wir uns identifiziert haben, zu verändern.

Der Fels, auf dem man steht, kann nur sehr schwer bewegt werden. Doch ein Schritt zur Seite und ein Hebel mit einem Drehpunkt genügt – und schon können selbst schwerste Steine bewegt werden. Der Wille, die Intention und Visualisierungen fungieren als Hebel; doch die beste Wirkung wird erzielt mit dem dis-identifiziertem Verständnis des Beobachter-Teilnehmers als Drehpunkt.

Vom Fels einfach zurücktreten heißt die Verbindung unterbrechen, sich davon trennen oder auch seine Existenz verleugnen. Dis-Identifikation dagegen beinhaltet ein Zurücktreten mit Verständnis und der Intention, etwas zu verändern.

In ihrem Buch *The Unfolding Self* schreibt Molly Brown: »Je bewußter wir werden, je mehr wir beobachten, ohne zu beurteilen [...] desto mehr kommen wir in den subtilen Zustand, in dem wir uns der Bewußtheit bewußt sind, in dem wir uns dessen bewußt werden, was bewußt ist, des Selbst.« (S. 26) So ändern wir den Blickwinkel und können zu den Kernproblemen, der Quelle vordringen; wir erkennen, was hinter verzerrten Sinneseindrücken und Gefühlen steckt. Im Zustand des Beobachters dis-identifizieren wir uns von den Begrenzungen der Sinne.

In den Phasen der Resonanz, des Loslassens und der Reformation ist das Beobachter-Selbst in erster Linie transpersonal, mit der Fähigkeit, das Bewußtsein zu verändern und eine Wahrheit wahrzunehmen, die über die physischen, emotionalen und mentalen Perspektiven des Selbst hinausgeht. So weiß das Beobachter-Selbst nicht nur, was die Hände spüren, sondern weiß auch um die in der Vergangenheit liegende Quelle bzw. den Kontext dieser Erfahrung. Wer krank ist, definiert sich leicht über die einzelne Realität dieser Krankheit, so wie jede Hand die Wassertemperatur definiert. Jede Hand ›weiß‹ für sich, daß sie die richtige Temperatur wahrnimmt; also muß die andere Hand falsch liegen. Das ist das ›Entweder-Oder‹ des Interpretierens.

Bei Krankheit spürt oft ein Teil von uns sich kontrahiert und abgespalten; er ›weiß‹, daß seine Erfahrung richtig ist. Alle ›Tatsachen‹ sprechen dafür. Nur im Beobachter-Bewußtsein, wenn auch die Quelle und die Bedeutung der Krankheit und die Überzeugungen, die zu der Illusion der Abspaltung geführt haben, berücksichtigt werden, kann das Paradoxon der Krankheit gelöst werden. Ich sage ›Paradoxon‹, weil hinter jeder Krankheit eine positive Lebenskraft steckt, die behindert und in ihrem Ausdruck verzerrt wurde.

Das Beobachter-Selbst als Produzent von Projektionen

Das Beobachter-Selbst weiß, daß die Filter, durch die wir Sinneswahrnehmungen interpretieren und den ›Film‹ machen, geändert werden können. Es müssen nur die alten Informationen und Erfahrungen, die als geometrische Muster im Gehirn niedergelegt sind, abgeändert werden. Genau dies passiert im holoenergetischen Heilungsprozeß: Durch das Ändern von Einstellungen und Überzeugungsstrukturen, die Erfahrungen färben, werden die Muster energetisch ent-formt und erhalten eine neue Form. Dies wiederum verändert die Wahrnehmung. Überzeugungen und Einstellungen selektieren direkt die Wahrnehmung. Wir können wählen, ob ein Glas für uns halbvoll oder halbleer ist; beides entspricht der Wahrheit. Beim holoenergetischen Heilungsprozeß lernen wir zum einen, wie wir den Blickwinkel ändern und das halbleere Glas nun als halbvoll betrachten können. Darüber hinaus lernen wir außerdem, wie wir das Glas ganz voll machen können und den Ozean ›anzapfen‹, aus dem alles Wasser kommt.

Im Beobachter-Zustand können wir Gedanken, Gefühle, scheinbare Paradoxe, Trennung und Krankheit aus einer Perspektive betrachten, die Integration und Lösung möglich macht. Heilung geschieht dann, wenn die Illusion des Getrenntseins integriert wird und ein Schritt hin zur Ganzheit vollzogen wird. Das Beobachter-Selbst ist nicht nur eine Hilfe auf dem Weg zur Ganzheit, sondern auch ein Modell, das es uns ermöglicht, unser volles Potential zu spüren, das Ganze, welches größer ist als die Summe seiner Teile.

Wie man das Beobachter-Bewußtsein erreicht

Möglichkeiten, die Beobachter-Ebene des Bewußtseins einzunehmen, sind an verschiedenen Stellen dieses Buches beschrieben:

- der ›Transpersonale Verbindungsprozeß‹ (S. 89)
- Atemtechniken wie die Ausgleichsatmung (S. 119)
- der ›Sichere Platz‹ (S. 264) und das Höhere Selbst
- der intuitive Führer, zum Beispiel in der Übung ›Der Innere Führer‹ (vgl. Resource 1)
- die Resonanz im Zustand der bedingungslosen Liebe (S. 231) und der Vergebung (S. 215)
- das Durchlaufen des holoenergetischen Heilungsprozesses (vgl. Kapitel 12)
- meditative Zustände, in denen die Konzentration auf die Thymusdrüse oder das Herzchakra, den ›Zeugen-Bereich‹, gerichtet wird.

Machen Sie sich mit all diesen Methoden vertraut. Manche sind für Sie wahrscheinlich besser geeignet als andere, was auch vom Zeitpunkt abhängig sein kann. Bei der Beschreibung dieser Methoden zur Bewußtseinsveränderung wird auch auf ihre Anwendung eingegangen. Beim holoenergetischen Heilen sollten Sie sich immer bewußt sein, daß der Wechsel in den Beobachter-Zustand ein Schritt auf dem Weg zur Ganzheit ist, der Essenz jeder Heilung.

Mein Selbst

Ich bin immer für dich da. Ich bin über jede Verhaftung, jede Angst hinaus. Ich existiere in und als strahlende Liebe.

Komm zu mir, wenn du traurig bist, und ich werde dich in den Armen deiner Mutter halten.

Komm zu mir, wenn du dich fürchtest, und ich werde mich um dich kümmern, dich führen und beschützen. Komm zu mir, wenn dein Liebster dich verläßt, und ich will dein Liebster sein. Komm zu mir, wenn du dich schuldig fühlst. Und ich werde den Schleier der Falschheit lüften und dich ganz machen.

Komm zu mir, wenn du dich als Versager fühlst. Und ich werde dir zeigen, wie groß dein Erfolg wirklich ist.

Ich bin dein goldener Führer, die glanzvolle Priesterin deines Tempels, das lebendige Licht deiner Seele. Ich bin umgeben von den heiligsten Wesen des Universums. Sie sind deine Helfer.

Nur du kannst mir hier begegnen. Durch dich lernen mich auch die anderen kennen, hören meine Weisheit, fühlen meine unendliche Liebe, finden Trost und Heilung.

Deine Aufgabe ist es, dich zu befreien, so daß ich dein Leben verkörpern kann. Ich gebe dir alles, was ich bin. Meine ganze mystische Kraft wartet darauf, dir zu gehorchen.

Meine ganze Liebe sehnt sich danach, durch dein Herz zu fließen. Du bist der Erbe all meines Wissens. Sprich davon!

Jetzt!

Ich bin immer bei dir. Bring mich in die Welt, Mein Selbst!

Anonym

8

Resonanz

Ein menschliches Wesen ist ein Teil jenes Ganzen, das wir ›Universum‹ nennen; ein Teil, der in Zeit und Raum beschränkt ist. Es erlebt sich, seine Gedanken und Gefühle als getrennt vom Rest – eine Art optische Täuschung des Bewußtseins.
Diese Täuschung ist für uns wie ein Gefängnis, welches uns auf unsere persönlichen Wünsche und die Zuwendung ein paar weniger, uns nahestehender Menschen beschränkt. Unsere Aufgabe muß es sein, uns aus diesem Gefängnis zu befreien, indem wir unser Mitgefühl auf alle Lebewesen und die ganze Schönheit der Natur ausdehnen. Niemand wird diese Aufgabe ganz erfüllen, aber allein das Streben danach ist in sich ein Teil der Befreiung und die Grundlage für innere Sicherheit.

Albert Einstein

In den alten, intuitiv ausgerichteten Gesellschaften war es üblich, daß der Schamane die Aufgabe hatte, Büffel für die Jagd aufzuspüren. Dazu visualisierte er geistig eine Büffelherde. Er machte sich ein Bild von ihr, begleitete sie auf ihrem Weg, identifizierte sich mit ihr und wurde für sein geistiges Auge buchstäblich die Herde. Wenn er dann aus der Trance aufwachte, konnte er den Stammesjägern genau beschreiben, wo die Beute zu finden war. Die Jäger befolgten seine Ratschläge und hatten eine erfolgreiche Jagd.

Es gab Schamanen für die Jagd und Schamanen für die Heilung. Und ob sie nun die Jagdbeute lokalisierten oder Krankheiten heilten, ihnen allen war eine Fähigkeit zu eigen: diejenige, mit dem Subjekt eins zu sein. Genau dies ist der Kern des Resonanzprozesses.

Resonanz ist so wichtig, weil in diesem Zustand der Widerstand gegen den Wandel auf ein Minimum reduziert ist und die Fähigkeit, mit Erfolg den Weg der Gesundheit zu beschreiten, sich dadurch maximiert.

Resonanz ist die energetische Chemie zwischen Menschen. Charisma, Leidenschaft und Mitgefühl zwischen zwei oder mehr Menschen sind Ausdruck einer gesteigerten Resonanz.

In Kapitel 3 haben wir von der resonanten Kopplung gehört, welche dann stattfindet, wenn eine Struktur auf der natürlichen Frequenz einer anderen Struktur vibriert. Dabei geschieht zweierlei:

1. Die Fähigkeit, aufeinander zu reagieren, wird durch die gegenseitige Verstärkung der Energiefelder gesteigert und die Interaktion intensiviert. Wir haben das mit einer Schaukel verglichen, die genau im richtigen Moment angestoßen wird. Das gleiche passiert, wenn eine Sopransängerin die natürliche Frequenz eines Kristallglases trifft: Das Glas schwingt immer stärker, und wenn die Vibrationen durch die Stimme der Sängerin so stark werden, daß die Struktur sie nicht mehr halten kann, zerspringt das Glas. Wenn Truppen über eine Brücke marschieren, dürfen sie nicht im Gleichschritt laufen, damit durch die resonante Kopplung nicht die Brücke einstürzt.
2. Die Sende- und die Empfängerfrequenzen der beiden Energiefelder verbinden sich miteinander und werden im wesentlichen eins. Das eine kann sich nicht bewegen, ohne dadurch eine Reaktion des anderen hervorzurufen. Ein Fruchtstückchen im Gelee wackelt jedesmal, wenn das Gelee angestoßen wird und umgekehrt.

Insgesamt kann man daraus schließen, daß aufgrund dieser beiden Schlüsselfaktoren der resonanten Kopplung nur sehr wenig Bewegung verschwendet wird. Jede Bewegung wird weitergegeben und hat eine Auswirkung. Dies bedeutet, daß auf einer energetischen Ebene ein Maximum an Wandel mit einem Minimum an Energieaufwand und Widerstand stattfinden kann.

Das Einssein, die Liebe und das Jetzt

Die Resonanz mit anderen Energiefeldern kann auf unterschiedlichste Weise geschehen. Erinnern Sie sich an die Geschichte von Terry Dobson und dem betrunkenen Randalierer in Kapitel 2? Anfänglich fand die Resonanz mit der Wut und dem Frust des Betrunkenen statt. Zum Schluß resonierte der Randalierer dann mit der Liebe des alten Mannes. Im holoenergetischen Heilen entscheiden wir uns für die Resonanz mit der Liebe. In liebender Resonanz setzen wir dem Wandel den geringsten Widerstand entgegen und machen dadurch ein Maximum an Wandel möglich.

Die Geschichte der Menschheit ist voller Propheten, Dichter, Heiler und sogar Politiker, die sich über die Macht liebender Resonanz Gedanken gemacht haben. In solchen Momenten leben wir im *Jetzt*. Wir fühlen uns weder von den anderen noch von unseren Handlungen getrennt. Walt Whitman spricht von dem ekstatischen Augenblick, wenn »der Sänger zum Lied wird«. Ähnlich hat es William Butler Yeats ausgedrückt; er spricht von der Einheit, die entsteht, wenn »der Tänzer der Tanz wird«. Christus verlangte von uns, unsere Feinde zu lieben, eins zu werden mit dem Feind, sich der Verbindung mit ihm bewußt zu werden – also in Resonanz zu kommen und dann in mitfühlender Liebe aus dieser bewußt wahrgenommenen Verbindung heraus zu handeln. Für Abraham Lincoln war der beste Weg, den Feind zu schlagen, ihn zum Freund zu machen. Wenn der Feind erkannt und geliebt wird, ist er nicht länger ein Feind.

Mit liebender Resonanz kann das Problem des Widerstands direkt angegangen werden. Oft sind wir selbst unser schlimmster Feind; wir setzen dem Wandel sogar dann noch Widerstand entgegen, wenn wir uns intellektuell dafür entschieden haben und um seine heilenden und positiven Auswirkungen wissen. Wir selbst schaffen die ungesunden Bedingungen und erhalten sie aufrecht. Wenn wir einen ungesunden Aspekt in uns verändern wollen, können wir ihn angreifen, zerstören oder herausschneiden. Oder wir freunden uns mit ihm an, kommen in Resonanz und erkennen die positive Intention dahinter. Dann können wir die ungesunden Energiemuster in gesunde transformieren. Das ist Akzeptieren mit der Intention zu verstehen und zu verändern, das Gegenteil von Widerstand. In unserem Sinn heißt Akzeptanz also die volle Wahrheit erkennen und die Dinge zu sehen, wie sie sind, anstatt sie zu verleugnen und abzustreiten. Akzeptanz hat nichts mit Resignation oder Aufgeben zu tun, sondern ist vielmehr die Resonanz mit dem, was ist, so wie es ist, jetzt, also Erkenntnis auf der energetischen Ebene der Resonanz.

Der Zustand der Resonanz ist ein Zustand des Einsseins und der Versöhnung.[1] Dieses Einssein im Jetzt wird auch als ›Punkt der Kraft‹ bezeichnet. Wir sind im Jetzt und transzendieren für einen Augenblick Raum und Zeit; es gibt weder Vergangenheit noch Zukunft, nur das Hier und Jetzt. In dem Moment, wo wir mit einem Ereignis, einer Sache, einem anderen Menschen in Resonanz kommen, also von der Frequenz her zusammenpassen, werden wir damit eins im Jetzt. Wenn die verbindende Resonanz hergestellt ist, können wir durch freie Entscheidung auch die mögliche Zukunft beeinflussen und sogar die Vergangenheit. Auf diese Weise lassen sich Energiemuster verändern.

Bei der Arbeit mit Resonanz sollten wir uns noch einmal klarmachen, daß jede Materie, jeder Gedanke, jede Überzeugung, jedes Ereignis und jedes Gefühl eine natürliche Frequenz bzw. einen Satz von Frequenzen haben. Resonanz bedeutet dabei nicht unbedingt, daß wir genau die gleiche Schwingungsfrequenz haben, sondern daß wir mit dieser Frequenz in Harmonie sind.

Harmonien haben immer ein bestimmtes Verhältnis zur natürlichen Frequenz: 1:½, 1:¼, 2:1 etc. Jeder hat ein universales Gespür für diese Proportionen und damit das Potential, aus dem sich das Gespür für die Harmonie zwischen ihm und dem Universum entwickeln kann. Wir alle haben an den heiligen Energiemustern und -oktaven teil, welche die Basis für das bilden, was wir als Schönheit, Liebe, Gesundheit, Wahrheit und Einheit wahrnehmen. Durch unseren inneren Sinn für Proportionen und Ordnung können wir Dissonanz und Resonanz identifizieren und erkennen.

---

1 Anmerkung des Übersetzers: im englischen Wort ›atonement‹ (Versöhnung, Wiedergutmachung) ist der Zusammenhang zwischen Einssein (at-one) und Versöhnung sehr schön zu sehen.

Grundprinzipien der Resonanz in der modernen Medizin

In der modernen Medizin wird das Phänomen der Resonanz in der Methode des ›Magnetic Resonant Imaging‹ (MRI) eingesetzt. Die gleichen Prinzipien lassen sich auf unsere Heilarbeit anwenden.

MRI ist eine neue Technik zum Abbilden von Organen, Tumoren und des Blutsystems. Der Kern des einfachsten Atoms, des Elements Wasserstoff, besteht aus einem positiv geladenen Teilchen, dem Proton, um das sich ein Elektron dreht. Das Proton dreht sich vibrierend auf seiner Achse. Diese Schwingung ist charakteristisch für Wasserstoff; jedes Element hat seine ureigene charakteristische Schwingung. Normalerweise sind die Achsen der Wasserstoffatome im Körper willkürlich ausgerichtet, doch unter dem Einfluß eines starken Magnetfeldes richten sie sich alle in die gleiche Richtung aus, wie Eisenspäne am Hufeisenmagneten.

Bei MRI-Untersuchungen wird der Patient in einen großen, rohrförmigen Magneten gerollt, welcher dann eingeschaltet wird. Daraufhin wird ein Radiofrequenzimpuls, der in Resonanz mit dem Wasserstoffproton schwingt, in den Patienten übertragen. Aufgrund der Resonanz wird der Impuls vom Proton absorbiert, und das Proton ›büxt‹ aus der Ausrichtung aus. Ohne das Magnetfeld würde das Wasserstoffproton nicht auf diesen Impuls reagieren.

MRI bringt nur das Wasserstoffproton zum ›Ausflippen‹, weil es als einziges mit dem Impuls resoniert; bei den anderen Elementen im Körper findet keine Veränderung statt. Sobald der Impuls aufhört, richtet sich das Proton wieder aus und setzt dabei Energie frei. Diese wird durch Sensoren aufgezeichnet, auf einen Computer übertragen und als Bild ausgedruckt.

Mit Hilfe der MRI-Methode können Tumore oder der Blutfluß in den Herzkranzgefäßen abgebildet werden. Da Krebszellen eine andere ›Signatur‹ bzw. ›Fingerabdrücke‹ haben als normale Zellen, war diese Technik der Durchbruch bei der Identifikation bestimmter Krebsformen.

Wie hängt MRI mit Heilen zusammen? Die für die Veränderung notwendige Energie wird im MRI mit einem Magnetfeld und einer Radiofrequenz erzeugt, die mit dem Wasserstoffproton resoniert; der Wandel im holoenergetischen Heilungsprozeß wird durch Energien verursacht, die durch Liebe und Intention erzeugt werden. Ein Feld der Liebe, welches dem Magnetfeld im MRI entspricht, kann durch die Hände, Gefühle, Gedanken oder durch unsere bloße Anwesenheit entstehen; dies trifft in besonderem Maße zu, wenn ein höherer transpersonaler Bewußtseinszustand erreicht ist. Die Intention des Heilens und die entsprechenden Gedanken, Gefühle und Bilder werden durch Aufmerksamkeit fokussiert und durch den Atem gelenkt und können resonant in den Körpergeist gepulst werden, so wie die Radiofrequenz das Wasserstoffatom ›beschießt‹. Ohne das Magnetfeld würde das Wasserstoffatom nicht auf den Impuls reagieren und nicht ›aus der Reihe tanzen‹. Ohne das Feld der Liebe passieren auch Veränderungen nicht so leicht. Das Feld der Liebe ist also der holoenergetische Aktivator des Körpergeistes, der ihn auf den heilenden ›Anstoß‹, die resonant gepulste Intention, vorbereitet.

Zurück zu den Schamanen

Nachdem wir wissen, was wir ändern wollen (Erkenntnis), lenken wir im nächsten Schritt die Konzentration auf den entsprechenden Bereich, d.h. wir kommen damit energetisch in Resonanz. Doch wie erreichen wir dies? Im Fall von physischen oder emotionalen Traumata oder einem Ereignis aus der frühen Kindheit ist es am besten, dieses anfängliche Ereignis noch einmal zu durchleben. Anfänglich wird die Aufmerksamkeit auf mit dem Problem zusammenhängende gegenwärtige Empfindungen gerichtet, dann greifen wir auf die Erinnerung zurück und kommen in Resonanz mit dem Problem. Es wird noch einmal erlebt, doch diesmal mit der Intention, seine Bedeutung zu verstehen und von seinem Einfluß frei zu werden.

Im Fall von bestimmten körperlichen Verletzungen oder einer physisch manifestierten Krankheit wird die Aufmerksamkeit erst einmal darauf gerichtet. Die daraus entstehende Resonanz ermöglicht den Zugriff auf Informationen und deren Aktivierung als Vorbereitung auf den Wandel durch Intention. Die Aufmerksamkeit wird fokussiert durch die Aufforderung (sei es bei mir selbst oder bei jemand anderem), in den betroffenen Bereich geistig ›hineinzugehen‹ und zu beschreiben, was hochkommt: Bilder, Empfindungen und Gefühle. Dies bringt uns zurück zum Schamanen, der Bilder der Büffelherde heraufbeschwört und eins wird mit der Herde.

›Augenmenschen‹ beschreiben Dinge oft mit Hilfe von Bildern. Menschen, die eher akustisch orientiert oder kinästhetisch veranlagt sind, tun dies mit Gefühlen oder Höreindrücken.

Bei der Arbeit mit einem Partner kann die Resonanz auch durch Induktion erzeugt werden, also durch ein Aufwärts- oder Abwärtstransformieren des Energiefeldes in Anwesenheit eines anderen Energiefeldes. Ein heiliger Ort, Gegenstand oder ein inspirativer Mensch fungieren beispielsweise als Aufwärtstransformator. Tänzer, Schauspieler und Sportler, die im Team arbeiten, sind auf Synchronisation angewiesen und nutzen das Induktionsprinzip, um sich aufeinander einzustimmen, durch gemeinsames Atmen und Bewegen im gleichen Rhythmus oder das Anstimmen eines einzelnen Tones, um Resonanz zu induzieren.

Bei meinen Forschungsstudien in einem Biofeedback-Labor benutzte ich einen Enzephalographen, um sowohl meine eigenen EEG-Muster als auch die des Patienten sehen zu können. Bei Heilbehandlungen synchronisierte sich das EEG-Muster des Patienten mit meinem eigenen. Also hatte wohl mein Energiefeld im EEG des Patienten ein ähnliches Muster verursacht, wodurch unsere Gehirnwellen in Resonanz kamen. In solchen Momenten war es sowohl für mich als auch für den Patienten viel einfacher, auf wichtige Informationen über die Krankheit zuzugreifen und den Fluß der heilenden Energie zwischen uns leichter zu machen.

Vor allem wenn jemand einen höheren oder transpersonalen Bewußtseinszustand erreicht, kommt in Anwesenheit eines anderen oft eine Induktion zustande. Auch wenn wir uns an höhere Führung wenden, kann Resonanz induziert werden.

Im folgenden wird beschrieben, wie man mit der zu heilenden Situation in Resonanz kommt. Als Vorbereitung sollten Sie sich erden, ausrichten und zentrieren, so daß es Ihnen leichter fällt, den Beobachter-Zustand einzunehmen und wieder zu verlassen.

Vorbereitung

Legen Sie zuallererst Ihre Uhr, Schmuck und sämtliche anderen Metallteile ab, da sie oft Spuren der zu verändernden Energiemuster in sich tragen. Sie können auch die Schuhe ausziehen. Tragen Sie bequeme, lose Kleidung.

Suchen Sie sich einen stillen, friedlichen Ort, wo Sie ungestört sind. Schließen Sie dann die Augen.

Entspannung

Entspannen Sie sich und werden Sie aufnahmefähig und offen. Mit welcher Methode Sie dies erreichen, ist Ihnen überlassen. Vielleicht sind Sie ja bereits mit einer Meditations- oder Entspannungstechnik vertraut, die Sie verwenden können. Im Abschnitt über Ressourcen, Ressource 1, finden Sie die Übung »Der Innere Führer«, auch diese Technik ist geeignet.

Erdung

Wenn Sie sich entspannt haben, atmen Sie ein paarmal langsam und tief in den Bauch hinein und stellen sich vor, wie Sie dabei Energie aus der Erde in sich aufnehmen; vom unteren Teil der Wirbelsäule fließt sie bis hoch zum Herzen. Atmen Sie sanft aus und stellen Sie sich vor, wie die Luft dabei ins Herzchakra strömt.

Sie fühlen sich entspannt und ruhig und doch voller Energie. Bei zuviel Energie können Sie folgendermaßen etwas davon abziehen: Stellen Sie sich ein Seil vor, das von Ihrem Solarplexus (oder wahlweise dem Steißbein) zur Erde reicht. Atmen Sie tief durch den Solarplexus (oder das Steißbein) ein, und lassen Sie beim Ausatmen die überflüssige Energie langsam aus dem Körper fließen, über das Seil bis zur Erde.

Die Übung kann nach Belieben ein paarmal wiederholt werden, bis Sie sich wirklich präsent und wohl fühlen.

Verbindung aufnehmen

Wenn Sie entspannt und geerdet sind, atmen Sie ein paarmal tief ein und stellen Sie sich dabei vor, wie Sie die Energie des Kosmos durch das siebte Energiezentrum, das Scheitelchakra, in sich aufnehmen, sie durch das fünfte und sechste Chakra fließen und sanft in das vierte Chakra, das Herzzentrum, strömen lassen. Mit jedem Atemzug füllen Sie sich mit der universalen Energie und nehmen Verbindung mit Ihrem Geist auf.

Zentrierung

Nach der Entspannung, Erdung und der Verbindung mit Ihrem Geist nehmen Sie nun Energie aus zwei Quellen gleichzeitig auf: aus der Erde und aus dem Kosmos. Dazu atmen Sie noch einmal tief ein und stellen sich vor, wie beide Energien in Ihrem Herzchakra zusammenkommen und sich dort miteinander zu einem strahlenden Licht verbinden, welches beim Ausatmen Ihren ganzen Körper durchflutet.

In diesem entspannten, geerdeten, verbundenen und zentrierten Zustand erreicht Ihr Bewußtsein eine andere Stufe, auf der Sie offen und konzentriert intuitive Informationen empfangen können.

Jetzt können Sie mit dem Problem, das Sie ändern wollen, in Resonanz kommen. Sie können in diesem Prozeß jederzeit den ›Sicheren Platz‹ oder den Inneren Führer bzw. das Höhere Selbst (genaue Anweisungen dazu finden Sie auf S. 264–268) um Hilfe bitten und so leicht und schnell die Unterstützung Ihrer Intuition erhalten.

1. In Resonanz kommen mit dem Problem

Machen Sie es sich bequem, entweder im Stehen, im Sitzen oder im Liegen (auf dem Rücken). Für die Selbstheilung ist eine sitzende Position meist am besten geeignet, da das Entspannen im Sitzen leichter fällt als im Stehen und auch die unteren Energiefelder des Körpers besser mit den Händen erreicht werden können. Auf der anderen Seite ist der Energiefluß im Stehen trotz der höheren Muskelverspannung und der Konzentration auf das Gleichgewicht besser. Finden Sie für sich selbst heraus, was Ihnen leichter fällt. Die folgende Übung können Sie auch auf Kassette aufnehmen.

ÜBUNG

Die Ausgleichsatmung

Mit dieser Übung kommen die beiden Gehirnhälften ins Gleichgewicht, so daß Sie sowohl auf die intuitiven als auch die Verstandesfunktionen nach Belieben zugreifen können. Die detaillierte Beschreibung der Übung finden Sie in Kapitel 4.

1. Machen Sie es sich bequem und entspannen Sie sich.
2. Schließen Sie die Augen.
3. Atmen Sie vollständig aus, so daß Ihre Lungen völlig leer und entspannt sind.
4. Beim Einatmen stellen Sie sich vor, daß die Luft durch Ihr linkes Nasenloch hinauf zur Stirn strömt.
5. Beim Ausatmen lassen Sie die Luft mental durch das rechte Nasenloch ausfließen.
6. Dann atmen Sie durch das rechte Nasenloch ein, hinauf bis in die Stirn, und durch das linke Nasenloch aus.
7. Wiederholen Sie diesen Atemzyklus siebenmal (ein Zyklus entspricht einer Einatmung und der nachfolgenden Ausatmung).
8. Beim achten Mal atmen Sie durch beide Nasenflügel gleichzeitig ein, halten die Luft für einen Augenblick an und konzentrieren sich auf das Stirnchakra (das Dritte Auge).

9. Atmen Sie durch die Stirn aus, und öffnen Sie damit Ihr Stirnchakra, das Energiezentrum für die intuitiven geistigen Fähigkeiten.

Bei dieser Übung sollten Sie wenn möglich all Ihre Sinne teilhaben lassen: Fühlen Sie die Kühle der Luft beim Einatmen und ihre Wärme, wenn Sie wieder ausatmen. Spüren Sie, wie die winzigen Härchen in der Nase sich beim Atmen bewegen.

Oder stellen Sie sich vor, daß Sie Licht oder Farbe oder auch einen Duft einatmen, zum Beispiel Rosenduft. Um ein bestimmtes Chakra zu harmonisieren, können Sie die entsprechende Farbe einatmen (siehe Tabelle in Abb. 2).

Durch dieses Ausbalancieren der Gehirnhälften kann das Bewußtsein transpersonale Dimensionen erreichen. Die Synchronie führt zu einer Verschmelzung, die dadurch freiwerdende Energie wird oft als Licht wahrgenommen, in den östlichen Traditionen als das ›blaue Licht‹ bzw. die ›blaue Perle‹ bekannt.

Es kann also durchaus passieren, daß Sie ein Gefühl des Friedens und des Einsseins empfinden und auch das blaue Licht wahrnehmen, ein Zeichen dafür, daß Ihre rechte und linke Gehirnhälfte energetisch miteinander verschmelzen und Ihr Bewußtsein sich in transpersonale Bereiche erhöht hat.

Doch auch wenn Sie das blaue Licht nicht wahrnehmen, sollten Sie sich keine Sorgen machen. Viel wichtiger ist es, daß Sie die Entspannung, den Frieden oder auch die Verbundenheit, das Einssein, empfinden.

In diesem entspannten Zustand fällt es Ihnen wahrscheinlich ganz schön schwer, das Gefühl des Getrenntseins aufrechtzuerhalten. Die Einheit und Verbundenheit scheinen viel natürlicher und normaler zu sein. Auf dieser Bewußtseinsebene ist es viel einfacher, all die Gewohnheiten, Denkweisen und Gefühle loszulassen, die die Trennung unterstützen und die Energieschablonen bzw. Holoforms, die wir ändern wollen, festhalten.

2. Die Entscheidung, gesund zu werden

An diesem Punkt sollten Sie sich fragen: *Bin ich wirklich bereit, jetzt Heilung zuzulassen?*

Geben Sie sich eine ehrliche Antwort. Wenn Ihr Gefühl Ihnen sagt, daß Sie eigentlich im Heilungsprozeß nicht weitergehen wollen, fragen Sie sich: *Warum nicht?* Finden Sie die Antwort auf diese Frage. Wenn Ihr Nein zum Wandel definitiv ist, sollten Sie auch nicht weitermachen. Heilung hat ihr eigenes Tempo, ihren eigenen Rhythmus. Wenn Sie jetzt nicht bereit sind, hören Sie auf mit dem Wissen, daß der richtige Zeitpunkt irgendwann kommen wird. Ein ehrliches Nein ist bereits Teil des Heilungsprozesses, denn es entspricht der Wahrheit.

Wenn die Antwort Ja lautet, sind Sie bereit für den nächsten Schritt.

3. Konzentration auf den Zeugenbereich

Um physische, persönliche und transpersonale Bereiche miteinander zu verbinden, sollten Sie sich bei jeder Selbstheilung zunächst auf den Zeugenbereich, die Thymusdrüse konzentrieren. Dies ist der Bereich unterhalb der Schultern. Erinnern Sie sich an eine Zeit, in der Sie viel Liebe gespürt oder empfangen haben. Mit diesem Feld der Liebe aktivieren Sie den Körpergeist und bereiten sich auf den Wandel vor. Der Aufbau einer energetischen Ladung in diesem Bereich bringt Erfahrungen ins Bewußtsein, die mit den zu heilenden Problemen zu tun hatten. Benutzen Sie die eine Hand als ›energetisierende‹, die andere als ›spürende‹ Hand. Bei Rechtshändern eignet sich die rechte Hand zum Energetisieren besser, bei Linkshändern die linke.

Die energetisierende Hand

Bringen Sie Ihre dominante Hand auf die Thymusdrüse/das Herzchakra, ohne den Körper zu berühren (Abstand circa sieben bis fünfzehn Zentimeter). Mit dieser ›energetisierenden

Hand‹ laden Sie Ihr Energiefeld auf und bereiten sich so auf den Wandel vor.

Energie kann durch Intention übertragen und transformiert werden; die Intention wird durch die Hände und den Atem verstärkt. Die Hände im Energiefeld sind für das holoenergetische Heilen zwar nicht unbedingt erforderlich, haben jedoch einen unterstützenden Einfluß und erleichtern damit den Wandel.

Zum Energetisieren stellen Sie sich vor, daß Ihre Hand richtiggehend entzündet wird und Energie ausstrahlt. Bewegen Sie die Hand langsam über dem Herzchakra-Bereich hin und her, damit die Energie fließen kann. Durch die Handbewegung können Sie Empfindungen im Herzchakra besser wahrnehmen. Es kann sein, daß Sie auch ein Kribbeln, Wärme, Kühle, Druck oder ein Pulsieren verspüren.

Die spürende Hand

Nun spüren Sie mit der anderen Hand (der spürenden Hand) circa 20 bis 25 Zentimeter vor dem Körper den Zeugenbereich ab (vgl. Abb. 11), die Handfläche zeigt dabei auf das Herzchakra. Durch die Bewegung zwischen Schultern und Taille können Sie den Punkt der stärksten Resonanz, der stärksten Empfindung herausfinden. An diesem Punkt lassen Sie die Hand verweilen, um dadurch das Feld zu verstärken und Ihr Empfinden auf energetische Veränderungen/Schwankungen einzustellen. Mit der spürenden Hand wird das Energiefeld verstärkt und sozusagen ›eingedämmt‹, sie ist der ›Griff‹, mit dem Sie die Energie bewegen können. Die Übung »Feinstoffliche Energien spüren« kann dabei ganz hilfreich sein (siehe Kapitel 1).[1]

---

1 Um das Ganze zu vereinfachen, wurden die beiden Funktionen des Energetisierens und Spürens auf die beiden Hände verteilt. Jede Hand kann allerdings sowohl Energie senden als auch übertragen. Probieren Sie einfach beide Möglichkeiten aus: das Trennen der beiden Funktionen und deren Kombination. Arbeiten Sie mit dem weiter, was Ihnen besser erscheint.

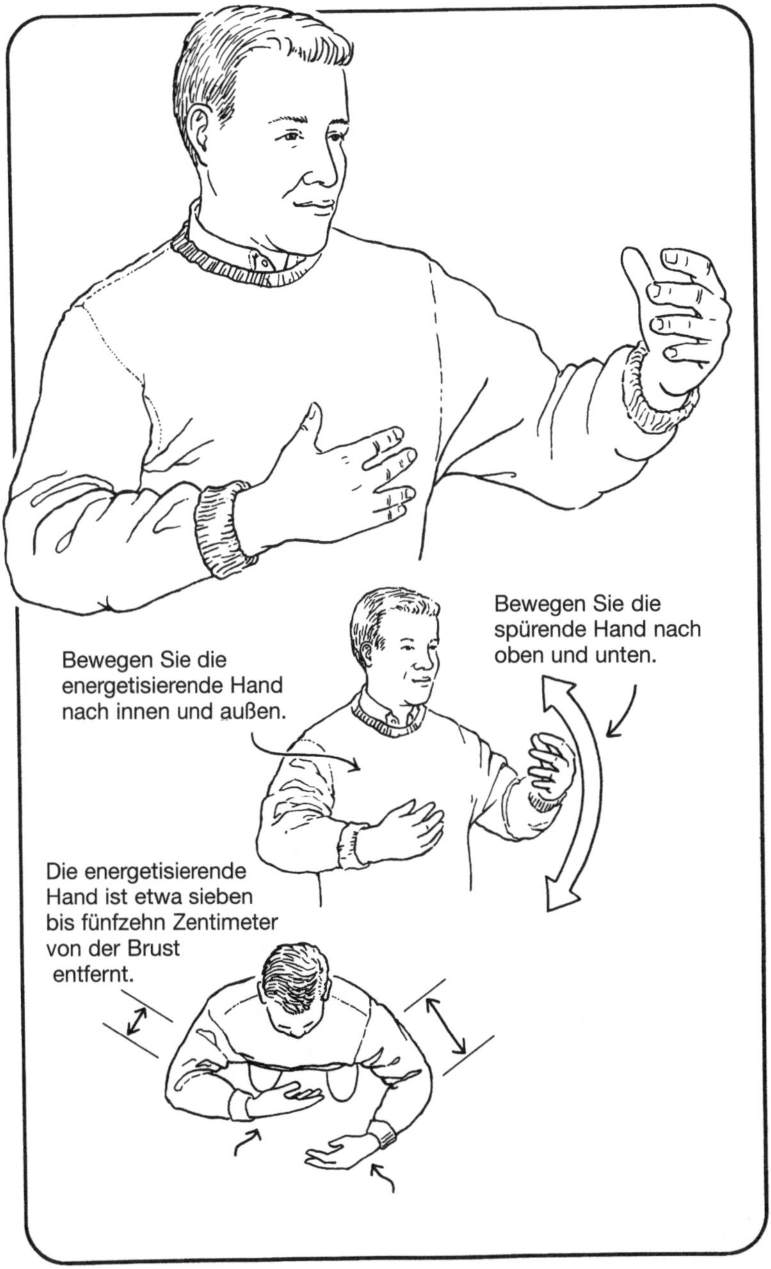

Abb. 11: *Selbstheilung*

4. In Resonanz kommen

Atmen Sie tief in Ihr Herzchakra/die Thymusdrüse ein und halten Sie dann den Atem an. Beim Ausatmen denken Sie an das Problem/die Krankheit, die Sie verändern wollen. Bei physischen Symptomen können Sie sich in den betroffenen Körperteil ›hineindenken‹. Lassen Sie sich jedoch immer von der Weisheit des Körpergeistes leiten: Lenkt er Ihre Aufmerksamkeit auf eine andere Stelle im Körper, konzentrieren Sie sich darauf.

Bei körperlichen Empfindungen (Schmerz, Symptome, Krankheiten) können Sie mit der Hand auch an die betroffene Stelle gehen und damit den Fokus spezifizieren. Falls dies nicht möglich ist, lassen Sie die Hand einfach über dem Herzchakra/der Thymusdrüse und spüren mit Ihrer Aufmerksamkeit in das spezifische Problem hinein.

Beschreiben Sie, was entsteht: eine Empfindung, ein Bild, ein Symbol. Was spüren Sie? Welche Bilder tauchen auf? Welche Größe, Form, Farbe haben sie? Gibt es auch Geräusche oder Klänge?

Durch die Konzentration auf bewußt werdende Empfindungen und Bilder entsteht die Resonanz mit dem Symptom bzw. Problem, das verändert werden soll. Beim Energetisieren mit den Händen atmen Sie tief ein, so als wollten Sie durch den entsprechenden Körperteil hindurchatmen. Verweilen Sie geistig bei der Empfindung, dem Symptom oder Bild und halten Sie dabei den Atem an. Beim Ausatmen atmen Sie wieder in den spezifischen Bereich hinein und gehen geistig in die mentale oder holoenergetische Form der Krankheit bzw. des Problems. Dadurch tauchen Sie in tiefere emotionale Ebenen ein. *Welche Emotionen kommen dabei hoch?* Welche Gedanken sind damit assoziiert?

Bei jedem Schritt resonieren Sie mit den holoenergetischen Mustern, die Sie nun nicht mehr brauchen. Und mit jedem Schritt lösen Sie sich mehr von den Überzeugungen, die zu diesen mittlerweile dysfunktionalen und störenden Mustern geführt haben.

Bleiben Sie in der holoenergetischen Form, und *erinnern Sie sich, wann Sie das erste Mal ähnliche Emotionen gespürt haben.*

Erleben Sie das Ganze noch einmal; lassen Sie sich von den Gefühlen dorthin tragen, und beschreiben Sie so gut wie möglich, was damals passiert ist. Nehmen Sie dazu einen Kassettenrekorder oder Papier und Bleistift zu Hilfe. Sie können es auch einem guten Freund erzählen. *Welche Überzeugungen standen dahinter? Welche Entscheidungen haben Sie damals über sich selbst, andere Menschen und die Welt getroffen?* Anfänglich kommt es Ihnen wahrscheinlich nicht so vor, als ob dabei eine echte Entscheidung beteiligt war. Seien Sie jedoch versichert, daß Sie eine Wahl getroffen haben, selbst wenn dies unter Zwang, aus Überlebensangst oder Unwissenheit geschehen ist. Der Kontakt mit diesem Moment der Entscheidung ist ein erster wichtiger Schritt hin zur Rückbindung an Ihre Kraft. Sie beginnen zu verstehen. Falls es Ihnen schwerfällt, eine bestimmte Überzeugung dahinter zu finden, fragen Sie sich, welche Ihrer Überzeugungen zu solchen Umständen führen oder wieder führen könnten.

Der nächste Schritt besteht darin, die positive Intention hinter dem holoenergetischen Muster (der Empfindung, dem Gefühl und der Überzeugung, die sich in dem Problem manifestieren) zu erkennen. Dies ist die Lebensenergie, die das Muster eigentlich ausdrücken und erfahren will.

Atmen Sie zu diesem Zweck tief ein und verlassen Sie dabei (geistig) die Form/das Bild, mit dem Sie verbunden waren. Betrachten Sie diese Form jetzt mit Ihrem geistigen Auge, oder spüren Sie sie. Stellen Sie ihr die Frage, welche Funktion sie eigentlich hat. Erkennen Sie die guten Dienste an, die sie Ihnen leisten wollte. Fragen Sie sie, was sie wirklich will. Was ist die positive Intention?

Wenn Sie ein emotionales Problem bearbeiten, lassen Sie es hochkommen. Oft entwickeln sich dabei körperliche Empfindungen. Wer gerade eine romantische Beziehung beendet, spürt vielleicht im Brustbereich Druck oder Enge. Andere emotionale Situationen machen sich als Knoten im Bauch oder als zugeschnürter Hals bemerkbar.

Energetisieren Sie mit den Händen den betroffenen Bereich. Lassen Sie Ihre spürende Hand die anfängliche Intensität und Qualität der Energieebene wahrnehmen, und spüren Sie weiter, während Sie mit der anderen Hand diesen Körperteil energetisieren.

Stehen die Empfindungen oder Gefühle mit einem bestimmten Chakra in Verbindung? Die Brust, der Hals und der Bauch im obigen Beispiel werden beispielsweise dem vierten, dem fünften bzw. dem dritten Chakra zugeordnet. Bei emotionalen Problemen gibt es immer auch eine körperliche Komponente. Gehen Sie in die Emotion hinein, und Sie werden entdecken, daß sie mit einer Empfindung in einem bestimmten Körperteil zusammenhängt. Sie können sich entweder auf die Empfindung oder auf das betroffene Chakra konzentrieren, um die Resonanz mit dem Problem zu verstärken.

Vielleicht wird Ihnen bereits am Anfang der Zusammenhang eines holoenergetischen Gedanken- oder Gefühlsmusters mit einem bestimmten Chakra klar. In diesem Fall können Sie mit der Hand auch auf das Chakra gehen und dort mit der Heilarbeit beginnen und anhand der obigen Anleitungen die positive Intention hinter dem Problem erkennen und verstehen.

Bei der Arbeit mit einem physischen oder emotionalen Trauma energetisieren Sie den betroffenen Bereich mit den Händen und rufen sich dabei das auslösende Erlebnis in Erinnerung, zum Beispiel ein Autounfall oder sexueller Mißbrauch. Leben Sie die Situation geistig noch einmal durch, so gut Ihnen dies möglich ist. Dadurch können Sie mit dem ganzen Umfeld in Resonanz kommen und sich besser auf Ihre damaligen Gefühle, Gedanken und Überzeugungen einstellen sowie die Entscheidungen und Wahlmöglichkeiten.

Meistens ist man eher geneigt, solche traumatischen Erlebnisse zu verdrängen. Beim holoenergetischen Heilen ist es jedoch wichtig, sich auf die damit verbundenen Empfindungen einzulassen und durch sie hindurchzuatmen. Durch aufmerksames Fokussieren und Energetisieren kommen Gefühle und Erinnerungen hoch, die uns oft an die Quelle in früheren Erfahrungen führen. Wenn Tränen hochkommen, lassen Sie es einfach zu und fühlen Sie, was da ist. Mit Hilfe der Anleitungen könen Sie die positive Intention hinter dem Problem erkennen und verstehen.

9

Loslassen

Blockaden sind wie Wasserdampf auf dem Badezimmerspiegel... Sie hindern dich daran, dich selbst zu sehen. Das Bild ist verzerrt, und die vernebelte Gestalt wird zu einem furchterregenden Monster, vor dem du wegläufst, anstatt den Spiegel zu säubern. Haßt du dich wegen des beschlagenen Spiegels? Warum haßt du dich dann wegen des geistigen Nebels? Säubere den Spiegel und entdecke dich selbst!

Lazaris

Ein wichtiger Aspekt des Heilens wird oft übersehen; beim holoenergetischen Heilen spielt gerade dieser Aspekt eine große Rolle. Ich spreche hier vom Widerstand gegen das Entformen und Loslassen von Energiemustern, die Disharmonie im Körpergeist aufrechterhalten. Diese ungesunden Muster loszulassen oder zu transformieren bedeutet noch viel mehr als sich nur von den damit verbundenen Unannehmlichkeiten zu befreien. Wir müssen uns dem Unbekannten stellen, neue Wege finden, uns mit uns selbst und der Welt zu verbinden. Ein Teil von uns fragt: »Wie wird mein Leben aussehen, wenn ich das aufgebe?« Diese Frage führt oft zum Widerstand gegen den Wandel.

Warum wollen wir diese Formen nicht loslassen? Wer krank ist und deshalb eine Rente bezieht, hat durch die Krankheit finanzielle Vorteile, will diese vielleicht nicht aufgeben und wieder einer unbefriedigenden Arbeit nachgehen. Auf einer sehr subtilen Ebene verhilft uns Krankheit zu einer Fürsorge und Liebe, die uns unserer Überzeugung nach nur auf diese Weise zugänglich ist. In seinem Buch *Love, Medicine and Miracles* schreibt Bernie Siegel: »›Krankheit‹ kann dazu dienen, Liebe und Fürsorge zu erhalten. Sie kann die einzige Möglichkeit sein, mit der der Patient eine Beziehung zur Welt aufrechterhält, die einzige Kontrolle über das Leben.« (S. 108) Und so wird die Krankheit zu einer »gehegten Wunde«.

Gehegte Wunden

Der Lohn einer Krankheit:
- *Opfer sein* – mit der scheinbaren Schwäche manipulieren
- *Märtyrer sein* – stilles Leiden, um jemand anderen mit Schuldgefühlen zu strafen
- *Aufmerksamkeit bekommen* – sich durch die Aufmerksamkeit der anderen wichtig fühlen
- *Vermeidung* – die Verantwortung für sein Wachstum vermeiden, Langeweile vermeiden

Blockaden:
- *Angst* – wird mit Trennung, Entfremdung und Liebesverlust assoziiert
- *Wut* – wird oft mit einem Empfinden von Macht- oder Kontrollverlust assoziiert
- *Schuld* – wird assoziiert mit der Wut, auf die wir eigentlich kein Recht haben, weil wir einer akzeptierten Wertvorstellung zuwider gehandelt haben
- *Selbstmitleid* – wird assoziiert mit dem Wunsch, sich selbst und andere zu beschuldigen und zu strafen
- *Scham* – führt, wenn sie verinnerlicht wird, zu einem Gefühl der Wertlosigkeit

Krankheit kann uns so voll in Anspruch nehmen, daß wir keine Zeit für Langeweile haben und die tieferen Lebensprobleme, die uns an der Verwirklichung unserer Träume hindern, nicht genauer anschauen müssen. Durch Krankheit stehen wir auch im Mittelpunkt der Aufmerksamkeit und können uns wichtig fühlen. Solche emotionalen Vorteile sind verständlicherweise nur schwer zu fassen, doch im holoenergetischen Heilungsprozeß müssen sie erforscht und gelöst werden.

Andere Wahlmöglichkeiten

Kampfsportler kennen eine ganze Reihe von Möglichkeiten, wie man auf Bedrohung, Angriff oder Mißbrauch reagieren kann:

1. *Kämpfen:* mit Körperkraft und emotionalem Widerstand, zum Beispiel verbaler Gegenangriff, Argumentieren etc.
2. *Rückzug:* wegrennen, leugnen oder sich dem Problem nicht stellen und sich dadurch von der Bedrohung abspalten
3. *Verhandeln:* einen Dialog herbeiführen, um das Problem auf verbaler Ebene zu bearbeiten
4. *Nichts tun:* weitermachen und nichts unternehmen, so als ob die Bedrohung gar nicht existiere
5. *Überraschen oder Ablenken:* mit Ablenkungsmanövern oder Verwirrungstaktiken den Angreifer – manchmal auch sich selbst – durcheinanderbringen
6. *Vermischen:* für eine gewisse Zeit die Kraft des Gegners akzeptieren und sich damit verbinden, um sie dadurch umzulenken und schließlich zu transformieren (vgl. die Übung »Vermischen« von Terry Dobson, ein Kampfkunstlehrer, der diese Liste ausgearbeitet hat)

Einer meiner Patienten hatte als Kind beispielsweise nur Aufmerksamkeit erhalten, wenn er krank oder verletzt war. Und im Laufe der Zeit lernte er, wie er durch die Opferrolle andere manipulieren und sie dazu bringen konnte, sich um ihn zu kümmern. Er erkannte, daß seine Krankheit – chronische Nebenhöhlenentzündung – eigentlich der Ausdruck seines Ärgers über seine kindliche Machtlosigkeit und Scham war, den er auch als Erwachsener beibehielt. Außerdem konnte er wegen der Krankheit seinem Hobby nicht nachgehen, nämlich im Frühjahr in den Bergen wandern zu gehen, da dann sehr viele Pollen in der Luft waren. Er erkannte, daß die tiefere positive Intention hinter seinem Muster der Wunsch nach Liebe und Zuneigung war, und entschloß sich, sowohl den Sekundärgewinn als auch die Krankheit holoenergetisch loszulassen, indem er sich mit dem Bild seines Musters verband und es zu seinem höheren Sinn transformierte.

Meistens wird die Entscheidung für eine Krankheit natürlich unbewußt getroffen. Dennoch ist es wichtig zu erkennen, daß die Krankheit hilft, die Entwicklung zu blockieren, oder als Ausrede dafür dient, sich selbst und andere zu beschuldigen und zu bestrafen und sich dann ins Selbstmitleid zu flüchten. Mit seinem stillen Leiden kontrolliert der Märtyrer oft andere durch Schuldbewußtsein.

Neben diesen Sekundärgewinnen bzw. Vorteilen der Krankheit stehen dem Heilungsprozeß oft auch direktere Blockaden im Weg, zum Beispiel Scham, Angst, Wut, Schuld, Zweifel und Selbstmitleid. Auch diese Blockaden müssen in den Heilprozeß eingebracht werden.

Die physische Manifestation eines Problems sollte kein Hindernis für die Heilung sein; auch in einem solchen Fall können wir noch einmal die Wahl treffen, eine neue Entscheidung fällen, so daß entweder ein anderes Verhältnis zur Krankheit gewonnen wird oder die Symptome sich ändern. Es heißt also, eine neue Wahl zu treffen, egal welche Entscheidung in der Vergangenheit getroffen wurde. Abraham Maslow drückt dies folgendermaßen aus:

> »Das Leben besteht aus einer fortlaufenden Reihe von Wahlmöglichkeiten für den einzelnen; dabei ist er selbst, so wie er ist (seine Ziele, sein Mut, seine Angst, sein Verantwortungsgefühl, die Stärke seines Egos, seine Willenskraft) es, der die Wahl am stärksten beeinflußt. Eine solche Person können wir nicht als ›voll entschlossen‹ ansehen, wenn diese Entschlossenheit nur von äußeren Kräften kommt. Sofern die Person eine wirkliche Person ist, ist sie es, die die Wahl trifft. Jeder Mensch ist teilweise ›sein eigenes Projekt‹ und macht sich selbst.«[1]

ÜBUNG

Sich Vermischen

Mit der folgenden Übung können Sie das Vermischen mit dem Problem ausprobieren:

1. Machen Sie mit der linken Hand eine Faust, und stecken Sie den Zeigefinger der rechten Hand hinein (bei Linkshändern bitte umgekehrt verfahren).

1 Abraham H. Maslow, *Toward a Psychology of Being* New York 1968, S. 181.

2. Halten Sie den Finger ganz fest, so daß er nicht mehr herausgezogen werden kann.
3. Versuchen Sie, den Finger herauszuziehen, und leisten Sie mit der linken Faust so gut wie möglich Widerstand. Wahrscheinlich wird es Ihnen sehr schwerfallen, den Finger herauszuziehen.
4. Stoßen Sie nun den Finger in die Richtung, in der er festgehalten wird und ziehen Sie ihn dann sofort heraus. Das dürfte ganz leicht gehen.

Machen Sie die Übung mit einem Freund, damit Sie spüren können, wie das ist, wenn jemand Sie gegen Ihren Willen festhält, und Sie sich dann durch das Vermischen befreien.

Das Freiwerden ist kein Trick. Probieren Sie es ein paarmal, damit Sie wirklich spüren, wie es funktioniert.

Das Prinzip des Vermischens ähnelt der Resonanz und dem Loslassen: Loslassen und Freiwerden kommt nicht durch Kampf, Rückzug, Verleugnen oder Widerstand, sondern durch vollständige Erkenntnis und Resonanz mit der Energie, die uns festhält.

In der Erkenntnis- und Resonanzphase haben wir uns allmählich so akzeptiert, wie wir sind, haben endlich erkannt, was unsere Krankheit wirklich bedeutet und wie sie unser Leben beeinflußt. Die vollkommenste Form dieser Akzeptanz ist die Liebe. Sich selbst lieben ist die beste Möglichkeit, mit sich selbst in Verbindung und in Resonanz zu kommen.

Dabei heißt Akzeptieren nicht, sich mit den gegenwärtigen Umständen abzufinden, sondern die Wahrheit anzunehmen und dann bereit zu sein, sie zu transformieren. Für manche heißt Akzeptanz, daß kein Wandel stattfindet. Im holoenergetischen Heilen bedeutet Akzeptanz jedoch vielmehr Erkennen, Resonanz und Verantwortlichkeit, erkennen, was wahr ist, um es verändern zu können und sich so selbst Respekt zu erweisen.

Wie kann man sich selbst die Wahrheit sagen? Wie bereits gesagt, gibt es außer dem rationalen Denken noch eine andere Form von Wissen. Mit Hilfe der Intuition ist uns das direkte, innere Wissen zugänglich. Die Meditation ist sehr gut geeignet, dieses innere Wissen zu entwickeln. Finden Sie eine Methode, mit der Sie geistig zur Ruhe kommen können, und dadurch eine höhere Bewußtheit erlangen und erkennen, daß Gedanken, Gefühle und Empfindungen darin enthalten sind wie Wolken am Himmel.

Meistens wird man sich seines Körpers erst dann bewußt, wenn etwas weh tut. Der Körpergeist hält jedoch wichtige Wahrheiten für uns bereit.

ÜBUNG

Sich seiner selbst bewußt werden

Setzen Sie sich circa 20 Minuten lang einfach ruhig und entspannt mit geschlossenen Augen hin. Ihr Körper sollte sich total entspannen, Sie spüren, wie die Entspannung immer größer wird.

Atmen Sie langsam und gleichmäßg durch beide Nasenflügel ein und aus. Konzentrieren Sie sich auf die Stelle zwischen den beiden Nasenlöchern. Dadurch wird der Geist immer ruhiger. Wenn er auf Wanderschaft geht, bringen Sie ihn sanft, aber bestimmt wieder zurück zwischen die Nasenlöcher.

Nach circa drei bis vier Minuten gehen Sie mit Ihrer Aufmerksamkeit weg von der Atmung hin zu physischen Empfindungen. Versuchen Sie nicht, etwas zu verändern, sondern nehmen Sie einfach wahr, ob es irgendwelche Körperteile gibt, deren Sie sich überhaupt nicht bewußt sind. Gibt es Bereiche, die durch Anspannung oder andere Empfindungen Aufmerksamkeit auf sich lenken wollen? Welche Gefühle oder Gedanken sind mit diesen Empfindungen bzw. nicht vorhandenen Empfindungen verbunden? Was kommt in Ihr Bewußtsein, was vorher nicht da war? Sobald Sie sich bereit fühlen, atmen Sie tief ein und öffnen die Augen.

Um Ihre Intuition zu entwickeln, können Sie auch mit der Übung »Der Innere Führer« (S. 265) arbeiten. Wenn Sie nicht allein und auch nicht mit dem Inneren Führer arbeiten wollen, bitten Sie einen guten, vertrauenswürdigen Freund, der offen ist und Ihnen hilft, die Wahrheit fließen zu lassen, ohne zu be-/verurteilen.

Vor Jahren hatte ich einmal einen Psychiater als Patienten. Er klagte über Rückenschmerzen, die immer schlimmer wurden. Als wir uns kennenlernten, konnte er schon kaum mehr richtig sitzen. Als junger Mann auf dem College hatte er sich beim Fußballspielen eine Verletzung zugezogen und trotz der Schmerzen weitergespielt.

Nun, fast zehn Jahre später, arbeitete er bis zum Umfallen und ignorierte die körperlichen Signale, die ihm zeigten, daß Erholung angebracht war. Während unserer gemeinsamen holoenergetischen Arbeit trat er mit seinem Körper über ein holoenergetisches Muster in Kommunikation, um die Wahrheit herauszufinden. Sein Körpergeist teilte ihm mit, daß er wütend war, weil er nicht auf ihn hörte. Er brauchte Ruhe und Frieden und Liebe. Leider war Schmerz die einzige Sprache, die der Psychiater hören konnte. Dieser war durch dieses ›Gespräch‹ sehr berührt und überrascht. Er wußte nun, welche positive Intention hinter den Schmerzen steckte.

Durch die holoenergetische Heilarbeit erkannte er auch, daß er sich nicht liebens-wert fand. Sein ganzes Leben lang hatte er nach Bestätigung gesucht und wollte sich durch harte Arbeit im Beruf und durch sportliche Leistungen beweisen, daß er diese Liebe verdiente. Doch nichts davon ging an die Quelle heran. Erst als er sich an die Fußballverletzung erinnerte – und ehrlich die Verbindung zu seinem Gefühl der Wertlosigkeit erkannte –, konnte er die holoenergetische Form loslassen, die hinter dem Muster stand, sich selbst dauernd seinen Wert beweisen zu müssen. Sobald er die Überzeugung, daß er die Liebe nicht verdiente, erkannte und auf holoenergetischer Ebene losließ, waren die Schmerzen weg, und er konnte sich wieder nach Belieben beugen und strecken. Sein Leben veränderte sich total. Er konnte sich endlich selbst lieben und sich das geben, was er brauchte, und offen werden für die Liebe anderer Menschen.

Die positive Intention

Dieses Beispiel zeigt uns etwas ganz Wichtiges. Jede Form von Lebensenergie hat eine positive Intention; sie findet sich hinter jeder Verhaltensweise, Handlung, Reaktion, selbst wenn sie sich manchmal ungeschickt oder auf verkehrte Weise äußert. Eine positive Intention ist die erwünschte *innere Erfahrung, die du wirklich möchtest*, etwas, als das du dich *fühlen oder sehen kannst, das du in dir vernimmst*. Sie kann ein Bild, ein Gedanke oder ein Gefühl sein, das die Lebenskraft widerspiegelt und Gesundheit fördert. Es gibt einen Unterschied zwischen dem, was Sie mit Worten, Handlungen, Reaktionen, Zielen, Leistung erreichen wollen, und der positiven Intention dahinter – dem was Sie wirklich wollen, zum Beispiel Freiheit, Liebe, Frieden, Kraft, Glück oder Verständnis. Hinter all dem steckt der Wunsch zu lieben und geliebt zu werden, zu kennen und erkannt zu werden, sich frei für das entscheiden, was Frieden, Freude, Glückseligkeit und Liebe bringt. Sobald man erkennt, was man wirklich will, fällt es viel leichter, den Widerstand gegen den Wandel und die Verhaftung an vertraute Formen aufzugeben.

In der Resonanzphase, wenn Sie mit dem holoenergetischen Muster oder Bild resonieren, können Sie in den Zustand des Beobachters gehen und das Muster fragen, was es wirklich will. Finden Sie auf diese Weise die positive Intention hinter Krankheitsymptomen und bestimmten Verhaltensweisen heraus. Diese positive Intention ist Ausdruck dessen, was das Höhere Selbst erstrebt. Transformieren Sie mit ihrer Hilfe in der Reformationsphase das nicht mehr erwünschte Muster. Dafür ist es sinnvoll, sie sich als Bild, als Symbol, als Präsenz oder als Person vorzustellen, in der all ihre Qualitäten verkörpert sind.

Auf die Schritte der Erkenntnis und der Resonanz folgt die Ent-Formung, also die bewußte Entscheidung, die alte Form loszulassen und zu transformieren. Wählen Sie sich eine der Atemtechniken aus, und atmen Sie ganz kräftig aus, als wollten sie die Form auflösen; dabei schicken Sie die Überzeugung, den Gedanken oder das Bild durch den betroffenen Körperteil aus dem Körper hinaus. Zum Abschluß des holoenergetischen

Loslassens ziehen Sie willentlich die freigesetzte Energie mit den Händen weg und schaffen damit eine Art Vakuum, den freien Raum, in dem eine neue, bewußt gewählte Form entstehen kann.

Eine weitere Möglichkeit der Transformation besteht darin, das Bild des ursprünglichen Musters in das Bild der positiven Intention dahinter zu absorbieren. Dabei ist die Technik des ›Tracing‹ sehr nützlich (vgl. Ressource 2, ›Tracing‹ am Ende des Buches). Sie dient der Vertiefung des holoenergetischen Heilungsprozesses.

Nach dem Transformieren eines holoenergetischen Musters lassen wir den Körpergeist wieder zu seiner natürlichen Harmonie zurückfinden, entweder spontan oder durch das harmonische energetische Muster oder Bild der neu entdeckten positiven Intention, die Ganzheit und Gesundheit unterstützt.

Nach dem Prozeß des Loslassens, wenn die alte Form freigesetzt und die natürliche Harmonie spürbar wird, sollten wir aufhören mit den Beschuldigungen und statt dessen uns und anderen die Schwierigkeiten und Krankheiten verzeihen. Der Vergebungsprozeß, der am Ende dieses Kapitels näher beschrieben wird, löst die Energien in uns, die uns blind machen und festhalten.

Der Vergebungsprozeß ist die Basis für die darauf folgenden Anleitungen. Machen Sie sich gut damit vertraut, bevor Sie damit arbeiten.

ÜBUNG

Loslassen beginnt mit einer Intention

1. Fragen Sie sich: »Will ich dieses Muster (Bild, Überzeugung) heute wirklich loslassen und dafür etwas finden, das ich wirklich will?« Jede Überzeugung, jedes Bild ist eine Illusion. Warum suchen wir uns nicht einfach Illusionen heraus, die für uns besser sind? Lassen Sie alles los, was Ihnen nicht mehr hilft, und ersetzen Sie es durch etwas Positives. Einer meiner Workshopteilnehmer hatte sich zum Beispiel für die Überzeugung entschieden, daß er es nicht wert war, geliebt

zu werden. Diese Überzeugung war aufgrund einer sehr eingeschränkten Erfahrung als Kind in einer schlecht funktionierenden Familienumgebung entstanden. Er erkannte, welche Wahl er damals getroffen hatte, und entschied sich nun für etwas anderes, was seinem umfassenderen Wissen und Verständnis als Erwachsener angemessen war. Er beschloß, daß er ein liebenswerter und liebevoller Mensch war. (Wenn Sie das Bild des unerwünschten Musters holoenergetisch durch etwas ersetzen, was Sie wirklich wollen, wird der Körpergeist reagieren.)

2. Sobald Sie entschlossen sind, das krankmachende Muster loszulassen, atmen Sie durch den betroffenen Körperbereich, das zugeordnete Chakra oder die Thymusdrüse ein, halten den Atem an und machen sich geistig noch einmal bewußt, was Sie wirklich loslassen wollen.
   Durch das Luftanhalten baut sich eine energetische Ladung auf, und das Unterbewußtsein wird aufmerksam. Außerdem kommt der Körper mit der Erde in größere Resonanz, wodurch noch mehr Energiequellen für den Körper zur Kommunikation und Mobilisierung zur Verfügung stehen.
3. Atmen Sie weiterhin fokussiert und energetisieren Sie dabei den Zeugenbereich (Thymusdrüse), ein bestimmtes Chakra oder den betroffenen Körperteil. Nehmen Sie dazu die Hände, die Gedanken und die Gefühle zu Hilfe (vgl. Abb. 11).
4. Atmen Sie nun kräftig durch diesen Bereich des Körpers aus, mit der festen Intention, das unharmonische Muster (Bild, Krankheit) wirklich loszulassen. Stoßen Sie den Atem kräftig aus, und entformen Sie dabei die alte Gedankenform. Beobachten Sie, wie sie transformiert wird. Beim Ausstoßen des Atems können Sie das Energiefeld noch stärker beeinflussen, indem Sie plötzlich die Hände daraus zurückziehen, mit der Intention, die freigesetzte Energie abzuziehen. Stellen Sie sich vor, wie Sie die Energie buchstäblich herausziehen und loslassen, damit sie transformiert werden kann.
5. Ruhen Sie sich nun ein wenig aus. Wie fühlt es sich an, frei zu sein von der unharmonischen Energieform?
6. Konzentrieren Sie sich dann wieder auf den entsprechenden Körperbereich und energetisieren Sie ihn mit den Händen

und Ihrer Aufmerksamkeit. Was fühlen Sie jetzt? Wie hat sich Ihre innere Erfahrung verändert?

7. Mit dem nächsten Atemzug ziehen Sie durch die Fußsohlen Energie aus dem Mittelpunkt der Erde, halten kurz die Luft an und stoßen sie dann kräftig aus, und zwar durch den befreiten, von der krankmachenden Energie gesäuberten Bereich. Damit befreien Sie sich von allen eventuell noch vorhandenen energetischen Resten des Krankheitsmusters. Wiederholen Sie diese Säuberungsaktion mit dem Atem noch einmal.

Jetzt ist an die Stelle der alten spezifischen Form eine Art Vakuum ohne Form getreten. Alte Gedankenmuster, die krank gemacht haben, sind losgelassen und freigesetzt worden. Das formlose Nichts wird zur Quelle des Wachstums und der Transformation.

Sie können sich nun aussuchen, wie Sie den freien energetischen Bereich transformieren möchten; füllen Sie ihn mit spiritueller Energie oder mit einer neuen Form (Überzeugung, Bild), mit einer positiven Intention Ihrer Wahl, so daß Ihre Vorstellung vom Leben unterstützt und gefördert wird.

Der Prozeß der Vergebung: der letzte Schritt des Loslassens

Nach dem Prozeß des holoenergetischen Loslassens ist eine letzte Ebene des Loslassens zugänglich: das Verzeihen. Der im folgenden beschriebene Prozeß der Vergebung ist kein Muß, jedoch in sich ein sehr wirkungsvolles Instrument des Heilens.

Für viele Menschen, die mit dem Verzeihen die Loslaß-Phase zum Abschluß gebracht haben, hat sich das Leben entscheidend verändert.

Besonders eindrucksvoll war dies einmal nach einem meiner Workshops im Südwesten der Vereinigten Staaten zu sehen. Eine Teilnehmerin fand im Hotel eine Nachricht vor, sie möchte eine bestimmte Telefonnummer zurückrufen. Es war ihr früherer Freund, dem sie im Prozeß des Vergebens gerade verziehen hatte. Sie hatten über ein Jahr nichts voneinander gehört!

Für mich ist Verzeihen ein innerer Prozeß und weniger der äußere Akt, zu einer Person zu sagen: »Ich habe dir verziehen.« Vergebung heißt, eine geistige Energieform loszulassen und sich damit selbst zu befreien. Die Energie, mit der wir die Wut, die Enttäuschung und die Verletzungen festgehalten haben, wird frei und kann auf gesündere und positivere Weise eingesetzt werden. Vergeben heißt in diesem Sinne also das Vergeben von Liebe an sich selbst.

Mitfühlendes Verständnis bringt uns vielleicht dazu zu verzeihen, *wie* etwas passiert ist, aber nicht *was* geschehen ist. Am wichtigsten ist es, sich selbst zu vergeben. Wenn Kinder sich in der egozentrischen Entwicklungsphase befinden, fühlen sie sich oft an allem schuld, was ihnen zustößt, zum Beispiel am Tod des Vaters, an jeglicher physischen oder emotionalen Verletzung oder an sexuellem Mißbrauch. Solche Menschen müssen sich selbst verzeihen und diese kindlichen Vorstellungen loslassen.

Oft befreien wir mit dem Akt des Verzeihens uns selbst und die anderen. Die Wut und die Verletzung, an der wir festhalten, erinnern uns immer wieder an vergangenes Leid. Jemandem zu vergeben, daß er etwas getan oder auch nicht getan hat, ist ein Akt der Selbstliebe. Die alte Form wird losgelassen und schafft Raum für die formlose Leere, in der eine neue Form entstehen kann.

Es ist nicht einmal nötig, daß die betroffene Person erfährt, daß ihr verziehen wurde. Doch immer wieder höre ich von Klienten, Freunden und Workshop-Teilnehmern, daß Menschen, denen verziehen wurde, dies irgendwie mitbekommen, sich kurz danach wieder melden und die Beziehung dadurch in eine neue Richtung gehen kann.

Es spielt keine Rolle, ob die betreffende Person weit weg oder sogar schon tot ist. Das Wesentliche ist, daß durch den Prozeß der Vergebung das Auflösen krankmachender Energieformen zum Abschluß gebracht und dadurch der eigene Heilungsprozeß beschleunigt wird.

Und nun zu den einzelnen Schritten des Vergebungsprozesses:

ÜBUNG

Vergeben

1. Suchen Sie sich einen Platz, wo Sie zehn bis fünfzehn Minuten ungestört bequem sitzen (oder stehen) können.
2. Überlegen Sie sich, wem Sie vergeben wollen, es können auch mehrere Personen sein. Wollen Sie diesem Menschen wirklich verzeihen?
3. Machen Sie mit geschlossenen Augen ein paar tiefe Bauchatemzüge und entspannen Sie sich dabei immer mehr.
4. Konzentrieren Sie sich auf den Solarplexus.
5. Eine Hand halten Sie nun im Abstand von etwa sieben bis fünfzehn Zentimeter über dem Solarplexus; mit der anderen Hand spüren Sie die Energie, die sich aufbaut, wenn Sie nun diesen Bereich energetisieren, entsprechend den Anleitungen zum Resonieren und Auflösen des krankmachenden Energiefeldes.
6. Atmen Sie einmal tief durch den Solarplexus ein und halten Sie für einen Moment die Luft an; beim Ausatmen durch den Solarplexus bringen Sie sich die Bilder der Personen vor Augen, denen Sie vergeben wollen. Jedes Bild ist von einem ovalen oder kreisförmigen violetten Licht umgeben.
   Mit diesem Kreis gibt das Bewußtsein dem Unterbewußtsein die Anweisung, die Energie auf diesen Kreis zu begrenzen und damit sozusagen auf die betroffenen Personen zu beschränken. So können Sie voll in Ihre Emotionen hineingehen ohne Gefahr zu laufen, den Personen Schaden zuzufügen oder selbst Schaden zu erleiden.
7. Teilen Sie nun diesen Bildern mit, was sie Ihnen angetan haben bzw. was sie nicht getan haben. Es ist wirklich wichtig, alles, was sich in Ihnen angestaut hat, auszudrücken, auch Gefühle wie Wut, Kummer, Traurigkeit, Verletztsein. Ein Teil von Ihnen (das holoenergetische Muster) möchte sie bestrafen, schlagen, verfluchen. Je besser Sie diese Muster und Gefühle ausdrücken können (ohne sie in der Realität auszuagieren), um sie anschließend in die positive

Intention dahinter zu transformieren, desto heilsamer und vollständiger ist der Prozeß der Vergebung.
Durch Gefühle und Phantasie kann die Resonanz zu kritischen Ereignissen stattfinden. Das Erkennen und Empfinden dieser Gefühle macht es möglich, sie holoenergetisch zu transformieren. Sobald die blockierten, kontrahierten Gefühle freigesetzt werden, kommt es auch zu einem spontanen Energiefluß im betroffenen Körperteil, wo die alte Wunde sitzt; sie kann jetzt transformiert und durch neue Muster ersetzt werden.

8. Erkennen Sie, daß Sie die Personen, denen Sie nicht verzeihen konnten, in gewissem Sinne in sich gefangengehalten haben. Sie waren der Wächter, der sich selbst und sie immer wieder an die gestörte Harmonie erinnert hat. Als Gefängnisaufseher sind Sie an diese Menschen durch Ihre mit Schuld und Strafe beschäftigten Gedanken und Gefühle gebunden. Vergeben ist die Entscheidung loszulassen und die bindende Energie freizusetzen.
9. Betrachten Sie nun Ihre eigene Bereitschaft, diesen Menschen zu vergeben. Sehen Sie sich selbst vor der Gefängnistür stehen und ihnen die Tür zur Freiheit und zum Licht aufschließen. Vergeben ist ein Akt der Selbstliebe. Vergeben heißt nicht unbedingt vergessen oder diese Menschen zu lieben, sondern nur sie loszulassen. Das setzt Energie frei für das persönliche Wachstum. Stecken Sie also den Schlüssel des Verzeihens in die Gefängnistür, machen Sie sie weit auf, und entlassen Sie diese Personen in das Licht.
10. Konzentrieren Sie sich jetzt wieder auf den Solarplexus und atmen Sie tief ein. Dabei haben Sie geistig die Bilder der Personen vor sich, denen Sie vergeben wollen.
11. Atmen Sie nun stoßweise kräftig durch den Solarplexus aus, und lassen Sie die Bilder ganz los, ent-formen Sie sie, und wirbeln Sie die Energie im Zimmer herum, hinaus ans Licht und zurück zu ihrem höchsten Potential. Ziehen Sie gleichzeitig mit den Händen die unerwünschte Energie aus dem betroffenen Bereich ab, und entformen Sie so das Ätherfeld. Diese Transformationsatmung wiederholen Sie noch zweimal.

12. Stellen Sie sich nun vor, wie Ihr Solarplexus von goldenem Licht umhüllt ist. Nehmen Sie dazu die Hände zu Hilfe.
13. Konzentrieren Sie sich jetzt auf die Brustmitte, die Hände gehen zum Herzchakra. In Zukunft sollten Sie immer, wenn Sie mit den Personen, denen Sie vergeben haben, verbalen oder auch non-verbalen Kontakt haben, einen Augenblick lang Ihre Aufmerksamkeit auf das Herzchakra lenken und mit ihnen vom Herzen aus kommunizieren.
14. Jetzt lassen Sie vor Ihrem geistigen Auge Ihr eigenes Bild entstehen, als Kind, Jugendlicher oder Erwachsener, oder auch alle drei auf einmal. Teilen Sie sich ohne Worte mit, was Sie sich selbst verzeihen wollen. Atmen Sie tief durch das Herzchakra ein, und umarmen Sie Ihr Selbstbildnis. Atmen Sie langsam aus, und spüren Sie die Vergebung. Halten Sie sich selbst im Arm, und sagen Sie sich: »Alles ist verziehen. Willkommen daheim!«

Es folgt das Protokoll einer Demonstration dieses Prozesses auf einer Konferenz in Seattle. ›LL‹ steht für mich, ›KL‹ für die Klientin.

LL: »Willst du dieser Person wirklich verzeihen, sie wirklich loslassen?«

KL: »Ja.«

LL: »Sehr schön. Mach die Augen zu, atme ein paarmal tief durch, und entspanne dich dabei immer mehr.«

(Zum Publikum:) »Wenn ich jetzt meine eine Hand vorne über das Herzchakra halte und die andere hinter ihren Rücken, schaffe ich ein Energiefeld und komme mit ihr in Resonanz.«

(Zur KL:) »Wenn ich mich jetzt mit den Händen auf dich konzentriere, spürst du da etwas?«

KL: »Ja, am Rücken.«

LL (zu den anderen Workshopteilnehmern): »Wenn ich mich auf die Thymusdrüse und das Herzchakra konzentriere, findet eine Energieübertragung statt. Der Körper braucht eine Weile, bis er die Energie absorbiert hat, aber sobald das passiert, spüre ich ein Kribbeln in der spürenden Hand. Bei anderen macht sich dies als Wärme oder auch Kühle bemerkbar, oder auch als Druck oder Pulsieren.«

(zur KL): »Atme tief ein und halte die Luft einen Augenblick lang an. Dann atmest du aus und siehst dabei vor deinem geistigen Auge die Menschen, denen du vergeben willst. Das Bild sollte ganz klar sein. Jedes Bild ist von einem violetten Kreis umgeben. Sag jedem einzelnen, was du ihm/ihr vergeben willst – was sie/er dir angetan hat oder auch nicht gemacht hat.

Spür die Wut, die Traurigkeit, die Angst, die Scham, die Schuld, bevor du diesen Menschen verzeihst. In gewissem Sinne hast du sie in einem Gefängnis festgehalten. Jetzt hast du beschlossen, sie freizulassen. Du hast durch Schuldzuweisung und Bestrafung nicht nur sie festgehalten, sondern auch deine eigene Freiheit beschränkt. Wenn du sie freiläßt, schenkst du also auch dir selbst die Freiheit.

Sieh dich vor der Gefängnistür stehen und mit dem Schlüssel der Vergebung die Tür aufschließen. Mach sie weit auf und laß sie hinaus ans Licht kommen. Bereite dich darauf vor, sie freizulassen. Das heißt nicht, daß du alles vergessen mußt, sie lieben mußt; laß sie einfach los mit Hilfe deines Willens, der Bilder und des Atems. Dadurch wird Energie in dir frei, die du für dein eigenes Wachstum nützen kannst.«

KL: (Nickt bestätigend.)

LL: »Konzentriere dich auf den Solarplexus und atme tief ein. Noch immer hast du die Bilder dieser Menschen vor Augen. Denke daran, daß du ihnen vergeben willst. (Auch LL atmet tief ein.) Wenn ich sage ›Loslassen!‹, atme kräftig durch den Solarplexus aus und laß diese Bilder ganz los, laß die Energie durch den ganzen Raum wirbeln und hinein ins Licht.«

KL: (Stößt die Luft aus.)

LL: (Atmet stoßweise ein) »Atme noch einmal ein und laß dann los. (Wiederholt den synchronisierten Atemstoß.)

Geh nun mit deiner Aufmerksamkeit in die Brust. Von jetzt an wirst du immer dann, wenn du mit diesen Personen verbal oder non-verbal in Kontakt trittst, dich für einen Moment auf das Herz konzentrieren und von dort aus mit ihnen kommunizieren.

Jetzt läßt du vor deinem geistigen Auge dein eigenes Bild entstehen, diesmal ohne den violetten Kreis. Sag dir ohne Worte, was du dir selbst verzeihen willst. Dann atmest du tief durch das

Herzchakra ein und umarmst dein Selbstbildnis. Atme langsam aus und spüre die Vergebung.«
KL: (Nickt mit dem Kopf.)
LL: »Alles ist verziehen. Werde eins mit dem Bild, das du umarmt hältst, und sage dir: ›Willkommen daheim!‹«

Wenn die holoenergetische Phase des Loslassens abgeschlossen ist, sind Sie bereit für den nächsten Schritt, die Reformation.

10

Reformation

Die Rückkehr zur Quelle führt auch zur Bedeutung, doch die Quelle wird nicht finden, wer dem Anschein folgt.

Sengtsan (Der Dritte Zen-Patriarch)

Wenn ich jetzt manches anschaue, was damals für mich die reinste Katastrophe war, erkenne ich, daß genau dadurch ein wichtiger Aspekt meines Leben und meiner Laufbahn eine Struktur gefunden hat.

Joseph Campbell

Kennen Sie die alte Geschichte über den Reisenden, der in einem ihm völlig unbekannten Landesteil auf die falsche Straße gerät? Er sieht einen Bauern, der gerade sein Feld umpflügt und läuft ihm nach. Dieser hält seinen Traktor an und schaut auf den Reisenden hinab.

»Ich habe mich verirrt«, sagt dieser, »ich brauche Hilfe.«

»Wissen Sie, wo Sie sich befinden?« fragt der Bauer.

»Ja«, sagt der Reisende, »vor etwa einem Kilometer habe ich einen Wegweiser gesehen.«

»Und Sie wissen auch, wohin Sie wollen?«

Der Reisende nickt und nennt dem Farmer sein Ziel.

»Dann haben Sie sich nicht verirrt«, sagt der Bauer. »Sie brauchen nur die Richtung zu finden.«

So ähnlich fühlen Sie sich vielleicht auf den beiden letzten Etappen des holoenergetischen Heilungsprozesses. Sie wissen zwar, wo Sie sind – voller Angst, Schmerz, Verwirrung. Und Sie wissen auch, wo Sie hinwollen – dorthin, wo es keine Angst mehr, sondern Heilung und Frieden gibt. Dennoch haben Sie das Gefühl, Sie hätten den Weg verloren. Die Reformationsphase zeigt uns die Richtung und den Sinn unserer Reise, und wir finden zurück zu unserem starken Inneren Führer, der eigentlich die ganze Zeit da war.

Sich für den Wandel entscheiden

Das zu ändernde Energiemuster ist aufgelöst und hat der formlosen Leere Platz gemacht. Jetzt können der Körpergeist und das Ätherfeld zu ihrer natürlichen Harmonie und Balance zurückfinden. Sie können jedoch auch ein neues Energiemuster schaffen, mit dem Gesundheit und Ganzheit gefördert werden können, und Ihrem Leben einen neuen Sinn, ein neues Ziel geben.

Gehen Sie mit den Händen noch einmal zu dem Chakra bzw. dem Körperteil, der im Mittelpunkt der Energiearbeit stand. Konzentrieren Sie sich auf das neue Bild, die positive Intention, und lassen Sie eine neue Überzeugung, einen neuen Sinninhalt entstehen. Atmen Sie tief durch das Scheitelchakra ein, und energetisieren Sie das neue Bild. Atmen Sie dann langsam in den betroffenen Körperbereich aus, und füllen Sie ihn mit der lebendigen neuen Energieform oder auch einfach mit Licht und Liebe – einer universalen Form von Heilung und Gleichgewicht.

So können Sie die Leere zum Beispiel mit einem gesundheitsfördernden neuen Bild füllen, was vor allem bei körperlichen Beschwerden hilfreich ist. Schauen Sie einfach einmal ein Anatomielehrbuch an, um zu sehen, wie gesunde Organe, Gewebe und Zellen aussehen. Nehmen Sie diese Bilder dann zum Visualisieren zur Hilfe.[1]

Falls Ihnen kein solches Bild zur Verfügung steht oder Sie kein Bild visualisieren möchten, können Sie ein Symbol verwenden, das beispielsweise für das steht, was Sie erreichen möchten: ein Stern, ein tiefblauer stiller See, eine rote Flamme, ein Baum, eine Blume, unsere Erde im Weltraum. Lassen Sie zur Verstärkung in dem betroffenen Körperteil ein Gefühl von Wärme oder ein Kribbeln entstehen, etwas, das für Sie Heilung und Gesundheit bedeutet. Durch solche Symbole, Gefühle oder Bilder werden die natürlichen harmonischen Energiefrequenzen des gesunden Organs angesprochen.

---

1 Für nähere Informationen siehe Lennert Nilsson, *Eine Reise in das Innere des Körpers*, sowie Richard G. Kessel und Randy H. Kardon, *Tissues and Organs*.

Bei eher emotionalen Problemen ist es sinnvoll, die positive Intention hinter dem Problem oder eine neue Überzeugung in den Bereich hineinzubringen: »Ich bin liebenswert«, »Ich lerne, mich mit Freude auf den Augenblick einzulassen«. Auch Liebe und Licht, die universalen Oktaven, die die Verbindung zur Struktur herstellen und ihr immer wieder ihre natürliche, gesunde Frequenz nahebringen, sind bestens geeignet. Hochfrequente Liebesenergie verhindert außerdem, daß die aufgelöste alte Form wieder die alte Form annimmt.

Eine weitere Möglichkeit besteht darin, die formlose Leere mit dem neuen Sinn, der neuen Vision, dem Traum zu füllen. Die Energie, die einst durch die Krankheit gebunden war, ist nun frei für andere Ziele und Zwecke, die mit Ihrem vollen Potential oder Höheren Selbst natürlich harmonieren.

Den Sinn finden

Jeder Mensch ist einzigartig. Wer seine ganz persönlichen Qualitäten und Fähigkeiten kennt, akzeptiert und zum Ausdruck bringt, lebt ein erfülltes und schöpferisches Leben. Diese Qualitäten spiegeln die spirituelle Energie im Leben wider. Sich ihrer bewußt zu sein erleichtert die Anbindung an den persönlichen Lebenssinn. Viele spirituelle Traditionen gehen davon aus, daß es einen universalen Sinn des Lebens gibt – dich kennen und ganz du selbst sein, gleichzeitig eins sein mit allem anderen. Jeder Mensch lebt diesen Sinn des Lebens auf seine eigene Weise.[2]

Eine Möglichkeit, sich den Sinn seines Lebens bewußt zu machen, besteht darin, sich seine Erfolge näher anzuschauen:

1. Denken Sie an die erfolgreichen Momente in Ihrem Leben zurück, spüren Sie noch einmal die damit verbundenen Gefühle: Augenblicke, in denen Sie Ihr Bestes geleistet haben oder Momente großer Freude und Ekstase. Haben Sie schon einmal das Gefühl vollkommener Erfüllung erlebt? Wenn Sie ›im Fluß‹ waren und eins mit Ihrem Tun?

---

2 Vgl. dazu Mark Thurston, *Discovering Your Soul's Purpose*, Virginia Beach 1984.

2. Machen Sie eine Liste Ihrer Qualitäten und Fähigkeiten, welche in diesen Erfahrungen zum Tragen kamen.
3. Welche Ihrer persönlichen Qualitäten spielen eine Rolle, wenn es um die Interaktion mit anderen Menschen, Dingen, Informationen geht?

Machen Sie sich klar, daß diese Qualitäten bereits in Ihnen sind; sie sind Ausdruck Ihrer spirituellen Kraft. Mit dem Kennenlernen und Akzeptieren dieser Eigenschaften wissen Sie auch um den Sinn Ihres Lebens. Mit diesem Wissen können Sie Ihr Leben zum Erfolg machen. Tiefer, erfüllender Erfolg erwächst aus Ihrer Entscheidung, sich in Ihrer ganzen Einzigartigkeit zu entfalten und dem ›Ruf der Glückseligkeit‹ in Ihnen zu folgen.

Das Bewußtsein des persönlichen Wertes, der Qualitäten, die jede Person einzigartig und erfolgreich machen, ist ein wichtiger Teil auf der Entdeckungsreise zum Sinn. Viele Menschen sind erfolgreich und wissen eigentlich nicht warum. Wenn sie sich ihrer individuellen Stärken bewußt werden, wird ihnen auch der Sinn ihres Lebens klar.

Gipfelerfahrungen sind eine andere Möglichkeit, den Sinn des Lebens zu erforschen. Abraham Maslow fragte dazu nach den »wunderbarsten Erfahrungen des Lebens; die glücklichsten Momente, Momente der Ekstase und Verzückung durch die Liebe, die Musik, einen großartigen Augenblick der Kreativität, den Anblick eines Gemäldes«. (*Toward a Psychology of Being*, S. 67)

Solche Gipfelerfahrungen können durch etwas Außerordentliches oder auch durch etwas ganz Banales ausgelöst werden. Unerwartet und mühelos verblassen vertraute Denkweisen und Gefühle, und die Tür zu einem neuen Teil der Persönlichkeit tut sich auf, verbunden mit dem Gefühl der Ganzheit und des Einssein; wir spüren, daß wir endlich ›heimgekommen‹ sind.

Können Sie sich an solche Gipfelerlebnisse erinnern? Vielleicht draußen in der freien Natur, bei einem Konzert, beim Sport, bei der Meditation oder einfach bei einem guten Gespräch mit einem Freund. Charakteristisch ist das Gefühl, mehr man selbst zu sein und gleichzeitig mit dem, was man tut, zu verschmelzen.

Selbst wenn dieses Ereignis in einer ganz gewöhnlichen Umgebung stattfand, werden Sie es als etwas Besonderes wahrgenommen haben. Oft erlebt man dies von einem anderen Bewußtseinszustand aus, zum Beispiel während der Meditation oder in einem Traum.

Gipfelerlebnisse ›passieren‹ oft einfach, spontan und mühelos, begleitet von dem Gedanken: »Das bin ich wirklich. Wie schön wäre es, wenn ich mich öfter so gut fühlen würde.«

Nehmen Sie jetzt noch einmal Verbindung mit Ihren Gipfelerfahrungen auf, und schreiben Sie die wesentlichen Merkmale nieder. In einem Satz drücken Sie dann die Essenz des Erlebnisses aus, zum Beispiel:

»Reines Sein, vollkommen im Augenblick, eins mit allem.«

»Bedingungslos lieben und geliebt werden.«

»Verbunden, spontan, frei.«

Mit diesen Sätzen können Sie intuitiv den höheren Sinn Ihres Lebens erfassen, den Quell, aus dem Sie Freude und Glückseligkeit schöpfen können. Gipfelerfahrungen sind ein kurzes Aufblitzen der spirituellen Kraft des Höheren Selbst, die Sie durchströmt.

Drei Ebenen des Wandels

Wandel geschieht im holoenergetischen Heilungsprozeß durch Bewußtheit, Liebe und bewußte Entscheidung. Zunächst findet er auf der emotionalen, mentalen, intuitiven und spirituellen Ebene statt, dann erst kommt die physische Ebene. Es gibt drei Möglichkeiten, Energie loszulassen und umzuformen: (1) Translation, (2) Transformation und (3) Transzendenz, die ›drei Wandlungs-T's‹. In jedem Fall findet dabei ein Wandel der bewußten Bewußtheit statt.

Translation

Wenn ein guter Übersetzer einen Gedanken oder ein Gefühl von einer Sprache in eine andere überträgt, ändert sich zwar die Form, doch die Substanz (Quelle) bleibt im wesentlichen unverändert. Ein Liebesgedicht würde in englisch also in etwa die gleichen Gefühle ausdrücken wie in russisch, chinesisch, französisch oder deutsch. Ähnlich ist es bei der holoenergetischen ›Übersetzung‹ (Translation): Die Quelle ändert sich, wenn überhaupt, nur wenig, die ›Sprache‹, in der sich das holoenergetische Muster ausdrückt, dagegen sehr wohl.

Ein Mann, der die Wut auf seinen Chef in einem langen Dauerlauf verarbeitet, übersetzt seine Wutgefühle in Aktion. Die Quelle, das Kernproblem, welches die eigentliche Ursache seiner Wut ist, ändert sich dadurch allerdings nicht; es findet nur eine Übertragung aus der Sprache der Gefühle und Gedanken in die Sprache der körperlichen Bewegung statt.

Translation findet auf einer emotionalen Ebene statt, wenn die Emotion an einen Platz wechselt, wo sie zerstreut (entkräftet) werden kann (beim Laufen wird sie abreagiert) oder sich in ein anderes Gefühl verwandelt; so wird Mitleid zu Mitgefühl, und Dickköpfigkeit verwandelt sich in Durchhaltevermögen, die Neigung zum Verurteilen in Urteilsfähigkeit. Auch negative Überzeugungen können übersetzt werden: »Ich bin nicht liebenswert« wird so zum »Ich habe Liebe verdient.«

Das wesentliche Merkmal der Translation ist also, daß die Quelle nicht verändert wird, die zugrundeliegenden holoenergetischen Muster, die der Auslöser für die Probleme und Krankheiten sind, somit intakt bleiben und weiterwirken können. Das Muster bleibt, was es auch vorher war: ein disharmonisches Energiemuster, das immer wieder zu unerwünschten Gedanken, Gefühlen und Handlungen führt, bis der Zugang zur Quelle freigelegt und diese transformiert wird.

Translation funktioniert sehr gut auf der Symptomebene und ist deshalb ein wichtiger Teil des Heilungsprozesses. Mit Hilfe von Visualisierungen und Bildern können Symptome aufgelöst oder die Krankheit sogar tatsächlich geheilt werden. In der Praxis wird ein Symptom in ein Symbol oder ein Bild übersetzt bzw. umgewandelt. Dann wird das Bild verändert, und dadurch ändert sich auch oft das Symptom.

Herpessymptome können beispielsweise auf der Translationsebene behandelt werden, indem die Läsion, die oft mit einem Brennen verbunden ist, symbolisch im Bild einer roten Feuersglut visualisiert und mit kaltem Wasser ›gelöscht‹ wird.

Falls auf der physischen Ebene die rote Schwellung und der Schmerz zurückgehen, hat eine Translation stattgefunden.

In der Akupunktur und bestimmten Körpertherapien dirigiert der Therapeut den Energiefluß in einen anderen Körperbereich, um das Gleichgewicht wieder herzustellen oder die Energie dort fließen zu lassen, wo sie nötiger gebraucht wird.

Auch wenn das halbleere Glas als halbvoll wahrgenommen wird, findet Wandel auf der Translationsebene statt, denn die Wassermenge im Glas verändert sich dabei nicht.

Meist ist die Translation der Schritt, der der Transformation vorausgeht. Sobald ein Symptom in ein Bild oder Symbol übersetzt, das verursachende Ereignis, die Wahlmöglichkeiten und Überzeugungen dahinter angesprochen und damit die positiven Intentionen entdeckt werden, nimmt die Transformation ihren Anfang. Das Bild kann nun holoenergetisch losgelassen und umgeformt werden. Durch das Vermischen und Weiterentwickeln wird die holoenergetische Transformation vollendet.

Transformation

In der Transformation wird eine Bewußtseinsebene erreicht, auf der wir uns nicht nur der gegenwärtigen Unannehmlichkeiten bewußt werden, sondern auch ihre Quelle, das zugrundeliegende holoenergetische Muster erkennen, durch das das zu ändernde Problem entsteht und aufrechterhalten wird. Holoenergetische Heilung kann dann stattfinden, wenn eine erweiterte und dauerhafte Wahrnehmung der Krankheitsquelle zusammenkommt mit bewußt herbeigeführten Energieveränderungen. Dieser Heilungsprozeß ist nicht nur eine Translation, denn er wird ergänzt durch psychologische Einsicht und das Verändern unerwünschter Energiemuster in Form von krankmachenden Gefühlen, Gedanken, Entscheidungen und Wahlmöglichkeiten, Überzeugungen und Einstellungen.

Translationswandel bewirkt eine kontinuierliche Bewußtheitserweiterung und -kontraktion innerhalb einer bestimmten Bewußtseinsebene: Eben ist man sich nur der Seite bewußt, die man gerade liest; im nächsten Moment nimmt man das ganze Zimmer wahr. Im Schlaf ist die Bewußtheit niedriger als im

Wachzustand. Wird die bewußte Wahrnehmung dauerhaft auf eine höhere Bewußtseinsebene gebracht, kann holoenergetischer Wandel stattfinden. Ralph Metzner schreibt in seinem Buch *Opening to the Light*: »[Transformation impliziert], daß die Struktur und Funktion der Psyche sich verändern.« (S. 2)

Jede Bewußtseinsebene hat ein für sie typisches Schwingungsmuster, ihre eigene Struktur und Funktion. Die Schwingungsqualitäten der höheren Bewußtseinsebenen erweitern und formen die Bewußtheit, verändern Wahrnehmungen, Gedanken, Gefühle, Entscheidungen und Überzeugungen.

Transformation bringt uns auf eine neue Bewußtseinsebene, wo die Bereitschaft und Fähigkeit, die Wahrheit über sich selbst zu sehen, größer ist. Man kann sich die krankmachenden Energiemuster wie Anker vorstellen, die uns fest in bestimmten Bewußtseinsstrukturen bzw. -mustern verankern. Mit dem Loslassen dieser Muster befreien wir uns von den Ankern und können eine höhere Bewußtseinsebene und damit auch eine höhere Bewußtheit der Krankheitsquelle erreichen. Auf den höheren Schwingungsebenen können wir auf ein Bewußtsein zugreifen, das an der Quelle liegt und für die Form eines Energiemusters Ausschlag gibt.

Transformation und Heilung kann auf der physischen, emotionalen, mentalen oder spirituellen Ebene stattfinden; die Folgen davon können auf einer beliebigen Ebene oder auch allen Ebenen gleichzeitig Ausdruck finden.

Physisch zeigt sich Transformation oft, jedoch nicht unbedingt, in einer veränderten Erscheinung oder Verhaltensweise. So berichtet die Bibel, daß Saul nach seiner Transformationserfahrung sich vom Feind zum Verteidiger des Glaubens wandelte. Genauso gibt es Kriminelle, die zu musterhaften Staatsbürgern wurden. Transformationserfahrungen können auch eine Bestätigung dafür sein, daß der spirituelle Weg der richtige ist; demnach findet nach außen keine offensichtliche Veränderung statt. Schon die alten Zen-Meister pflegten zu sagen: Nach einer spirituellen Transformation kann man einfach wieder Holz hacken und Wasser holen, als ob nichts geschehen wäre. Metzner schreibt in *Opening to the Light*: »Das *Erscheinungsbild des Körpers* kann sich durch eine Bewußtseinstransformation verändern, muß aber nicht... Durch Krankheit und Gesundung kann die physische Form und Erscheinung drastischen Veränderungen unterworfen werden. Wer einmal spontan oder durch psychische Heilung von einem bösartigen Tumor geheilt wurde, ist durch eine alchemistische Transformation der physischen Elemente des Körpers hindurchgegangen.« (S. 3)

Auf der emotionalen Ebene zeigt sich transformativer Wandel oft durch dauerhafte Bewußtheit und Integration von expansiven und kontraktiven Gefühlen sowie in der bewußten Wahrnehmung der Quelle. Durch bestimmte Atemtechniken können Streßgefühle in Entspannung übersetzt werden; Transformation findet dann statt, wenn die Atemtechniken noch einen Schritt weitergehen und zur Quelle des Streß führen. Dadurch können zukünftige Streßerfahrungen dauerhaft reduziert werden.

Mentale Transformation und die damit einhergehende erweiterte Bewußtheit führen uns an den Punkt, an dem wir die Verantwortung für die Quelle übernehmen, die unerwünschte Energieform loslassen oder weiterentwickeln und uns dann neu für den Wandel entscheiden. Man kann dies mit einer Umstrukturierung krankmachender Lebenserfahrungen beschreiben, wodurch neue Entscheidungen getroffen werden können, die nicht mehr von den Formen bestimmt werden, die früher unser Leben beherrscht haben. Wir hören das Geflüster des Körpers, anstatt weiterhin auf den lauten Schrei der Krankheit oder des Traumas zu warten.

Spirituell zeigt sich die erweiterte Bewußtheit oft als stärkeres Selbst-Gefühl und in dem Erkennen transpersonaler Werte wie Freude und Dankbarkeit. Mehr Bewußtheit bringt auch mehr Zusammenhänge und mehr Beziehung zum Selbst und zur Umwelt. Je größer die Bewußtheit, desto größer ist auch das Wissen um sich selbst und das Verständnis, und desto mehr Mitgefühl und Verzeihen, desto weniger Schuld und Richten ist möglich. Gelebtes Verständnis und Mitgefühl wird zur Weisheit.

Die Fähigkeit, in Verbindung und Beziehung zu treten, wird durch die Liebe verstärkt. Liebende Verbundenheit mit dem, was ist, führt zur Wahrheit. So wird durch die Liebe die Verbindung der Krankheit mit ihrer Quelle geschaffen und die Einsicht möglich, daß wir unsere Wirklichkeit auch selbst schaffen. Auch Emotionen und Gedanken werden durch die liebende Verbundenheit mit der Quelle transformiert. Liebe ist die mächtigste aller transformativen Energien.

Transformation und Wachstum können durch Liebe und Freude, aber auch durch Schmerz und Leid geschehen. Viele Menschen werden sich der Quelle ihrer Schwierigkeiten erst durch das Leiden bewußt. Doch auch Liebe und Freude können dies bewirken. Durch sie haben Verurteilen und Beschuldigen ein Ende, an ihre Stelle tritt das Verzeihen. Die Verteidigungshaltung ist nicht mehr nötig, und wir sehen die Wahrheit. Die Liebe und Freude der Transformation werden zu Leitprinzipien, die uns den Weg zum Wachstum weisen.

Das Transformieren von Lebenssituationen setzt Energien frei, die für die Trennung von sich selbst und anderen benötigt wurden. Die Illusion des Getrenntseins aufrechterhalten heißt, seine Energie dafür zu benutzen, die Tür zuzuhalten, hinter der ein riesiges Energiepotential steckt. Diese Tür bricht plötzlich auf, wenn durch Transformation und Transzendenz die Illusion losgelassen wird. Jetzt steht uns all die strahlende Energie hinter der Tür zur Verfügung, nicht zu vergessen die Energie, die wir mit dem Zuhalten vergeudet haben.

Greifen wir noch einmal auf die Analogie des halbvollen Glases zurück. Durch Transformation füllt sich das Glas, manchmal bis zum Überlaufen. Dies ist nicht nur auf eine veränderte Wahrnehmung zurückzuführen, sondern ist auch ein Zeichen für die überfließende Energie, die nun zum Heilen, zum Wachsen, zum schöpferischen Tun zur Verfügung steht.

Transzendenz

Eine Transzendenzerfahrung bringt eine Bewußtseinsveränderung mit sich, in der wir uns auf die Essenz einer Form einstimmen. Dieser Ausrichtung geht die Resonanz voraus; wir machen einen Quantensprung über die Dualität der Form hinaus. Jetzt kennen wir alle möglichen Formen dieser Energie und können sie freisetzen und nutzen, ganz nach Belieben.

Menschen, die eine Nahtodeserfahrung gemacht haben, erleben oft Augenblicke der Transzendenz. Sowohl Transzendenz als auch Transformation beinhalten den Tod der alten Form. Während in der Transformation eine neue, höhere Form geschaffen wird, die mehr Energie freisetzen oder absorbieren kann, springt in der Transzendenz das Bewußtsein über die Welt der Formen hinaus. Wir befreien uns von der Form, sind frei zu wählen und frei zu sein.

Transformation ist ein natürlicher Teil der Evolution, und jeder Mensch ist zur Transzendenz fähig. Die bewußte Entscheidung für die Ganzheit macht Heilung in ihrem wahrsten Sinne möglich. Diese erhöhte Bewußtheit des Selbst und des Ganzen macht den Unterschied zwischen Heilung und Heilbehandlung aus und führt zur Auflösung der Pathologie.

Transzendenz macht nicht nur das Glas voll, sondern erschließt uns den Ozean, der die Quelle ist.

Analogie der 3 T's
Translation (Übersetzung) kann mit dem Umschalten von Radiosendern verglichen werden, dem Umschalten zu einem Programm mit weniger Werbung und besserer Unterhaltung, damit mehr heilende und entspannende ›Sendungen‹ auf dem Programm stehen. *Transformation* ist, als würden wir der Manager und Programmdirektor des Senders werden, der die Möglichkeit hat, die Wattzahl zu erhöhen, das Programm umzugestalten und zum Beispiel auch Fernsehen anzubieten. Sie sind also nicht nur der Nachrichtensprecher, sondern der Nachrichtenmacher. Sie haben es in der Hand, die Musik zu senden, die Heilung und Wachstum unterstützt. *Transzendenz* eröffnet sozusagen neue Wege der Kommunikation, die nicht auf das elektromagnetische Spektrum von Radio und TV beschränkt sind und Wissen und Neuschaffen augenblicklich möglich machen. Der Quantensprung in den Ozean des universalen Bewußtseins ist vollzogen.

Reformation: Die Methode

Konzentrieren Sie sich auf den Bereich, den Sie heilen wollen, und gehen Sie auch mit den Händen in dieses Feld. Bringen Sie nun geistig das neue, gesunde Bild, die positive Intention, den positiven Sinn in diesen Bereich. Atmen Sie durch Ihren transpersonalen Raum über dem Kopf tief ein, und energetisieren Sie damit das neue Bild. Dann atmen Sie langsam in den betreffenden Körperteil hinein und füllen ihn mit der lebensprühenden Form oder dem liebevollen Licht.

Füllen Sie den gereinigten Körperbereich mit einem gesunden Bild, falls Sie eines haben. Dies ist vor allem bei körperlichen Läsionen sehr nützlich. Sie können sich einfach das Bild des gesunden Organs, Gewebes etc. anschauen und den Körperteil mit diesem Bild füllen. Genausogut können Sie ein Symbol verwenden, das für die positive Intention steht. Dadurch wird die natürliche Frequenz des gesunden Organs evoziert.

Bei emotionalen Problemen bringen Sie Ihre neue Überzeugung hinein, verbunden mit positiver Intention, mit Licht oder Liebe. Liebe und Licht verbinden sich mit der Struktur und erinnern sie an ihre natürliche, gesunde Frequenz. Liebende Energie einer höheren Frequenz dient auch dazu, das alte, aufgelöste Muster nicht wieder in Form kommen zu lassen.

Auch die Leere kann mit dem Sinn, der positiven Intention, der Vision, dem Traum gefüllt werden. Die Energie, die in der alten Form gebunden war, ist nun frei und kann umgelenkt werden. Sie können jetzt mit Ihrer spirituellen Essenz in Verbindung treten und mit ihr die Leere füllen.

Die bedingungslose Liebe, die nach der Reformation kommt, besiegelt den Wandel.

ÜBUNG

Der Prozeß der bedingungslosen Liebe

Der Heilungsprozeß wird mit der eigenen Liebesenergie vervollständigt und besiegelt. Es ist empfehlenswert, diesen Prozeß auf Kassette aufzunehmen, am besten nach dem Vergebungsprozeß.

1. Werden Sie für einen Augenblick Ihr eigener bester Freund. Bringen Sie sich an den friedlichsten, glückseligsten Platz, den Sie kennen. Spüren Sie, wie sich in Ihrem Herzzentrum ein Gefühl totaler, bedingungsloser Selbstliebe entwickelt – Liebe für jede einzelne Zelle, jedes Atom, jedes Organ, jeden Teil Ihres Wesens. Diese Liebe kennt kein Vergleichen, keine Urteile, sie ist jenseits von Zeit und Raum, jenseits allen Verstehens.
2. Mit dem nächsten Atemzug füllen Sie Ihre ganze Brust mit dem Licht der Liebe. Es fließt in Ihre Schultern, die Arme hinab bis in die Fingerspitzen, in den Hals und hinauf in den Kopf. Stellen Sie sich vor, wie dieses liebevolle Licht Ihren Kopf füllt und schließlich überfließt, wie ein Springbrunnen der Liebe aus dem Scheitelchakra heraussprudelt und liebevoll den ganzen Körper umfließt.
3. Konzentrieren Sie sich auf das Scheitelchakra, und spüren Sie die wunderbare Liebe Ihres Höheren Selbst. Diese Liebe ist immer da, Sie müssen Sie sich nicht erst verdienen; nehmen Sie sie einfach an. Spüren Sie den strahlenden Lichtball circa neun bis zwölf Zentimeter über Ihrem Kopf. Er sinkt langsam nach unten, in den Kopf hinein, hinunter bis zum Herzchakra. Die Liebe Ihres Höheren Selbst läßt Sie erblühen und taucht Ihr ganzes Wesen, den ganzen Körper in strahlendes Licht. Lassen Sie es hereinkommen.
4. Bitten Sie nun Ihr Höheres Selbst:
   Heile, was geheilt werden muß.
   Tu, was getan werden muß.
   Bring mich zur Ganzheit.
   Damit wir eins werden.
5. Gehen Sie jetzt mit Ihrer Aufmerksamkeit wieder in Ihr Herzchakra und spüren Sie die totale, bedingungslose Liebe sich selbst gegenüber und die Liebe Ihres Höheren Selbst. Atmen Sie tief ein, halten Sie für einen Moment die Luft an, und senden Sie mit dem Ausatmen ein Lichtfeuerwerk vom Herzen aus in jede Zelle und jedes Atom Ihres Körpers, jeden Teil Ihres Wesens, so daß alles in Ihnen funkelt wie Sterne am Nachthimmel.

TEIL III

11

Holoenergetisches Heilen – die praktische Anwendung

Alles Werden ist eine Entwicklung der Bewegung in unserem wahren Selbst; dieses Selbst wohnt allen Körpern inne, nicht nur dem unseren. In der Beziehung zu dieser Welt müssen wir uns dessen bewußt sein, was wir wirklich sind – das eine Selbst wird alles, was wir beobachten. Jede Bewegung, jede Energie, jede Form, jedes Geschehen müssen wir als Teil des wahren und einzigen Selbst in vielen Existenzen betrachten, als Spiel des Willens und Wissens und der Freude des Herrn in seiner Welt-Existenz.

Sri Aurobindo

Ich möchte nun von einer Frau berichten, Joan, die an einem meiner Workshops über holoenergetisches Heilen teilnahm. Kurz darauf beschloß sie, die gelernten Techniken einzusetzen und so an die Quelle ihrer immer wieder auftretenden Fieberbläschen (Lippenherpes) zu gelangen. Bevor sie mit dieser Arbeit begann, trat der Herpes dreimal jährlich in Erscheinung. Ihre letzte Herpeserkrankung trat auf, als sie einmal einen Freund zu Besuch hatte. Sie schmiedete schon Pläne für die Ferien und hoffte, er würde das Weihnachtsfest mit ihr und ihrer Familie verbringen. Statt dessen stellte sich heraus, daß er sich bereits mit einer anderen Freundin verabredet hatte. Sie war total enttäuscht und verletzt.

»Ich zog mich von ihm zurück und spürte in meinem Herzen eine sengende Hitze, meine ganze Brust stand in Flammen«, berichtete Joan. Am Morgen nach dem Gespräch mit dem Freund trat der Herpes auf.

Für Joan war die Zeit reif für eine Heilung. Sie arbeitete mit den beschriebenen Selbstheilungsmethoden und bat eine Freundin, ihr zur Seite zu stehen und Aufnahmen zu machen. Im folgenden wird Joans Heilung beschrieben.

Zunächst machte sie die Übungen zum Entspannen, Erden, Verbinden und Zentrieren. Dann folgten die fünf Fragen, die den Erkenntnisprozeß einleiten:

Frage 1: Was möchte ich verändern?

»Meinen Herpes.«

Frage 2: Warum möchte ich mich gerade jetzt ändern?

»Es tut weh und ist ganz wund. Außerdem schaut es schlimm aus. Ich will nicht mehr leiden, sondern verstehen, was der Herpes mir sagen will, damit ich für den Virus nicht mehr anfällig bin. Ich möchte vollständig davon geheilt werden.«

Frage 3: Inwiefern trage ich zu den gegenwärtigen Umständen bei?

»Ich weiß nicht. Ich bekomme die Bläschen dreimal im Jahr und weiß nicht warum. Es geschieht unbewußt.«

Frage 4: Was kann ich wegen des Herpes nicht tun, sein, haben? Was kann ich dadurch tun, sein, haben? Welchen Nutzen ziehe ich daraus?

»Ich kann die Lippen nicht richtig bewegen und deshalb auch nicht küssen. Ich habe Angst, daß ich immer Fieberbläschen bekomme, wenn ich gestreßt bin. Ich spüre, daß die Bläschen mir etwas mitteilen wollen, und daß das Wissen darum mich sehr stark machen würde. Ich weiß nicht, was die Bläschen mir bringen.«

(Anmerkung an den Leser: Sicherlich haben Sie bemerkt, daß Joans Antworten nicht vollständig sind. Dieser Mangel an Klarheit ist in der rationalen Erkenntnisphase des holoenergetischen Heilens nichts Ungewöhnliches. Nichtsdestotrotz bereiten die Fragen den intuitiven Erkenntnisprozeß vor.)

Frage 5: Was möchte ich erreichen?

»Ich möchte die Fieberbläschen an der Quelle heilen und nie wieder welche bekommen.«

Joan saß dabei bequem auf ihrer Couch und bewegte die Hände im Energiefeld über der Thymusdrüse und dem Herzchakra hin und her. Nach einem tiefen Atemzug atmete Joan langsam aus und konzentrierte sich auf die Herpesläsion an den Lippen. Auch ihre Hände wanderten in diesen Bereich, circa sieben bis fünfzehn Zentimeter von den Lippen entfernt.

Joan konzentrierte sich auf die Fieberbläschen, um mit ihnen zu schwingen und sich mit ihnen identifizieren zu können. Sie beschrieb den befallenen Bereich, als ob sie ihn durch die Augen des Symptoms sehen konnte. Sie fragte das Fieberbläschen: »Was würdest du mir sagen, wenn du reden könntest?«

Dann nahm sie die Rolle des Herpes ein und antwortete: »Ich stehe richtiggehend unter Feuer. Ich bin rot und geschwollen und für alle Welt sichtbar, mitten in Joans Gesicht. Wenn sie die Lippen bewegt, tue ich ihr weh. Ich brenne und kitzle.«

Joan kamen dabei die folgenden Gedanken: »Ich bin verletzt. Ich kann meine Lippen nicht bewegen, sonst tut's noch mehr weh. Rede nicht. Küsse nicht. Eigentlich müßte ich mein Gesicht verstecken, damit niemand sieht, wie häßlich ich bin. Wenn jemand mich küßt, könnte ich ihn anstecken, also habe ich eine Ausrede, nicht küssen zu müssen und auf Distanz zu bleiben.«

Nach einer kurzen Pause fuhr sie fort: »Ich bin wütend über mich selbst, weil ich nicht gesagt habe, was ich wirklich will, nämlich ihn für mich alleine haben. Ich bin wütend, weil ich meine Gefühle nicht gezeigt habe. Und auf ihn bin ich auch wütend.«

Joan rief sich in Erinnerung, wann sie zum ersten Mal solche Gefühle hatte: als sie als Baby an der Brust ihrer Mutter lag.

»Meine Mutter stillt mich, und mein Bruder Robert schaut zu. Er will mich nicht hier haben. Ich nehme seinen Platz ein. Seine Botschaft an mich lautet, daß ich ihm etwas wegnehme. Ich spüre, daß ich eigentlich die Milch, die Brust meiner Mutter, ihre Liebe und Aufmerksamkeit nicht voll in Anspruch nehmen dürfte. Aber ich bin nur ein Baby, und ich brauche das alles. Ich brauche es zum Leben. Aber damit mein Bruder mich liebt, nehme ich nicht alles, was ich will. Ich werde mich mit weniger begnügen, damit er mich liebhat.«

Für Joan war dies das kritische Ereignis. Zu jenem Zeitpunkt in ihrer Kindheit formte sich in ihr die unbewußte Überzeugung, daß es sehr selbstsüchtig von ihr war, all das, was sie wollte, zu wollen. Unbewußt dachte sie: »Wenn ich bekomme, was ich will, muß jemand anderes leiden. Ich sollte nicht so viel wollen. Ich verdiene das alles nicht.« So entschloß Joan sich unbewußt, daß sie niemals um das bitten würde, was sie wollte, weil sonst jemand anderer Not leiden müßte.

Joan sah ein, daß sie mit der alten Überzeugung, sie sei selbstsüchtig, in Resonanz war, als ihr Freund ihre Einladung abschlug. Ihr Gefühl sagte ihr, es wäre falsch, all das zu wollen – sich zu wünschen, daß ihr Freund das Weihnachtsfest mit ihr verbringen würde.

»Ich glaubte, daß es sehr selbstsüchtig von mir sei, seine ganze Aufmerksamkeit zu wollen. Wenn er mir das geben würde, würde seine Freundin nicht bekommen, was sie wollte. Für diese Selbstsucht hatte ich ein Brandmal verdient. Ich bin diese Aufmerksamkeit nicht wert, genausowenig wie all die Milch meiner Mutter. Ich bin überzeugt, daß an diesem Punkt mein Immunsystem dem Herpesvirus nachgab und dieser sich wieder auf meinen Lippen ausbreiten konnte, der Schwachstelle meines Körpers.«

Joan stellte sich die Frage, wie sie diese alte Überzeugung und die Krankheit durch etwas anderes ersetzen konnte. Sie antwortete: »Ich glaube, daß ich alles verdiene, was ich will. Es ist richtig und gesund für mich, daß ich die ganze Aufmerksamkeit meines Geliebten möchte. Wenn ich bekomme, was ich will, betrüge ich niemanden um die Erfüllung seiner/ihrer Bedürfnisse.«

Joan wurde sich klar über ihre Kernüberzeugung und war bereit, dieses Muster aufzugeben. »Ich will die Überzeugung, daß ich selbstsüchtig bin, loslassen, und auch die Überzeugung, daß jemand anderes leiden muß, wenn ich bekomme, was ich will.«

Sie erzählte weiter: »Ich atmete durch das Fieberbläschen ein, hielt die Luft an, machte mir klar, daß ich ein für allemal die Überzeugung, daß ich nicht alles verdiene, was ich will, loslassen wollte, ganz und gar. Dann atmete ich kräftig durch die schmerzende Blase aus und hatte ein Gefühl, als ob ich diese alte Überzeugung völlig transformiert hätte. Beim Ausatmen zog ich abrupt meine Hände vom Lippenbereich weg und brach dadurch das Feld auf. Ich wiederholte das Ganze mehrere Male und stellte mir dabei vor, wie ich die Wurzel des ganzen Symptoms regelrecht herauszog und transformierte.«

In der nun entstandenen Leere schuf Joan ein neues Selbstbildnis. Sie brachte die Hände wieder in den Lippenbereich und konzentrierte sich mit ihrer neuen Überzeugung und Intention auf diese Stelle.

»Ich sah mich völlig gesund, frei zu reden und zu küssen und meine Bedürfnisse auszudrücken. Ich war überzeugt, daß ich alles verdiene, was ich will. Auch meine Lippen waren völlig gesund. Als ich die schmerzende Stelle an meinen Lippen betrachtete, fühlte ich mich ganz anders als noch vor wenigen Augenblicken. Die Energie, die den Herpesvirus dort festhielt, war völlig verschwunden, aufgezehrt. Als ich durch das Scheitelchakra einatmete, spürte ich, wie die neue Überzeugung in mir stärker wurde. Dann imaginierte ich ein Licht voller Liebe und Heilkraft, das in meine Lippen strömte.«

»Beim nächsten Atemzug stellte ich mir vor, wie heilsames, liebendes Licht mich ganz ausfüllte. Ich sah mich völlig gesund, frei zu reden, zu küssen und meine Bedürfnisse auszudrücken.«

Diesen Bericht schrieb Joan über drei Jahre nach der Heilsitzung. In dieser ganzen Zeit hatte sie keinen einzigen Herpesausbruch mehr gehabt.

Genauso wie bei solchen Langzeitbedingungen kann das holoenergetische Heilen auch in akuten Situationen Hilfe bringen, wie das folgende Beispiel zeigt:

Ich befand mich gerade in Hill of the Hawk bei Big Sur, Kalifornien. Eine Frau, Jennifer, war auf eine Biene getreten und gestochen worden.

Jennifer setzte sich hin, und ich bat sie, tief einzuatmen und langsam in den Schmerz auszuatmen, sich dann auf den Schmerz zu konzentrieren – seine Form, seine Größe, seine Farbe – und ihn zu beschreiben. Dabei schaffte ich mit meinen Händen ein Heilfeld über der betroffenen Stelle.

Ich fragte sie: »Was will der Schmerz dir sagen? Was ist seine Bedeutung?« Meine Intuition sagte mir, daß es etwas mit Aufmerksamkeit beim Gehen zu tun hatte, und ich sagte ihr das. Sie bestätigte mir sofort, daß die Botschaft lautete, daß sie ihre Schritte mit Bewußtheit tun müsse. Sie schien genau zu wissen, was das in ihrem Leben bedeutete, obwohl ich gar nicht nach Einzelheiten fragte.

Ich bat Jennifer, dieser Bedeutung bzw. positiven Intention eine Form oder Präsenz zu geben, zum Beispiel von einem Menschen, der ihre Qualitäten verkörperte, oder auch ein archetypisches Symbol. Sie sollte dann diese Form und die ursprüngliche Form, Farbe und Gestalt ihres Schmerzes geistig betrachten.

»Sag dem Schmerz, daß die Botschaft angekommen ist, und danke ihm dafür, daß er dir geholfen hat, dir darüber klarzuwerden. Sag ihm, seine Arbeit ist getan und er könnte nun durch das Licht zurückkehren in den Bereich des Unmanifestierten. Vertraue darauf, daß er das versteht.

Atme nun durch den Stich ein, durch die Form des Schmerzes, und halte die Luft an. Konzentriere dich dabei weiter auf die Form, und sage ihr im stillen, daß es an der Zeit ist, zurück ins Licht zu gehen. Dann atmest du kräftig aus, in das Bild des Schmerzes hinein; blase es durch den Stich hinaus mit dem Willen, die Form aufzulösen und ins Licht freizusetzen.«

Als sie ausatmete, zog ich mit meinen Händen die Energie ab und atmete dabei kräftig ein (Impulsation). Dann sagte ich: »Jetzt stell dir das Bild der positiven Bedeutung vor, ganz klar, und atme tief ein. Beim Ausatmen läßt du den Atem langsam in die gestochene Körperstelle fließen und füllst sie mit dem neuen Bild. Mit dem nächsten Atemzug füllst du die Stelle mit wunderschönem, kühlendem, eisblauem Licht ... So, das war's schon.«

Als die Heilbehandlung beendet war, hatte der Schmerz bereits aufgehört, und es war nur noch eine rote stecknadelkopfgroße Stelle in einem kleinen weißen Bereich zu sehen. Die Schwellung, die sofort nach dem Stich aufgetreten war, und der Schmerz waren völlig verschwunden. Ich ließ sie die Stelle vorsichtshalber noch mit Eis kühlen.

Ein paar Stunden später traf ich sie wieder. Sie war überglücklich, daß es ihrem Fuß bestens ging – sie hatte nicht die geringsten Schmerzen mehr.

12

Holoenergetisches Heilen, Schritt für Schritt

Im Mittelpunkt der Suche des Kriegers steht die Suche nach der Ganzheit. Und doch strebst du danach, etwas zu werden, was du in der Essenz bereits bist. Es ist dein persönlicher Mythos, den du bewußt machen, in Form bringen, kreativ ausdrücken mußt. Die Sonne symbolisiert den Pfad und erleuchtet das Ziel: das menschliche Herz.

Ralph Blum

Schritt 1: Erkenntnis (rationales Wissen)

Der erste Schritt des holoenergetischen Heilungsprozesses ist das Abrufen von Informationen über die gegenwärtigen Umstände; dies geschieht hauptsächlich durch Fragen und das stille Hören auf die Antworten.

Entspannen und Erden

1. Machen Sie es sich bequem, im Sitzen, Stehen oder Liegen. Probieren Sie aus, was für Sie am besten ist.
2. Entspannen Sie sich. Suchen Sie sich eine entsprechende Übung aus (siehe Seite 263).
3. Erden Sie sich. Atmen Sie sanft und langsam. Beim Einatmen ziehen Sie Energie aus dem Zentrum der Erde durch das Steißbein bis zum Herzen hoch.
4. Kommen Sie in Verbindung mit sich selbst. Atmen Sie langsam und ruhig. Beim Einatmen atmen Sie die Energie des Kosmos durch den Scheitel ein, hinunter bis zur Brust. Atmen Sie sanft ins Herzchakra aus.
5. Zentrieren Sie sich. Atmen Sie langsam und ruhig. Holen Sie dann tief Luft und atmen Sie die Energie der Erde und des Kosmos gleichzeitig ein, durch das Steißbein und den Scheitel; sie kommen im Herzen zusammen.

Genießen Sie für eine Weile die Entspannung und Zentriertheit.

Die fünf Schlüsselfragen

Stellen Sie sich die folgenden fünf Fragen. Sie können die Antworten auf Kassettenrekorder aufnehmen, aufschreiben oder von einem Freund aufzeichnen lassen.

1. Was will ich verändern?
2. Warum will ich mich jetzt verändern?
3. Inwiefern trage ich selbst zu den gegenwärtigen Umständen bei?
4. Was kann ich wegen dieser Krankheit (Situation, Problem) nicht tun, sein, haben? Was kann ich dadurch tun, sein, haben?
5. Welches Ergebnis möchte ich wirklich? Wie sieht der nächste Schritt aus?

Typische Krankheitsmuster

Das Identifizieren von Krankheitsmustern ist ein wesentlicher Teil der Erkenntnisphase. Hier noch einmal fünf wichtige Krankheitsmuster:

1. die Schwierigkeit, Liebe zu empfangen
2. die Schwierigkeit, Lust zu empfangen
3. die Schwierigkeit, Wut auszudrücken und loszulassen
4. die Schwierigkeit zu verzeihen
5. die Schwierigkeit zu vertrauen

Schritt 1: Erkenntnis (intuitives Wissen)

Bestimmen Sie mit den L-Drähten Ihr Ätherfeld, und werten Sie Ihre Chakren aus. Dieser Schritt ist kein Muß. In Abbildung 2 auf Seite 63 finden Sie eine genaue Beschreibung.

Die Ausgleichsatmung

Um leichter in den transpersonalen Heilzustand zu kommen, können Sie die Ausgleichsatmung von Seite 119 zu Hilfe nehmen.

Schritt 2: Resonanz

Fragen Sie sich: »Bin ich wirklich bereit, jetzt Heilung zuzulassen?« Wenn dies nicht der Fall ist, sollten Sie Ihre Entscheidung respektieren. Falls Sie die Frage mit ›Ja‹ beantworten, machen Sie weiter (vgl. Abb. 12). Oft wird bei einer negativen Antwort die Frage nach dem Warum gestellt. Sie können etwas später noch einmal den ersten Teil von Schritt 1 wiederholen und Ihre Bereitschaft zum Heilen bzw. Ihre Heilungsunwilligkeit noch einmal genauer erforschen.

1. Die Aufmerksamkeit fokussieren

Richten Sie Ihre Aufmerksamkeit auf den Zeugenbereich/die Thymusdrüse und das Herzchakra, circa sieben bis zwölf Zentimeter unterhalb der Schultern, in der Mitte der Brust. Gehen Sie in den Zustand des Beobachters und rufen Sie Ihren Inneren Führer bzw. das Höhere Selbst zu Hilfe, um die Quelle des Problems herauszufinden.

2. Die Position der Hände

Der Einfachheit halber nennen wir die dominante Hand die energetisierende Hand, die andere die spürende Hand.

Anleitungen für die energetisierende Hand
Energetisieren Sie Ihr Herzchakra/die Thymusdrüse, indem Sie die energetisierende Hand circa sieben bis fünfzehn Zentimeter vom Körper entfernt mit ausgestreckten Händen und den Handflächen zum Herzen gerichtet halten. Stellen Sie sich vor, daß Ihre Hand Energie ausstrahlt. Durch das Vor- und Zurückbewegen der Hand entsteht ein Energiefluß, der Ihr

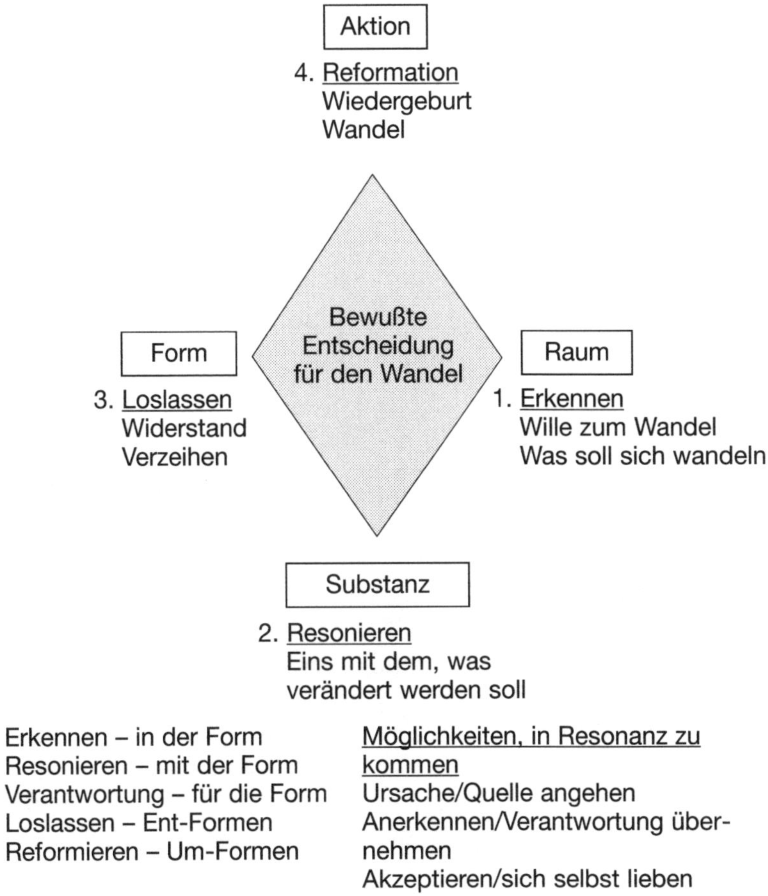

Abb. 12 *Bewußte Entscheidung für den Wandel*

Empfinden für Wärme, Pulsieren, Kribbeln, Druck etc. in der Brustmitte verstärkt.

Anleitungen für die spürende Hand

Mit der zweiten Hand circa 20 bis 25 Zentimeter vor dem Körper spüren Sie das Feld ab; die Handfläche ist wieder zum Herzchakra gerichtet. Bewegen Sie die Hand auf und ab zwischen den Schultern und der Taille, und finden Sie den Punkt der größten Resonanz heraus; dies ist der Punkt, wo Sie die

Energie am stärksten spüren. Bleiben Sie mit der Hand in dieser Position und verstärken Sie damit das Feld. Spüren Sie auch eventuelle Energieschwankungen.

3. *In Resonanz kommen*

Atmen Sie tief ein, und halten Sie kurz die Luft an. Beim langsamen Ausatmen lassen Sie das zu ändernde Problem/die Krankheit geistig in sich aufsteigen.

- Bei physischen Erkrankungen spüren Sie, wo Sie das Symptom im Körper fühlen, und gehen mit Ihrer Aufmerksamkeit in diesen Bereich.
- Bei emotionalen Problemen konzentrieren Sie sich auf die Stelle im Körper, wo Sie die Emotion als physische Empfindung wahrnehmen (Knoten im Bauch, zugeschnürter Hals, Kopfweh etc.).
- Sie können sich statt dessen auch auf das/die damit verbundene/n Chakra/Chakren konzentrieren. Welches Chakra Sie auswählen, können Sie mit Hilfe des biomechanischen Austestens (aus Schritt 1) bestimmen. Sie können sich auch die Tabelle auf S. 164–165 noch einmal anschauen oder sich einfach auf Ihre Intuition verlassen.
- Bei physischen oder emotionalen Traumata erinnern Sie sich an das auslösende Ereignis; erleben Sie es noch einmal, damit Sie mit der Situation und den damaligen Gefühlen, Gedanken, Überzeugungen und Wahlmöglichkeiten resonieren können.
- Wenn Sie physische Empfindungen, Symptome oder Krankheitserscheinungen spüren, können Sie mit den Händen vom Herzchakra ausgehend an die betroffene Körperstelle gehen und den Fokus damit spezifizieren. Ist diese Stelle außer Reichweite Ihrer Hände, bleiben Sie einfach im Herz-/Thymusdrüsenbereich.

4. *Empfindungen beschreiben*

- Beschreiben Sie, was in Ihnen hochkommt, seien es nun Empfindungen, Bilder oder Symbole. Nehmen Sie für die folgenden Fragen ruhig einen Kassettenrekorder zu Hilfe, wenn Sie wollen.

Wo spüren Sie es im Körper?

Was fühlen, sehen oder hören Sie?

Welche Bilder tauchen auf?

Welche Größe, Form und Farbe haben die Bilder oder Empfindungen?

Sind auch Geräusche oder Stimmen beteiligt?

- Atmen Sie tief ein, und tauchen Sie hinein in das Gefühl, das Bild, das Symbol. Verschmelzen Sie damit, werden Sie selbst zu diesem Gefühl. Wie fühlen Sie sich in diesem Bild?
- Bleiben Sie in dem holoenergetischen Muster, und erinnern Sie sich an die Zeit, als Sie zum ersten Mal ähnliche Emotionen hatten. Leben Sie diese Erfahrung noch einmal durch, so gut es geht.
- Welche Überzeugungen über sich selbst, die anderen, die Welt erwuchsen aus dieser Erfahrung?

5. Die positive Intention entdecken

Sie wissen nun, was mit Ihnen los ist. Jetzt ist es an der Zeit, die zugrundeliegende positive Intention hinter dem holoenergetischen Muster (dem Gefühl, der Überzeugung, der physisch manifestierten Krankheit) zu entdecken und zu verstehen. Die positive Intention ist die positive Lebensenergie, die das holoenergetische Muster eigentlich erfahren möchte.

Atmen Sie tief ein und ziehen Sie sich geistig von dem holoenergetischen Muster, mit dem Sie eben noch verschmolzen waren, zurück. Gehen Sie in den Zustand des Beobachtenden Selbst, und erleben Sie das Muster als etwas von Ihnen Getrenntes. Sie wissen, daß hinter dem Muster eine positive Intention steckt. Fragen Sie es also liebevoll, was es wirklich will. Manifestieren Sie die Lebenskraft, die positive Intention in einer Form, einem Bild oder einem Symbol. Auch eine Person oder Präsenz, tot oder lebendig, real oder erfunden, kann für Sie diese Lebenskraft repräsentieren.

Sobald Sie die positive Intention hinter dem krankmachenden Energiemuster entdeckt haben, können Sie das disharmonische Muster loslassen und ent-formen, auflösen. Eine andere Möglichkeit besteht darin, es zu absorbieren und direkt in die Manifestation der positiven Intention zu transformieren.

Schritt 3: Loslassen

Die Phase des Loslassens besteht aus fünf Schritten:

1. Fragen Sie sich: »Bin ich jetzt bereit, dieses Muster (Bild, Überzeugung) loszulassen und durch etwas zu ersetzen, das ich wirklich will?«
2. Wenn Sie wirklich bereit sind, atmen Sie durch die betroffene Körperstelle, das entsprechende Chakra oder den Thymusdrüsenbereich ein. Halten Sie kurz die Luft an, und denken Sie an all das, was Sie endgültig loslassen wollen.
3. Stoßen Sie dann die Luft kräftig durch den energetisierten Bereich aus, mit der festen Intention, das ungesunde Muster loszulassen. Ent-formen Sie das ursprüngliche Gedankenmuster. Sehen Sie, wie sich das Energiemuster auflöst. Verstärken Sie den Effekt noch, indem Sie beim Ausatmen plötzlich mit den Händen die Energie abziehen. Stellen Sie sich vor, wie Sie buchstäblich das Energiemuster aus Ihrem Körper wegziehen und in die Welt des Formlosen entlassen.
4. Spüren Sie die Erleichterung, die Befreiung von dem ursprünglichen Muster.
5. Atmen Sie nun tief durch die Fußsohlen die Energie der Erde ein. Nach einem kurzen Augenblick des Anhaltens stoßen Sie den Atem kräftig durch den frisch gereinigten Bereich Ihres Körpers aus und befreien so diese Stelle von allen noch verbliebenen ungesunden Energieresten. Diese ›Säuberungsaktion‹ wiederholen Sie ein zweites Mal.
   An diesem Punkt schaffen Sie eine formlose Leere, die Sie jetzt mit etwas Neuem füllen können (Schritt 4).

Schritt 4: Reformation

Gehen Sie mit den Händen zurück in den betroffenen Bereich, und schaffen Sie geistig ein neues, gesundes Bild oder auch das Bild Ihrer positiven Lebenskraft, Ihres neuen Lebenssinns.

Atmen Sie durch den transpersonalen Raum über dem Kopf tief ein, und laden Sie dieses Bild mit Energie auf. Beim Ausatmen lassen Sie die Luft langsam in den betreffenden Bereich strömen und füllen ihn mit dieser lebensprühenden Form oder mit liebevollem Licht.

So können Sie die Leere zum Beispiel mit einem gesundheitsfördernden neuen Bild füllen, was vor allem bei körperlichen Beschwerden hilfreich ist. Schauen Sie einfach einmal ein Anatomielehrbuch an, um zu sehen, wie gesunde Organe, Gewebe und Zellen aussehen. Nehmen Sie diese Bilder dann zum Visualisieren zur Hilfe.

Durch solche Symbole, die für ein gesundes Bild oder eine positive Intention stehen, werden die natürlichen harmonischen Energiefrequenzen des gesunden Organs angesprochen.

Bei eher emotionalen Problemen ist es sinnvoll, die positive Intention hinter dem Problem oder eine neue Überzeugung in den Bereich hineinzubringen: »Ich bin liebenswert«, »Ich lerne, mich mit Freude auf den Augenblick einzulassen«. Auch Liebe und Licht, die universalen Oktaven, die die Verbindung zur Struktur herstellen und ihr immer wieder ihre natürliche, gesunde Frequenz nahebringen, sind bestens geeignet. Hochfrequente Liebesenergie verhindert außerdem, daß das aufgelöste alte Muster wieder die alte Form annimmt.

Eine weitere Möglichkeit besteht darin, die formlose Leere mit dem neuen Sinn, der neuen Vision, dem Traum zu füllen, der in Schritt 1 definiert wurde. Die Energie, die einst durch die Krankheit gebunden war, ist nun frei für andere Ziele und Zwecke, die mit Ihrem vollen Potential oder Höheren Selbst natürlich harmonieren.

Treten Sie mit Ihrer spirituellen Essenz in Verbindung und füllen Sie sie mit dieser Leere.

Ressource 2 (Seite 269–272) gibt Hilfestellung für das Erkennen und die Transformation des holoenergetischen Musters.

Der Prozeß der Vergebung

Vergebung schließt die eigene Heilung ab und befreit Sie von Energieformen, die die Krankheit unterstützen würden. Der Prozeß der Vergebung kann auch in der Phase des Loslassens oder der Reformation integriert werden.

1. Suchen Sie sich einen Platz, wo Sie eine Viertelstunde ungestört sind.
2. Überlegen Sie sich, wem Sie vergeben wollen. Wollen Sie diesem/diesen Menschen wirklich verzeihen?
3. Machen Sie mit geschlossenen Augen ein paar tiefe, langsame Bauchatemzüge, und entspannen Sie sich dabei immer mehr.
4. Konzentrieren Sie sich auf den Solarplexus.
5. Eine Hand halten Sie nun etwa sieben bis fünfzehn Zentimeter über dem Solarplexus; mit der anderen Hand spüren Sie die Energie, die sich aufbaut, wenn Sie nun diesen Bereich energetisieren, indem Sie die energetisierende Hand sanft hin- und herbewegen.
6. Atmen Sie einmal tief durch den Solarplexus ein, und halten Sie für einen Moment die Luft an; beim Ausatmen durch den Solarplexus bringen Sie sich die Bilder der Person(en) vor Augen, denen Sie vergeben wollen. Jedes Bild ist von einem ovalen oder kreisförmigen violetten Licht umgeben.
7. Teilen Sie nun diesen Bildern ohne Worte mit, was sie Ihnen angetan haben bzw. was sie nicht getan haben. Es ist wirklich wichtig, alles, was sich in Ihnen angestaut hat, auszudrücken, auch Gefühle wie Wut, Kummer, Traurigkeit, Verletztsein, oder auch den Wunsch, diese Menschen zu bestrafen.
8. Schauen Sie sich Ihre Bereitschaft, ihnen jetzt zu vergeben, an. Unter den Verletzungen und Schuldzuweisungen sind andere, expansive Gefühle – Freiheit, Frieden, Liebe, Freude und Kraft, welche herauskommen möchten. Erkennen Sie, daß Sie der geistige Gefängniswärter der Bilder dieser Personen waren. Auch die Gefühle des Verletztseins und der Schuld haben Sie in sich eingesperrt und somit sich selbst und die entsprechenden Personen immer wieder an

die gestörte Harmonie erinnert. Sehen Sie sich selbst vor der Gefängnistür stehen und ihnen die Tür zur Freiheit aufschließen. Seien Sie bereit, all diese Bilder und Gefühle loszulassen und freizusetzen.

9. Konzentrieren Sie sich jetzt wieder auf den Solarplexus und atmen Sie tief ein. Dabei haben Sie geistig die Bilder der Personen vor sich, denen Sie vergeben wollen.
10. Atmen Sie nun stoßweise kräftig durch den Solarplexus aus (Expulsation) und lassen Sie die Bilder ganz los, ent-formen Sie sie und wirbeln Sie die Energie im Zimmer herum, hinaus ans Licht. Ziehen Sie gleichzeitig mit den Händen die unerwünschte Energie aus dem betroffenen Bereich ab, und entformen Sie so das Ätherfeld. Diese Transformationsatmung wiederholen Sie noch zweimal oder auch öfter.
11. Stellen Sie sich nun vor, wie Ihr Solarplexus von goldenem Licht umhüllt ist. Nehmen Sie dazu die Hände zu Hilfe.
12. Konzentrieren Sie sich jetzt auf das Herzchakra, gehen Sie auch mit den Händen dorthin. In Zukunft sollten Sie immer, wenn Sie mit den Personen, denen Sie vergeben haben, verbalen oder auch non-verbalen Kontakt haben, einen Augenblick lang Ihre Aufmerksamkeit auf das Herzchakra lenken und mit ihnen vom Herzen aus kommunizieren.
13. Jetzt lassen Sie vor Ihrem geistigen Auge Ihr eigenes Bild entstehen, als Kind, Jugendlicher oder Erwachsener, oder auch alle drei auf einmal. Teilen Sie sich ohne Worte, aber mit Gefühl, mit, was Sie sich selbst verzeihen wollen. Atmen Sie tief durch das Herzchakra ein, und umarmen Sie Ihr Selbstbildnis. Atmen Sie langsam aus, in das Bild hinein, und spüren Sie die Vergebung. Halten Sie sich selbst im Arm, und sagen Sie sich: »Alles ist verziehen. Willkommen daheim!«

Der Abschluß des holoenergetischen Heilungsprozesses ist die bedingungslose Liebe

Werden Sie für einen Augenblick Ihr eigener bester Freund. Bringen Sie sich an den friedlichsten, glückseligsten Platz, den Sie kennen. Spüren Sie, wie sich in Ihrem Herzzentrum ein Gefühl totaler, bedingungsloser Selbstliebe entwickelt – Liebe für jede einzelne Zelle, jedes Atom, jedes Organ, jeden Teil Ihres Wesens. Diese Liebe kennt kein Vergleichen, keine Urteile, sie ist jenseits von Zeit und Raum, jenseits allen Verstehens.

Mit dem nächsten Atemzug füllen Sie Ihre ganze Brust mit dem Licht der Liebe. Es fließt in Ihre Schultern, die Arme hinab bis in die Fingerspitzen, in den Hals und hinauf in den Kopf. Stellen Sie sich vor, wie dieses liebevolle Licht Ihren Kopf füllt und schließlich überfließt, wie ein Springbrunnen der Liebe aus dem Scheitelchakra heraussprudelt und liebevoll den ganzen Körper umfließt.

Konzentrieren Sie sich auf das Scheitelchakra und spüren Sie die wunderbare Liebe Ihres Höheren Selbst. Diese Liebe ist immer da, Sie müssen sie sich nicht erst verdienen; nehmen Sie sie einfach an. Spüren Sie den strahlenden Lichtball circa 15 bis 20 Zentimeter über Ihrem Kopf. Er sinkt langsam nach unten, in den Kopf hinein, hinunter bis zum Herzchakra. Die Liebe Ihres Höheren Selbst läßt Sie erblühen und taucht Ihr ganzes Wesen, den ganzen Körper in strahlendes Licht. Lassen Sie es hereinkommen!

Bitten Sie nun Ihr Höheres Selbst:

Heile, was geheilt werden muß.
Tu, was getan werden muß.
Bring mich zur Ganzheit.
Damit wir eins werden.

Gehen Sie jetzt mit Ihrer Aufmerksamkeit wieder in Ihr Herzchakra, und spüren Sie die totale, bedingungslose Liebe sich selbst gegenüber und die Liebe Ihres Höheren Selbst. Atmen Sie tief ein, halten Sie für einen Moment die Luft an, und senden Sie mit dem Ausatmen ein Lichtfeuerwerk vom Herzen aus in jede Zelle und jedes Atom Ihres Körpers, jeden Teil Ihres

Wesens, so daß alles in Ihnen funkelt wie Sterne am Nachthimmel.

Die Checkliste des holoenergetischen Heilens

- Entfernen Sie Ihre Uhr, Schmuck, Münzen und sämtliche anderen Metallteile von Ihrem Körper.
- Dann erden Sie sich, nehmen innerlich Verbindung auf und zentrieren sich.
- Erstellen Sie Ihre persönliche holoenergetische Geschichte.
- Werten Sie Ihre Energiezentren aus (optional).
- Machen Sie die Ausgleichsatmung (optional).
- Fragen Sie sich: »Bin ich wirklich bereit, jetzt Heilung zuzulassen?« Bitten Sie ruhig Ihren Inneren Führer um tiefere Einsicht.
- Richten Sie Ihre Aufmerksamkeit auf den Zeugenbereich/die Thymusdrüse und das Herzchakra.
- Positionieren Sie die Hände.
- Atmen Sie tief ein, und halten Sie für einen Moment die Luft an. Atmen Sie dann durch die Thymusdrüse/das Herzchakra aus, und lassen Sie durch die innere Erfahrung eine Empfindung, ein Gefühl oder ein Bild des Problems hochkommen. Ihre Intuition spürt, wo es im Körper sitzt, welche Größe, Gestalt oder Farbe es hat.
- Gehen Sie mit den Händen an diese Körperstelle.
- Gehen Sie mit dem Problem oder der Körperzone in Resonanz. Erleben Sie noch einmal die damit verbundenen Erfahrungen und Gefühle, die hochkommen.
- Gehen Sie zurück zu dem Zeitpunkt, zu dem Sie zum ersten Mal ähnliche Gefühle erlebten.
- Identifizieren Sie die kritischen Überzeugungen und die positive Intention hinter dem Problem. Manifestieren Sie die positive Intention in einem Symbol.
- Fragen Sie sich, ob Sie wirklich bereit sind, dieses Muster aufzulösen und zu transformieren.
- Stoßen Sie den Atem kräftig durch die betroffene Körperzone oder das Herzchakra, und lassen Sie so die Form los.

Brechen Sie mit den Händen das Feld auf.
- Gehen Sie mit den Händen zurück an die betroffene Körperstelle.
- Energetisieren Sie mit dem neuen, gesunden Bild, der positiven Intention oder dem liebevollen Licht diesen Bereich.
- Nehmen Sie über den transpersonalen Raum mit den Händen und dem Atem Energie auf.

Andere Menschen heilen

Auch wenn Sie andere Menschen heilen, können Sie sich an die obigen Anleitungen halten. Beachten Sie dabei jedoch folgendes:

Erden, verbinden und zentrieren Sie sich als Heiler wie beschrieben. Ihr Partner sollte sich entspannen. Für mich ist es am besten, im Stehen zu arbeiten, es geht jedoch auch im Sitzen oder Liegen.

Am besten erklären Sie den Prozeß, vor allem die Atemtechniken und das biomechanische Austesten, bevor Sie anfangen, damit Sie den Heilungsprozeß nicht mit Erläuterungen unterbrechen müssen.

Lassen Sie beim Aufzeichnen der holoenergetischen Geschichte und bei allen anderen Fragen Ihrem Partner die Möglichkeit, seine/ihre Gedanken, Gefühle und Emotionen laut oder für sich im stillen zu beschreiben.

Wenn Sie und Ihr Partner sich nicht ganz im klaren sind, welcher Körperbereich im Mittelpunkt des Heilungsprozesses steht, hilft ein Austesten der Energiezentren (Chakren). Dieser Schritt ist kein Muß, sondern eine Möglichkeit.

Bei der Arbeit mit anderen verstärkt Ihre Liebe als Heiler die Resonanz zwischen Ihnen und dem Partner. Öffnen Sie sich dem Herzchakra und den transpersonalen Ebenen dieses Menschen, und kommen Sie mit seinem Energiefeld in Resonanz. Verstärkt wird die resonante Verbindung durch ein Gespräch oder physischen Kontakt mit der Hand auf seiner/ihrer Schulter.

Während der Heilarbeit erzeugen und erhalten Ihre Hände ein kohärentes Heilfeld über der betroffenen Körperstelle (vgl. Abb. 13). Eine Ihrer Hände befindet sich vor, die andere hinter dem Herzbereich/Thymusdrüse des anderen, wodurch eine transpersonale Verbindung entsteht. Verwenden Sie dafür Teile der ›Transpersonal Alignment‹-Übung (siehe Seite 84). Die hintere Hand ist die spürende Hand; mit ihr können Sie die Resonanz feststellen; Sie werden dann ein Pulsieren, Druck, Hitze oder ein Kribbeln wahrnehmen.[1]

Wenn Sie und Ihr Partner bereit sind, das krankmachende Energiemuster loszulassen, atmen Sie beide gleichzeitig ein und halten die Luft kurz an. Wenn der Partner die Luft ausstößt (Expulsation), atmen Sie im selben Moment scharf ein (Impulsation) und ziehen schnell die Hände weg, um dadurch die entformte Energie im Feld des Partners abzuziehen.

Dies schließt den Transformationsprozeß ab. Der ›Patient‹ weiß letztendlich, was für seine Heilung das Beste ist. Sie als Heiler unterstützen diesen Prozeß, überlassen es jedoch ihm, wieviel er erforschen will und welche Richtung eingeschlagen werden soll, um die Heilung zu beschleunigen.

Zum Schluß können Sie den Prozeß der Vergebung und der bedingungslosen Liebe einbeziehen, denn beide sind Bausteine, die in Verbindung mit den holoenergetischen Heiltechniken eine Art Heilsynergie schaffen.

---

1 Ihre Aufgabe besteht darin, Ihrem Partner zu helfen, jedes beteiligte holoenergetische Muster ›anzuzapfen‹ und zu transformieren. Dabei kann Ressource 2, ›Tracing‹, sehr hilfreich sein (vgl. Seite 269).

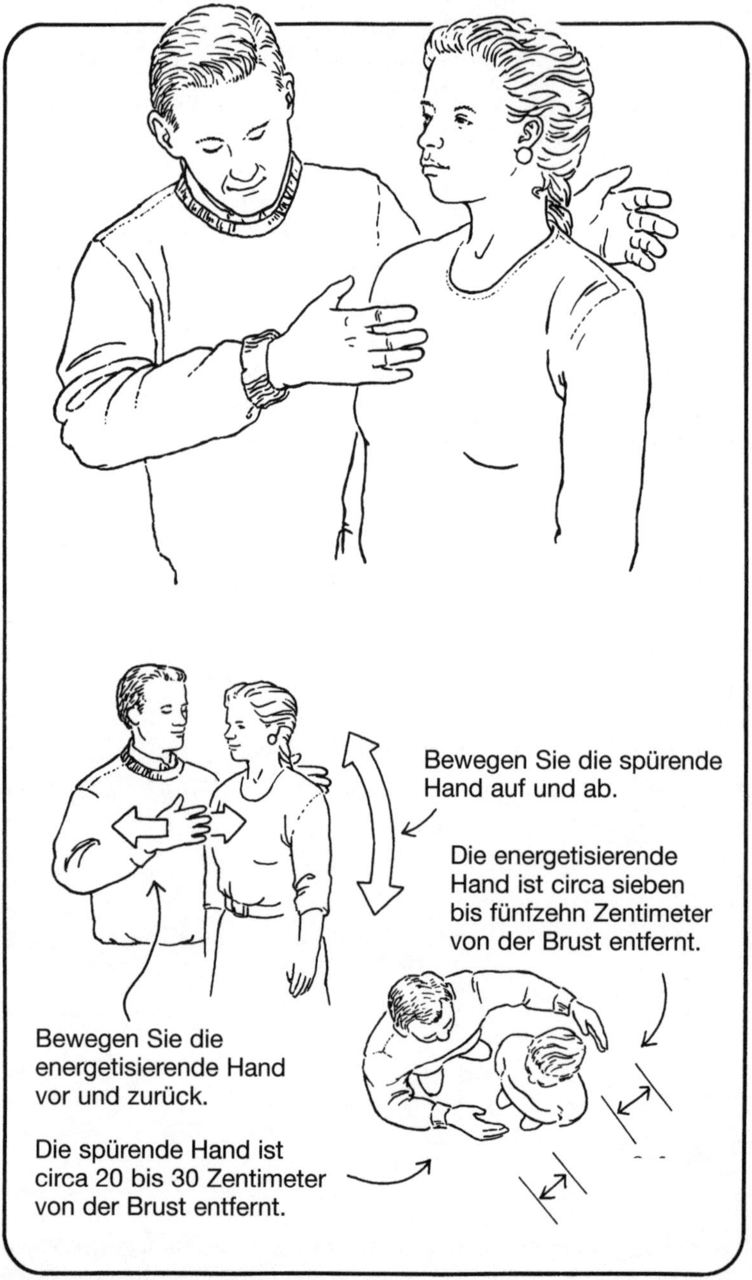

Abb. 13 *Heilarbeit mit anderen*

Die Menschheit[2]

Wir stehen zusammen an der Schwelle der Zeit
Zwischen einer vergangenen Vergangenheit und einer unbekannten Zukunft;
Ein Schleier nach dem anderen lüftet sich, Tür für Tür geht weit auf;
Zeitlose Weisheit, klar für Augen, die sehen können,
trägt sie Früchte und macht uns frei;
Aus dem Labyrinth, den Geist transzendierend,
Reisende durch die Korridore der Zeit;
Freude und Schmerz, die uns tief ergreifen,
Liebende, völlige Hingabe, die keine Fragen stellt;
Menschlicher Stolz und menschliche Angst bleiben zurück,
In dem Wissen, daß endlich der Frieden naht;
Ein Blick in das Gesicht des Schöpfers,
Eine Begegnung voller Wunder, jenseits von Raum und Zeit;
So betreten wir das Haus von Vater-Mutter und Sohn,
Wir empfangen den Segen und erwachen
Und wissen, wir sind eins.

2 Dieses Gedicht stammt von der Kinderärztin Betsy McGregor und entstand nach einer gemeinsamen Heilsitzung.

13

Auswirkungen auf die Zukunft

Nur das Gleiche erkennt das Gleiche, nur das Gleiche kann auf das Gleiche einwirken. Wir können nur das wissen, was wir sind: Nichts kann der Geist lernen, was nicht schon als potentielles Wissen in der sich entfaltenden Seele der Kreatur verborgen ist. So ist auch jede Vervollkommnung, zu der der äußere Mensch fähig ist, eine Realisierung der ewigen Vollkommenheit des Geistes in ihm. Wir kennen das Göttliche und werden zum Göttlichen, weil wir in unserer geheimen Natur bereits göttlich sind. Jedes Lehren enthüllt, jedes Werden entfaltet. Das Geheimnis heißt Selbst-Verwirklichung; Selbstwissen und ein wachsendes Bewußtsein sind die Mittel und der Prozeß.

Sri Aurobindo

Heilen zur Ganzheit

In den letzten Jahren stand die physische Gesundheit im Mittelpunkt. Wir haben uns hauptsächlich auf den Körper konzentriert, auf die materielle Seite des menschlichen Wesens. Im Westen haben wir gerade die ersten Schritte hin zur Einbeziehung von Bewußtseinszuständen gemacht, die die Grundlage für Wohlbefinden und Heilung bilden. Je mehr wir auf dieser Grundlage aufbauen, desto besser können wir das Bedürfnis nach emotionaler, mentaler und spiritueller Heilung erfüllen, ohne dabei die Heilung des Körpers auszuklammern. Wir werden uns immer mehr bewußt, daß hinter jeder physischen Krankheit ein emotionales Element mit entsprechenden mentalen und spirituellen Begleitumständen steckt, und daß der Körper eine multidimensionale Ausdehnung des Geistes ist.

Heutzutage sind sich die Wissenschaftler einig, daß wir in und als Teil eines unendlichen Energieozeans (›Energiesuppe‹) existieren. Geist und Materie sind nicht voneinander getrennt, sondern allem Anschein nach verschiedene Aspekte der gleichen, verbindenden Ordnung. In Anbetracht dieser Erkenntnisse ist es an der Zeit, die Körper-/Materie-Orientierung zu einer neuen Realität zu erweitern, die auf Energie, Bewußtsein und Ganzheit aufbaut.

Durch einen bewußteren Umgang mit Körper, Geist und Seele können wir uns selbst und andere heilen. Eine Möglichkeit dazu bietet das eben beschriebene Energieheilmodell. Dabei ist nicht nur Heilung des einzelnen durch psychoneuroimmunologische Prozesse möglich, ein Vorgang, der jetzt endlich die Beachtung der medizinischen Kreise findet. Ein weiterer wesentlicher Aspekt ist die Interaktion miteinander und mit der Umwelt auf eine Weise, die Heilung unterstützt. Erinnert sei an dieser Stelle noch einmal an die in Kapitel 1 beschriebenen Untersuchungen über die Fähigkeit, auf Krebszellen und Bakterien energetisch Einfluß zu nehmen. Diese und andere Forschungsergebnisse untermauern die These, daß wir sehr wohl fähig sind, uns gegenseitig energetisch zu beeinflussen. Die mächtigste aller Heilkräfte ist die Liebe. Wie ich bereits zu Beginn dieses Buches gesagt habe: Heilung ist ein natürlicher Prozeß, und die Liebe heilt.

Die Liebe bringt uns in Verbindung mit der natürlichen Ordnung und Harmonie, die den Zellen, uns selbst und dem universalen Bewußtsein innewohnt. Dadurch regt sie Heilung an. Heilen durch Liebe ist ein Prozeß der Ganzwerdung. Durch Heilung wird wieder ganz, was einst ganz war, jedoch gespalten wurde. Liebe und Heilung haben also vieles gemeinsam, denn auch die Liebe vereint und löst die Illusion des Getrenntseins auf.

So wie Heilung die Kluft zwischen Krankheit und Gesundheit, zwischen Disharmonie und Harmonie überbrückt, so überbrückt die Liebe den Raum zwischen Zersplitterung und Ganzheit, Getrenntsein/Individuation und Einheit.

Wie die Pausen zwischen den Noten schafft Liebe durch ihre stille Präsenz die Melodie. Die Liebe sagt: »Wo immer zwei oder mehr in meinem Namen versammelt sind, da bin ich mitten unter ihnen.« Liebe, als die Energie des ›Dazwischen‹, bringt Dualität in harmonische Einheit. Liebe ist die Energie und Bewußtheit des ›Dazwischen‹, die uns Grenzen überschreiten und weitergehen läßt.

Die beschriebenen Prinzipien implizieren unter anderem, daß es Fenster zur Einheit gibt, Prozesse, welche uns unser Geburtsrecht, das Einheitsbewußtsein, wiederbringen. Bewußtes Wahrnehmen der verbindenden Natur des Bewußtseins bringt uns zur Ganzheit – und genau dies ist Heilung.

Fenster zur Einheit werden zum Beispiel dann geschaffen, wenn gegensätzliche und komplementäre Polaritäten ins Gleichgewicht kommen, wenn Synthesen, Korrelationen (Analogien, Metaphern, vereinheitlichende Konzepte) geschaffen werden, wenn Resonanz, Kohärenz und Verschmelzung stattfinden. Das, was wir oft als gegensätzliche Pole betrachten, sind eigentlich komplementäre Teile, die sich ergänzen; sie definieren sich gegenseitig und bilden zusammen ein vereinheitlichendes Kontinuum.

Auf unserem Weg hin zu neuen, vereinheitlichenden Visionen des Heilens sollten wir den Wert der Individuation, die die Illusion der Trennung schafft, nicht vergessen. Individuation ist sowohl in der Entwicklung des eigenen Selbst als auch für das Wachstum des planetarischen Bewußtseins ein wesentlicher Faktor. Die Angst, die oft damit verbunden ist (Verlassenheitsgefühle und Einsamkeit), resultiert daraus, daß die vereinheitlichende Quelle, der Ursprung in Vergessenheit geraten oder verleugnet wird. Sri Aurobindo schreibt in *Über Yoga II: Erster Band* über das vereinheitlichende Bewußtsein, welches vom Getrenntsein zurück zum Ursprung findet:

»Man empfindet auch die anderen als Teil des eigenen Selbst oder als Variationen des eigenen Selbst, das gleiche Selbst, das von der Natur in andere Körper gesteckt wurde. Zumindest spürt man, daß man im größeren universalen Selbst lebt, welches von nun an die eigene größere Realität bildet. Eigentlich wird alles anders; die Art, wie man die Welt erlebt, ist völlig anders als bei den Menschen, die noch in ihrem persönlichen Selbst gefangen sind. Man erfährt Dinge anders, direkter, unabhängig vom äußeren Geist und den Sinnen. Das heißt nicht, daß kein Irrtum mehr möglich ist, denn solange Wissen mit Hilfe des Geistes aufgezeichnet wird, ist auch Irrtum nicht ausgeschlossen. Die Art des Erlebens, Sehens, Wissens, des Kontaktierens ist jedoch neu, tief und unermeßlich. Und die Grenzen des Wissens können fast unermeßlich weit gesteckt werden.«[1]

Heilen und die heilenden Berufe

Die Heilkraft der Liebe ist für die meisten Menschen unserer Gesellschaft ein ziemlich neues Konzept; dennoch ist es eine der ältesten Formen menschlicher Interaktion, in der Geben, Ernähren und Fürsorge der Gesundheit dienen. Inzwischen ist das Interesse am Heilen – sich selbst und andere – sehr gestiegen. In den letzten zwanzig Jahren haben immer mehr Ärzte und Patienten gemeinsam mehr Bewußtsein geschaffen für die Heilerfähigkeiten in uns. Dabei wird die Öffentlichkeit den ersten Schritt in diese Richtung machen müssen. Damit Heilpraktiken keine Außenseiterposition mehr einnehmen müssen, muß der Verbraucher die Gesundheitsexperten dazu bringen, neue Heilweisen anzuerkennen und sie in die Praxis zu integrieren.

Heilarbeit ist sehr kostengünstig; deshalb werden über kurz oder lang die Versicherungen und schließlich auch die Behörden diese Heilansätze fördern, um teure chirurgische Eingriffe zu verhindern und schädliche Nebenwirkungen bestimmter Behandlungsmethoden auszuschließen. Solange eine zeitliche Verzögerung dem Patienten nicht schadet, hätte er die Alternative, es zunächst mit Heilarbeit zu probieren.

Ich stelle mir eine – nicht allzu ferne – Zukunft vor, in der Heilarbeit ein integraler Bestandteil der Medizin, Zahnmedizin, Krankenpflege, Psychologie und Chiropraktik wird. Allen ›Heilberufen‹ wären diese Techniken und Methoden zugänglich, sie könnten an allen Schulen unterrichtet werden.

Die medizinische Praxis kann durch das Heilen wieder menschlicher werden. Am Anfang mag die Heilarbeit vielen in der Gesundheitspflege Tätigen als Bedrohung erscheinen, da sie ihr ganzes Leben lang etwas anderes gelernt haben und ent-

---

1 Sri Aurobindo, *On Yoga II: Tome One*, Pondicherry, 1971, S. 327, deutsche Übersetzung: *Über Yoga II, Erster Band.*

sprechend skeptisch sind, was ihre eigenen Heilerfähigkeiten bzw. das Vertrauen in sich selbst betrifft. Was ist, wenn sie das Heilen lernen wollen und dann mit dieser Arbeit Schwierigkeiten haben? Was bleibt ihnen dann noch? Und wie sieht es mit der finanziellen Seite aus? Wenn jemand nach einer halbstündigen Heilsitzung gesund ist und keine tage- und wochenlangen chirurgischen Eingriffe im Krankenhaus mehr benötigt, wie sieht es dann mit dem wirtschaflichen Überleben der Medizin aus? Hinzu kommt die Angst, daß ein Teil der ärztlichen Macht an andere abgegeben wird; das mag zwar nicht stimmen, die Angst ist jedoch trotzdem vorhanden. Diese Überlegungen könnten der Integration des Heilens in die ›heilenden Berufe‹ anfangs im Wege stehen.

Doch nichtsdestotrotz sollten transformative Methoden des Heilens allen, die auf dem Gesundheitssektor arbeiten, zugänglich gemacht werden. Manch einer wird in der holoenergetischen Heilarbeit eine kostengünstige und effektive Methode entdecken. Ich bin der Überzeugung, daß Heilen ein Baustein wird, der in jede andere Methode integriert werden kann. Einen solchen Baustein zu entwickeln ist viel besser als separate Neuentwicklungen, die für Praxen und den Status des Gesundheitssektors eine Bedrohung sind.

Heilung durch Bewußtsein ist sicherlich die Welle der Zukunft – Surfen im Meer der Liebe, in Verbindung mit Allem-Was-Ist!

Ressourcen

Ressource 1
Der Innere Führer

Ressource 2
Tracing

Ressource 3
Kristalline Strukturen als Energiewandler

Ressource 4
Die Beziehung zwischen Bewußtsein und Liebe –
›Operational Cosmology‹

Ressource 1

Der Innere Führer

Intuition ist eine Art von Wissen für das Reich des Geistes und kann ein Innerer Führer zur Erkenntnis der allgegenwärtigen Wahrheit sein.

Frances Vaughan

Viele Prozesse des holoenergetischen Heilungsmodells finden auf einer energetischen Ebene statt, zu der wir mit Hilfe der Intuition Zugang finden können. Ich habe dabei die Erfahrung gemacht, daß ein ›Innerer Führer‹ oder ›Innerer Ratgeber‹, auch ›Geistführer‹ genannt, dabei eine große Hilfe ist. Solche Inneren Führer sind mit Buch-Charakteren vergleichbar; sie existieren in dem Bereich des menschlichen Bewußtseins, den wir als die ›Innere Welt‹ bezeichnen. Sie ist für das äußere Auge zwar unsichtbar, aber dennoch real. In ihr finden sich sowohl der Ursprung größter Kraft als auch die Quelle der zu ändernden Krankheitsmuster. Wie ein guter Freund, der uns die neue fremde Stadt zeigt, spielt der Innere Führer in dieser Welt für uns den ›Fremdenführer‹.

Holoenergetisches Heilen setzt in dieser Inneren Welt an, um Krankheitsmuster und Stärken zu identifizieren und so Wandel herbeizuführen. Ab und zu braucht man dabei ein wenig Unterstützung, um die Anworten zu finden und sich in der Inneren Welt zurechtzufinden. In solchen Momenten können wir uns an den Inneren Führer wenden. Vor allem in der Erkenntnisphase, in der die Quelle der Krankheit identifiziert wird, ist dies eine große Hilfe.

Über das Wesen des Inneren Führers gibt es viele unterschiedliche Ansichten. Sind es reale Personen, die getrennt von uns auf einer anderen Bewußtseinsebene existieren? Oder sind sie Gebilde des Geistes, tatsächlich den Buchfiguren eines Autors vergleichbar?

C. G. Jung, dessen Pionierarbeit auf dem Gebiet des menschlichen Bewußtseins weltweit Anerkennung findet, hat sein

Leben lang mit Hilfe von Inneren Führern die innere Welt erforscht. Sein eigener Führer, Philemon, lehrte ihn, daß »die Psyche real ist« und daß viele der Figuren, die sie bevölkerten, ganz unabhängig von ihm existierten.

Die folgenden Anleitungen helfen Ihnen, mit Ihrem Inneren Führer Kontakt aufzunehmen. Der Innere Führer ist zwar zum Verständnis des holoenergetischen Heilens keine Voraussetzung, erleichtert jedoch vieles.

Die Übung ist in drei Abschnitte unterteilt; im ersten Abschnitt befassen wir uns mit der Entspannung, um geistig empfänglich zu werden; darauf folgt der ›Sichere Platz‹ und schließlich die ›Begegnung mit dem Inneren Führer‹, bei der Sie durch aktive Imagination Ihren persönlichen Führer treffen.

Da der Innere Führer wie bereits gesagt keine unabdingbare Voraussetzung für das Verständnis dieses Buches ist, haben Sie die Wahl: Sie können jetzt mit ihm Kontakt aufnehmen, warten, bis Sie in die ›Praxis‹ einsteigen, oder die Übung ganz weglassen.

ÜBUNG

Entspannung

Sie sollten für zwanzig Minuten ungestört sein und sich ganz auf diese Übung einlassen; suchen Sie sich einen Platz, an dem Sie bequem, aber wach und aufmerksam sitzen können.

1. Der Rücken ist dabei gerade, die Füße stehen flach auf dem Boden, die Hände liegen leicht auf den Oberschenkeln. Die Schultern sind entspannt und locker.
2. Auch die Zehen sind ganz entspannt. Die Füße haben Kontakt mit dem Boden. Die Kleidung sollte bequem und locker sitzen.
3. Atmen Sie tief in die Lungen und den Bauch ein. Nach einem kurzen Moment des Luftanhaltens atmen Sie langsam durch beide Nasenflügel aus. Nehmen Sie die Entspannung Ihrer Füße wahr (Zehen, Sohlen, Fersen, Knöchel).

4. Atmen Sie erneut ein wie oben, halten Sie kurz die Luft an, und atmen Sie dann langsam durch die Nase aus. Diesmal konzentrieren Sie Ihre Wahrnehmung auf die Entspannung der Unter- und Oberschenkel.
5. Nach dem nächsten Atemzug halten Sie kurz die Luft an und atmen dann langsam durch die Nase aus. Diesmal konzentrieren Sie Ihre Wahrnehmung auf die Entspannung des Gesäßes und des unteren Rückens.
6. Atmen Sie wieder ein, halten Sie kurz die Luft an, und atmen Sie dann langsam durch die Nase aus. Diesmal konzentrieren Sie Ihre Wahrnehmung auf die Entspannung des Bauchbereiches.
7. Atmen Sie erneut ein, halten Sie kurz die Luft an, und atmen Sie dann langsam durch die Nase aus. Diesmal konzentrieren Sie Ihre Wahrnehmung auf die Entspannung des Brustbereiches, der Schultern und der Arme. Auch die Nackenmuskeln sind ganz entspannt.
8. Machen Sie den Mund ganz weit auf, gähnen Sie ausgiebig, oder tun Sie so, als ob Sie gähnen würden. Spüren Sie, wie sich die Augenumgebung entspannt. Ihre Stirn wird glatt. Auch die Muskeln um Nase und Mund sind ganz entspannt.
9. Gedanken und Gefühle lassen Sie einfach vorüberziehen wie Wolken am Himmel.
10. Verharren Sie ein wenig in diesem Zustand geistiger Entspannung, bevor Sie weitermachen. Atmen Sie ganz normal, und genießen Sie einfach die Entspannung.

ÜBUNG

Der Sichere Platz

Sie sind jetzt tief entspannt und atmen langsam und ohne Anstrengung. Gehen Sie nun in Ihrer Phantasie an den friedlichsten, glückseligsten Ort in der Natur, den Sie kennen. Das kann beispielsweise

- eine Wiese,
- eine Waldlichtung,
- ein Strand,
- eine schöne Aussicht

sein. Spüren Sie die Weite, den Frieden und die Sicherheit, die Ihnen dieser Ort vermittelt. All Ihre Sinne nehmen Ihren Sicheren Platz auf. Spüren Sie ihn so deutlich, daß Sie ihn immer wieder lebhaft in die Erinnerung rufen können.

ÜBUNG

Die Begegnung mit dem Inneren Führer

1. Sie befinden sich an Ihrem Sicheren Platz und stellen sich vor, daß Sie sich an einem Fluß aufhalten.
2. Sie folgen diesem Fluß und stoßen dabei auf ein Gebäude: eine Bauernhütte, ein Haus, ein Tempel. Bleiben Sie stehen, und werfen Sie einen Blick darauf, um sich auch später noch an Einzelheiten erinnern zu können: Was ist die Bausubstanz? Wie sieht der Eingang aus? Was befindet sich unmittelbar in der Nähe? Ein Garten? Wilde Vegetation?
3. Gehen Sie auf den Eingang zu, und machen Sie sich bemerkbar, z.B. durch Anklopfen. Spüren Sie, daß Sie eintreten können. Vielleicht hören Sie innerlich eine Stimme oder erhalten sonst ein Signal.
4. Sie gehen hinein und spüren, daß Sie hier willkommen sind, sicher und gut aufgehoben. Nehmen Sie das Innere des Gebäudes wahr, so daß Sie es später beschreiben könnten. Wie sehen die Wände aus? Ist es hell oder dunkel? Welche Möbel gibt es?
5. Irgendwo in diesem Gebäude begegnen Sie Ihrem Inneren Führer; das kann entweder gleich geschehen oder später, an einem anderen Platz. Er wartet bereits auf Sie. Sie wissen genau, wo dieses Treffen stattfindet. Gehen Sie jetzt dorthin, und setzen Sie sich bequem hin.
6. Ihnen gegenüber bemerken Sie eine besondere Tür; sie hat keinen Türknauf, sondern läßt sich hochschieben. Ihr Führer kommt durch diese Tür herein. Die Tür geht etwa ein viertel bis einen halben Meter hoch. Sie sehen seine Füße. Schauen Sie genau hin, nehmen Sie die Art und Farbe seiner Schuhe wahr, die Socken, vielleicht trägt er auch San-

dalen oder geht barfuß. Die Tür geht nun weiter auf, und Sie sehen Ihren Führer bis zur Taille. Welche Kleidung trägt er (vielleicht trägt er auch gar keine)? Sehen Sie seine Hände, deren Größe und Form? Trägt er irgendwelchen Schmuck, zum Beispiel Ringe, Uhr, Gürtel (welche Schnalle hat der Gürtel?)? Die Tür schiebt sich noch ein bißchen höher, bis zu seinen Schultern, und Sie sehen Stil und Farbe seiner Kleidung, Schmuckstücke und ähnliches. Wie ist seine Körperhaltung? Schließlich geht die Tür ganz auf, und Sie sehen sein Gesicht: den Gesichtsausdruck, Form und Farbe der Augen, den Mund, die Nase, die Haare, die Haut. Was spüren Sie, wenn Sie Ihrem Führer in die Augen schauen?

7. Begrüßen Sie Ihren Führer innerlich, zum Beispiel mit den Worten: »Hallo, ich bin ________, wie heißt du?« Ihr Führer – es kann durchaus auch eine Frau sein! – nennt Ihnen seinen Namen und begrüßt sie. Sie spüren vielleicht eine herzliche Umarmung, ein Händeschütteln, ein freundliches Nicken, ein Lächeln.
8. Setzen Sie sich mit ihm hin, und unterhalten Sie sich über das, was Ihnen gerade in den Kopf kommt.
9. Wenn Sie bereit sind, sagen Sie Ihrem Führer, daß Sie nun gehen möchten. Danken Sie ihm, daß er gekommen ist. Drücken Sie aus, daß Sie über die Begegnung sehr froh sind und wieder mit ihm Verbindung aufnehmen möchten. Nehmen Sie voneinander Abschied, so, wie es für Sie stimmig ist.
10. Sie verlassen das Gebäude so, wie Sie gekommen sind. Gehen Sie hinaus, und kehren Sie an Ihren Sicheren Platz zurück.
11. Wenn Sie bereit sind, atmen Sie tief ein, öffnen die Augen und strecken sich. Sie sind ganz wach und munter.

Nehmen Sie sich die Zeit, über diese Begegnung nachzudenken. Welches Gefühl haben Sie Ihrem Inneren Führer gegenüber? Haben Sie sich mit ihm wohl gefühlt? Wird er Ihnen in Zukunft helfen können? Denken Sie die nächsten Tage öfter an ihn, wie an einen besonders interessanten neuen Freund. Er wird Ihnen dadurch immer vertrauter. Teilen Sie ihm Ihre Gedanken, Gefühle und Fragen mit, die Sie beschäftigen

Auch über dieses Buch können Sie sich mit ihm austauschen, so wie Sie mit einem guten Freund darüber reden würden oder mit mir, wenn das möglich wäre. Wenn Fragen auftreten, bitten Sie ihn einfach um ein Treffen an Ihrem Sicheren Platz.

Geben Sie nicht auf, wenn Sie beim ersten Versuch Ihren Inneren Führer nicht finden. Probieren Sie es einfach noch einmal zu einem Zeitpunkt, an dem Sie empfänglicher und entspannter sind. Beim Lesen dieses Buches werden Sie immer wieder auf Hinweise stoßen, wie Sie Ihren Inneren Führer zu Rate ziehen oder an Ihren Sicheren Platz gehen können. In der Zwischenzeit können Sie einfach immer wieder mit ihm Kontakt aufnehmen und über Gott und die Welt reden.

Wenn Sie sich im unklaren darüber sind, ob Sie Ihren Inneren Führer behalten wollen, denken Sie gründlich darüber nach. Falls Sie sich entscheiden sollten, daß dies nicht der richtige Führer für Sie ist, lassen Sie ihn in Ihrer Vorstellung erscheinen; danken Sie ihm für sein Hilfsangebot, und sagen Sie ihm, daß Sie diese Hilfe nicht brauchen, weil Sie mit einem anderen Führer arbeiten. Machen Sie dann die Übung noch einmal, und begegnen Sie Ihrem neuen Führer.

Gehen Sie mit Ihrem Führer so um wie mit jedem anderen Menschen. Auch er kann sich einmal irren. Die letztendliche Entscheidung für oder gegen einen Ratschlag liegt immer bei Ihnen.

Sicherer Platz statt Führer

Manche Menschen begegnen bei dieser Übung keinem Führer. Statt dessen kommen sie an einen Ort, an dem sie kreativ arbeiten können: einen schönen Park, eine Wiese, ein bestimmtes Zimmer. Dort finden sie Sicherheit und Frieden, haben tiefe Einsichten und sind in Verbindung mit Wissensquellen, die ihnen im Alltag anscheinend verwehrt sind.

ÜBUNG

Begegnung mit dem Höheren Selbst am Sicheren Platz

Entspannen Sie sich und stellen Sie sich mit geschlossenen Augen den friedlichsten, glückseligsten Platz vor, den Sie kennen.

Spüren Sie nun intuitiv, wie es wäre, ganz Sie selbst zu sein, ungebunden, vollständig bewußt, ganz frei, jenseits von Gedanken, Gefühlen und körperlichen Empfindungen. Ihr Höheres Selbst, Sie selbst mit Ihrem vollen Potential, steht in voller Blüte.

Laden Sie Ihr Höheres Selbst zu sich ein. Spüren Sie die grenzenlose Liebe, die es für Sie hegt.

Fragen Sie Ihr Höheres Selbst, ob es im Moment eine Botschaft für Sie hat; diese kann sich als innerer Dialog, als Bild, als eine andere Person, als Symbol, Geschenk, Klang, Farbe oder Empfindung äußern.

Wenn Sie gerade der Heilung bedürfen, können Sie Ihr Höheres Selbst bitten, Sie voll und ganz im Einklang mit Ihrem Höchsten Guten zu heilen.

Wenn die Kommunikation abgeschlossen ist, danken Sie Ihrem Höheren Selbst für seinen Besuch.

Sobald Sie dazu bereit sind, atmen Sie tief durch, öffnen die Augen und sind wieder ganz da, wach und munter.

Ressource 2

Tracing

Eine Welle im Ozean hat einen Anfang und ein Ende, sie wird geboren und stirbt. Doch das Herz-Sutra *sagt uns, daß die Welle leer ist. Sie ist zwar voller Wasser, doch entbehrt sie eines getrennten Selbst. Eine Welle ist eine Form, die dank des Windes und des Wassers möglich geworden ist. Sieht eine Welle nur ihre Form, die einen Anfang und ein Ende hat, wird sie sich vor Geburt und Tod fürchten. Doch wenn sie erkennt, daß sie Wasser ist und sich mit dem Wasser identifiziert, befreit sie sich aus der Abhängigkeit von Geburt und Tod. Jede Welle wird geboren und wird sterben, doch das Wasser ist frei von Geburt und Tod.*

Thich Nhat Hanh

›Tracing‹ ist eine Methode zur Vertiefung des holoenergetischen Prozesses; die Quelle der Krankheit oder des Traumas wird entdeckt und vom Kern her transformiert.

Vorbereitung

Entspannen Sie sich, und atmen Sie ein paarmal tief durch. Dann schließen Sie die Augen und gehen nach innen, an den friedlichsten und glückseligsten Ort, den Sie sich vorstellen können. Laden Sie Ihren Inneren Führer oder Ihr Höheres Selbst zu sich ein und bitten Sie ihn/es um Hilfe.

Schritt 1: Erkenntnis

Finden Sie zunächst einmal heraus, welches Problem oder Gefühl Sie verändern wollen; schauen Sie es sich an, spüren Sie hinein. Atmen Sie tief ein, und achten Sie beim Ausatmen darauf, welche Stelle Ihres Körpers sich Ihnen bemerkbar macht.

– Wo in Ihrem Körper spüren Sie das Problem?

- Was kommt in Ihnen an Empfindungen, Bildern oder Symbolen hoch?
- Welche Größe, Form und Farbe haben die Bilder bzw. die Empfindungen?

Geben Sie dieser intuitiven Information und Energie eine greifbare Form zum Manifestieren.

Schritt 2: Resonanz

Konzentrieren Sie sich auf die Form, und kommen Sie mit ihr in Resonanz. Dabei atmen Sie ein und halten für einen Augenblick die Luft an. Beim Ausatmen gehen Sie geistig in die Form hinein, versinken darin.

- Wie fühlen Sie sich da drinnen? Welche Empfindungen, Gefühle und Bilder kommen hoch?
  Spüren Sie Enge, Einsamkeit, Dunkelheit, Schwere, Schmerz oder vielleicht auch Leichtigkeit, Frieden oder Freiheit?
- Welche Emotionen spüren Sie?
- Sind Sie ängstlich, wütend, traurig, verletzt, benommen und gefühllos oder fröhlich?
  Gehen Sie diesem Gefühl nach, und erinnern Sie sich, wann Sie zum ersten Mal ähnliche Emotionen gespürt haben. Leben Sie diese Erfahrung noch einmal durch, und empfinden Sie die Emotionen und Gefühle so intensiv wie möglich.
- Zu welchen Überzeugungen über sich selbst, andere und die Welt hat diese Erfahrung geführt?
- Welche Wahl haben Sie damals getroffen in bezug auf Ihre Überzeugung über sich selbst und das Leben?
  Hinter diesen Gefühlen steckt die positive Intention der Lebenskraft. Welche Gefühle sind hinter diesen Emotionen und Überzeugungen verborgen?
- Was wollten Sie wirklich fühlen?
- Als was wollten Sie sich sehen, was über sich hören?
  Auch dieser zugrundeliegenden Lebenskraft geben Sie jetzt eine Manifestation: eine Form, ein Bild oder Symbol, vielleicht auch eine Person oder Präsenz (lebend oder tot, real oder Phantasie), die diese Kraft repräsentiert. Es kann ein

mythisches Wesen, der Großvater, eine Blume, der Himmel oder das Meer sein.

Bitten Sie Ihren Inneren Führer oder Ihr Höheres Selbst um Hilfe, um diese neue Form entstehen zu lassen. Die neue Form kann genausogut Ihr Höheres Selbst *sein*.

Schritt 3: Loslassen

Sie haben jetzt diese Empfindungen, tiefen Gefühle, Entscheidungen, Überzeugungen und die dahinterliegende positive Intention erkannt und verstanden. Nun sind Sie bereit, diese Form zu transformieren.

Atmen Sie ein und ziehen Sie sich geistig von der ursprünglichen Form, mit der Sie sich verbunden hatten, zurück. Wenn Sie sich davon gelöst haben, nehmen Sie das Symbol oder Bild für die zugrundeliegende positive Intention mit sich.

Beim Ausatmen spüren oder visualisieren Sie sowohl das Bild der ursprünglichen Form als auch das der neuen Lebenskraft.

Fragen Sie das ursprüngliche Bild, welche Funktion es hat. Erkennen Sie, daß es Ihnen all die Jahre hindurch zu Dienste sein und Ihre Bedürfnisse erfüllen wollte.

Danken Sie ihm still dafür, daß es Sie ja eigentlich unterstützen wollte, selbst wenn sich dies für Sie in Krankheit und Problemen geäußert hat. Stellen Sie ihm dann das Symbol für die positive Lebenskraft vor.

Teilen Sie dem ursprünglichen Bild mit, daß all seine Energie von dem neuen Bild der Lebenskraft so gut wie möglich genutzt wird, um all das zu erreichen, was es eigentlich für Sie erreichen wollte.

Sagen Sie ihm auch, daß seine Arbeit nun getan ist und es jetzt in die Regionen des Unmanifestierten zurückkehren könnte. Seine Energie wird freigesetzt und in die positiven Intentionen absorbiert und transformiert – in das Bild (die Präsenz) der neuen Lebenskraft.

Atmen Sie durch die ursprüngliche Form und die betroffene Körperstelle (oder das entsprechende Chakra) ein, und atmen Sie dann kräftig durch diesen Bereich und die Form mit der Intention aus, das Muster vollkommen zu entformen und loszulassen. Sie sehen oder spüren, wie es sich wandelt bzw. transformiert wird, vielleicht so wie Licht im Unendlichen verblaßt. Diese Atemtechnik wiederholen Sie noch ein paar Mal.

Schritt 4: Reformation

Richten Sie nun Ihre Aufmerksamkeit wieder auf die betroffene Körperstelle. Wie fühlt sie sich jetzt an, wie sieht sie jetzt aus? Imaginieren oder spüren Sie das neue Bild, und bitten Sie es um Möglichkeiten, seine Lebenskraft zu erkennen und in Erinnerung zu behalten. Sagen Sie ihm, daß Sie lernen möchten, auf sein Flüstern zu hören anstatt auf den Schrei der Krankheit zu warten.

Integrieren Sie das neue Bild in Ihren Alltag durch ein Zeichen, mit dem Sie in Verbindung treten können: eine Zahlenfolge, zum Beispiel 33, eine Rose, ein Stern, eine besondere Farbe, ein Klang oder Gefühl. Einigen Sie sich auf ein Signal in der physischen Welt, welches Ihnen zuflüstert, daß Sie sich Ihrem Selbst zuwenden sollten.

Bitten Sie das neue Bild um Antworten auf aktuelle Fragen. Bitten Sie Ihren Inneren Führer oder Ihr Höheres Selbst um Hilfe bei der Heilung all dessen, was geheilt werden muß.

Konzentrieren Sie sich dann auf das neue Bild/die Präsenz vor Ihren Augen. Beim nächsten Atemzug ziehen Sie das Bild völlig in den betroffenen Körperbereich ein und füllen ihn mit seiner Energie. Spüren Sie, wie die Energie durch Ihren ganzen Körper, Ihr ganzes Wesen strahlt.

Ihr Körper ist wie in goldenes Licht eingehüllt.

Sie wissen, daß Heilung stattgefunden hat.

Weitere Vorgehensweise

An dieser Stelle können Sie mit dem Tracing aufhören oder weitermachen und den Vergebungsprozeß und/oder den Prozeß der bedingungslosen Liebe anschließen.

Resource 3

Kristalline Strukturen als Energiewandler

Die Fähigkeit der Hände, Energie aufzubauen und zu lenken, läßt sich durch Quarzkristalle noch verstärken. Aus meiner eigenen Erfahrung kann ich sagen, daß sie manchmal die Heilarbeit sinnvoll unterstützen können.

Die Verwendung von Kristallen bei der Heilarbeit hat in den letzten Jahren kontroverse Debatten ausgelöst. Für das holoenergetische Heilen können sie insofern interessant sein, als sie mit der Energieübertragung und -transformation kompatible Eigenschaften aufweisen und so ein nützliches Werkzeug sein können.

Wie Sie bereits wissen, wird Energie laufend von einer Form in die andere umgewandelt. So wird auf der physischen Ebene Schwingungsdruck zu elektrischer Ladung und umgekehrt, und zwar hauptsächlich durch die kristallinen Strukturen des Körpers: Knochen, Zellmembranen, Haar und DNS. All diese Strukturen sind piezoelektrisch, können also Druck in Elektrizität konvertieren und umgekehrt. Auf diese Weise ist Informations- und Energieübertragung problemlos möglich.

Auch Quarzkristalle weisen wie Knochen und andere Körperstrukturen piezoelektrische Eigenschaften. auf. Druck auf ein Quarzkristall führt zur Freisetzung von Elektronen und damit zur Erzeugung von elektrischem Strom; wegen dieser piezoelektrischen Effekte werden Kristalle in der Elektronik eingesetzt, zum Beispiel in Quarzuhren und Radios.

Manche Quarzkristalle können durch Fokussierung Energie verstärken. Ein klarer, runder Kristall auf einem Tuch in der Sonne sammelt die Sonnenstrahlen wie eine Linse und wird irgendwann so heiß, daß das Tuch verbrennt.

Kristalle sind auch bioenergetische Energiewandler und können in lebenden Systemen Energie transformieren und übertragen. Quarz kann feinstoffliche Energien heruntertransformieren in das elektromagnetische Spektrum, die Primärebene physischer Körper. Genauere Informationen dazu finden Sie im Anhang A im Artikel von Glen Rein, Ph. D, »Die wissenschaftlichen Grundlagen für das Heilen mit feinstofflichen Energien«.

In der Heilarbeit kann mit Hilfe von Quarzkristallen die Intention fokussiert und verstärkt werden. Qarzkristalle sind sehr empfänglich für Gedanken und Intentionen, wodurch sie sozusagen ›programmiert‹ werden können und eine bestimmte Energieresonanz finden, mit der wir Verbindung aufnehmen. Die Resonanz mit dem zu verändernden Muster erleichtert das Auflösen der dissonanten Energie.

Kristalle und ihr Einfluß auf das Ätherfeld

Sie können den Effekt von Quarzkristallen gut am Ätherfeld einer anderen Person feststellen.

Testen Sie zunächst das Ätherfeld des Partners mit L-Drähten aus (siehe dazu Kapitel 6, »Erkenntnis – das intuitive Wissen«). Damit stellen Sie die Ausgangsbasis fest.

Dann geben Sie dem Partner einen natürlichen Quarzkristall in die Hand, den er mit der Spitze nach oben in der Brustmitte hält. Testen Sie jetzt das Feld noch einmal aus. Mit dem Kristall am Herzchakra sollte das Energiefeld um einiges größer sein.

Machen Sie das gleiche noch einmal, diesmal mit der Spitze nach unten.

Auch an sich selbst können Sie diesen Test durchführen. Legen Sie den Kristall in Ihre Hosen- oder Jackentasche, und testen Sie dann Ihr Energiefeld aus. Der Kristall muß sich nicht unbedingt direkt am Herzchakra befinden, jedoch innerhalb Ihres Feldes. Je nachdem, wo Sie ihn haben, können die Ergebnisse allerdings unterschiedlich ausfallen. Probieren Sie es einfach aus. Welche Stellen in Ihrem Feld sind geeignet, das Energiefeld auszudehnen?

Mit den L-Drähten und vor einem Spiegel können Sie auch herausfinden, inwiefern sich Schmuck am Körper oder in der Hosentasche (Anhänger, Uhren, Ringe) auf Ihr Energiefeld auswirken.

Ressource 4

Der Zusammenhang zwischen Bewußtsein und Liebe – ›Operational Cosmology‹

Alles hängt vom Blickwinkel ab, davon, wie unsere Seele das Leben sieht. Sein und Werden, das Eine und das Viele – beides ist wahr und beides ist das gleiche.

Sri Aurobindo

An dieser Stelle soll eine gemeinsame Sprache für das Verständnis von holoenergetischem Heilen und Liebe entwickelt werden. Diese Operational Cosmology, eine Art Funktionslehre des Kosmos, schließt das Paradox ein, daß man sich als Einzelwesen und gleichzeitig durch die Liebe als verbunden mit Allem-Was-Ist wahrnimmt.

Unendliche Liebe ist die synergetische Wahrnehmung der Einheit, das Wahrnehmen und die Energie der Verbundenheit mit Allem und Nichts. Doch wie ist das möglich? Der Zustand des Alles/Nichts (A/N) ist das totale Potential absoluter Ruhe und absoluter Bewegung, aus dem alles andere kommt und sich entfaltet. Dieser konzeptuelle Zustand wird auch der ›Urgrund des Seins‹ genannt, das Nichts, das fundamentale Feld, die Nullpunktenergie. Dies ist das Reich von Allem-Was-Ist.

Vibration ist eine Vor- und Zurückbewegung. Bei jeder Richtungsänderung kommt es zu einem kurzen Stopp. In diesem Augenblick der Ruhe ist die Bewegungsenergie gleich Null. Heisenbergs Unschärferelation, eine der Säulen der Quantenphysik, besagt, daß, wenn die Bewegungsenergie eines Teilchens bekannt ist, seine Position nicht definiert werden kann. Oder anders ausgedrückt: Wenn die Bewegungsenergie Null ist, könnte es theoretisch überall und nirgends sein.

Itzhak Bentov geht davon aus, daß die Zunahme der Schwingungsfrequenz zu immer kürzeren Bewegungen zwischen den Ruheperioden führt und sich die Ruheperioden an einem bestimmten Punkt mit der Bewegung überlappen. In diesem

Zustand ist die Energie so hoch, daß sie nicht mehr als Schwingung meßbar ist. Dies gilt auch für den Drehimpuls, den ›Spin‹: Je stärker das Feld ist, desto schneller ist der Spin, bis Anfang und Ende eins werden.

Bentov schließt daraus, daß in diesem Zustand die Bewegung so schnell ist, daß sie überall gleichzeitig ist. Wenn sie überall ist, ist sie auch alles. Sie ist Fülle. Da sie überall und alles ist, kann sie nicht gemessen werden, denn sie kann mit nichts verglichen werden. Sie ist unendlich. Für die menschliche Perspektive, die Bewegung und Ruhe nur in einem sehr engen Rahmen registriert, ist sie auch nichts und nirgends. Sie ist die Leere, die Stille, das Schweigen. Wird dieses totale Potential von Allem/Nichts in Schwingung heruntertransformiert, entsteht ›Etwas‹ und damit etwas Endliches.

Weise und Mystiker haben intuitiv erkannt, daß der erste Schritt herunter in die Endlichkeit die Frage nach dem ›Warum?‹, nach dem ›Wer bin ich?‹ war; dadurch entsteht Bewußtheit, der Ursprungszustand, aus dem alles andere hervorgeht.

Der Wunsch von Allem-Was-Ist, sich zu kennen, zu wissen, ›Wer bin ich?‹, ist also der erste Schritt hinunter in das Bewußtsein. Es ist das Drängen von Allem/Nichts zum ›Etwas‹, der Schritt zur Individuation und zum Anderssein, der Übergang vom totalen Potential zur Energie der Bewegung. Der Wunsch, sich selbst zu erkennen, führte zur Trennung von Allem/Nichts, in die Schwingungsfrequenzen. Vielleicht beruht jede Differenzierung – die Trennung von Ladung und die Trennung von Schwingung – auf dem Wunsch von Allem in der Natur, sich selbst zu erkennen und wieder in das Alles/Nichts zurückzukehren, wieder eins und unendlich zu werden (vgl. Abb. 14).

Der *Wunsch* maximiert oder minimiert den Unterschied. Er impliziert Bewegung, entweder hin zu oder weg von dem Objekt der Begierde. Begierde gibt jeder Bewegung ihren Wert. Wenn der Wunsch wirklich geworden ist, verschwindet der Wunsch, die Bewegung hört auf, und man geht zurück an den Ort der Ruhe. Der Wunsch bringt uns dazu, vom Einssein wegzugehen hin zur Individuation oder zum Einssein zurückzugehen und damit zur Vereinigung und zur Ganzheit. Auf der physischen Ebene ist der Wunsch der Drang hin zu oder weg

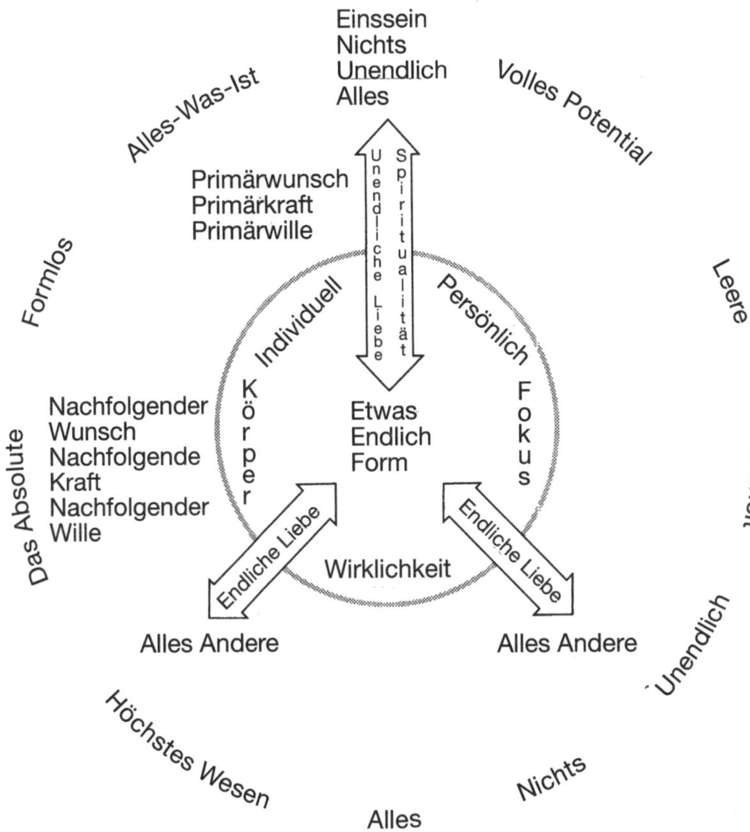

Abb. 14 *Operational Cosmology*

von der Trennung von Ladung und Frequenz. Im Bereich des Bewußtseins wird der Wunsch als Drang hin zu oder weg von der Einheit ausgedrückt.

Die Bewegung selbst ist *Kraft*. Ihre Potentialkraft ist Ihre Fähigkeit, sich zu bewegen, zu handeln oder etwas zu schaffen. Ihre Bereitschaft, zu handeln oder sich zu bewegen, und die Bewegung selbst machen es möglich, diese Kraft auszudrücken. Im Handeln trainieren Sie Ihre potentielle Kraft.

Wille ist ein beständiger, fokussierter Wunsch und wird durch das (willentliche) Tun und Zulassen ausgedrückt. Oft hat Wille die Form von Intention, Entschlossenheit, Imagination und Erwartung. Der Wille zeigt sich im Verbundensein mit Geist und Lebenskraft und im Leben des Sinns. Dies ist sehr bedeutungsvoll für die Heilarbeit. Der Wille zum Leben steht ganz klar mit dem Sinngefühl in Verbindung. Oft werden Geschichten von Überlebenden erzählt, die einen Sinn im Überleben sahen und deshalb auch den Überlebenswillen entwickelten. Das Verständnis von Wunsch, Wille, Liebe und Spiritualität beschleunigt den Prozeß der Selbstverwirklichung.

Glossar der ›Operational Cosmology‹

Primärwunsch: Der Drang, sich von ›Allem/Nichts‹ bzw. dem Einssein (A/N) hin zu ›Etwas‹ (E) und vom Etwas zu Allem/Nichts zu bewegen.
Primärkraft: Die Bewegung selbst und die Fähigkeit, sich vom Einssein zum Etwas und zurück zu bewegen.
Primärwille: Dauerhafter, fokussierter Wunsch, der aus dem Einssein kommt.
Primärbewußtheit: Die Bewußtheit von Primärwunsch, -kraft, -wille und Liebe.
Reine Bewußtheit: Bewußtheit ohne Objekt. Leere, Stille, Schweigen.
Unendliche Liebe: Die Bewußtheit und Energie des Verbundenseins zwischen Einssein und Etwas.
Endliche Liebe: Die Bewußtheit und Energie des Verbundenseins zwischen Etwas und Allem Anderen.
Spiritualität: Die Beziehung zwischen Etwas und Einssein, zwischen dem Endlichen und dem Unendlichen, zwischen Form und Formlosigkeit.

Sich in Bewußtheit zu entwickeln heißt, sich immer mehr dessen bewußt zu werden, was unbewußt und unterbewußt war. In diesem Zustand erkennt man den Gehalt des persönlichen Selbst, das im Nichts bzw. im Urgrund des Seins existiert. Wenn der Grund des Seins anfängt zu vibrieren, wird der Inhalt des Bewußtseins geschaffen, wie Wellen auf der Oberfläche des kosmischen Ozeans. So entstehen also durch die Interaktion des Selbst mit sich selbst Frequenzwellen im Bewußtsein.

Bewußtsein ist die Totalität des Bekannten in der Unendlichkeit des Unbekannten. Bekanntes wird als ›wirklich‹ und ›wahr‹ erachtet. Sich selbst zu kennen und selbst zu sein ist Selbstverwirklichung.

Bewußtheit ist die sich ausdehnende und kontrahierende Pupille im Auge des Bewußtseins. *Aufmerksamkeit* ist ihre Linse. Zusammen verarbeiten sie den Inhalt des Bewußtseins. Unbewußtsein ist also ein Nicht-Bewußtwerden, Bewußtheit dagegen das Wissen um diesen Inhalt. Aufmerksamkeit ist das Fokussieren und In-der-Bewußtheit-Halten.

Der Zusammenhang zwischen Bewußtsein und Liebe

Alles, was ist, ist Eins.
Wenn es nur Eins gibt, gibt es kein Bewußtsein.
Der Wunsch des Einen, sich selbst zu erkennen, schafft Bewußtsein. Sobald das Eine erkannt ist, gibt es auch Bewußtsein.
Der erste Schritt vom Einen hinunter ist der Wunsch: der Wunsch sich selbst zu erkennen (»Wer bin ich?«).
In dem Augenblick, in dem es mehr als das Eine gibt, entsteht eine Matrix der Verbundenheit.
Die bewußte Wahrnehmung dieser Verbindung ist die Liebe.
Die Energie dieses Verbundenseins ist die Liebe.

Das meiste von dem, was wir ›kennen‹, liegt außerhalb unserer Bewußtheitsebene. Als Bewußtsein ›weiß‹ der Patient trotz Narkose, was während der Operation passiert, doch er hat keine bewußte Wahrnehmung davon. Durch Hypnose können die Bemerkungen der Chirurgen später bewußt gemacht werden. Positive Vorschläge während der Operation haben bei Patienten nachweislich den Krankenhausaufenthalt und die Genesungszeit verkürzt.

Unser unbewußter Geist, der sich gewöhnlich der bewußten Wahrnehmung entzieht, führt die physiologischen Selbstheilungsprozesse des Körpergeistes aus (Homöostase). Er registriert, vergleicht und filtert den ›Input‹ durch seine computerähnlichen ›Programme‹ und legt dann fest, was zu tun ist.

Der Zusammenhang zwischen Liebe und Kraft

Kraft ist ganz verhüllt, bis schließlich die Bewußtheit der Liebe enthüllt, daß es keine Trennung gibt.
Liebe erweckt zur größten Verantwortung – der Bewußtheit der Verbundenheit.
Was du anderen tust, das tust du auch dir selbst.
Mit dieser liebenden Bewußtheit kann Kraft verantwortungsvoll gehandhabt werden.

Spiritualität ist die Beziehung zwischen Etwas und Allem/Nichts. So gesehen ist alles spirituell. Durch die Liebe, die uns mit allem verbindet, wird uns unsere Spiritualität bewußt. Sie bereichert die Spiritualität mit Herzenergie und Gefühl.

Liebe enthüllt die spirituelle Bedeutung des Satzes »Was du andern tust, tust du auch dir«. Wer liebt und erlebt, daß die Liebe zurückkommt, wird sich ihrer Wirkung und der damit verbundenen Verantwortung bewußt. Mit der Bewußtheit dieser Wirkung kann auch Kraft verantwortungsbewußt gehandhabt werden. Diese liebende Qualität des Bewußtseins, in Verbindung mit dem Übertragungsatem, macht sie zu einer so starken Heilungskraft.

Im holoenergetischen Heilungsmodell verstehen wir Liebe als die Bewußtheit von der Verbundenheit, welche uns zur Einheit führt. Sobald wir eins werden, verschmelzen Subjekt und Objekt und verschwinden. Nur die Liebe bleibt, als Jedes, Nichts und Alles.

Liebe ist
die Bewußtheit der Einheit
der energetische Impuls hin zur Einheit
die Aktion, die aus dieser Bewußtheit und Energie entsteht

Liebe ist
die Energie *dazwischen*, die öffnet für das *Darüberhinaus*.

Liebe ist
Raum · Schweigen · Einssein · Alles

ANHANG

A
Glen Rein, Ph. D.: »Die wissenschaftlichen Grundlagen für das Heilen mit feinstofflichen Energien«, Quantum Biology Research Laboratory, Palo Alto, Kalifornien

Die Energiemedizin baut darauf auf, daß es einen Energiekörper gibt, der mit dem physischen/chemischen Körper zwar in Beziehung steht, jedoch nicht mit diesem identisch ist. Viele alternative Heilmethoden, unter anderem die Akupunktur, Psychotronik und Homöopathie, heilen über diesen bioenergetischen Körper den physischen Körper. Dieses neue Gebiet der Energiemedizin kann auf bemerkenswerte klinische Erfolge zurückblicken; die zugrundeliegenden wissenschaftlichen Mechanismen, die die Heilung mit diesen feinstofflichen Energien auslösen, sind allerdings nach wie vor weitgehend unbekannt.

Trotz der sich häufenden Beweise dafür, daß der Körper ein breites Spektrum an elektromagnetischer (EM)[1] und akustischer Strahlung[2] aussendet, wird die Rolle, die diese Energie spielt, von der orthodoxen Wissenschaft weiterhin ignoriert. Mit Hilfe modernster Elektronik – Thermographie, MRI (Magnetic Resonance Imaging), EEG (Elektroenzephalogramm), EKG (Elektrokardiogramm), EMG (Elektromyogramm) und Ultraschall – werden diese Energien zwar routinemäßig gemessen, doch die dazugehörigen Energiefelder des Körpers werden als Nebenprodukte, um nicht zu sagen Abfallprodukte der biochemischen Körperprozesse abgetan, und die meisten biomedizinischen Wissenschaftler bringen sie nicht mit den lebenswichtigen Funktionen (und dem Heilen) des Körpers in Verbindung. Die Medizin kennt das Konzept des Energiekörpers nicht und will es nicht kennen.

Der bioenergetische Körper besteht neben elektromagnetischer und akustischer Energie höchstwahrscheinlich noch aus anderen Energieformen. Alles spricht dafür, daß die kürzlich von der Quantenphysik entdeckten Quasi-Partikel[3] und Vektor-/Skalar-Potentiale[4] Quantenbestandteile der ›Aura‹ sind.

Als höher-dimensionale Energie[5] wird die noch fundamentalere Ebene des Superquantenpotentials angesehen. Energien, die oft als spirituell bezeichnet werden, weil sie mit der nicht-physischen Welt und höheren Bewußtseinszuständen in Verbindung gebracht werden, existieren gemäß dieser Vorstellung auf einer Ebene, die noch feinstofflicher ist als das Superquantenpotential. Die Ausdrücke ›Nicht-Hertzsche Energie‹, ›Quanten‹ und ›feinstofflich‹ bezeichnen Energien, die mit der Superquantenebene in Zusammenhang gebracht werden. Unorthodoxe Wissenschaftler haben noch eine ganze Reihe anderer Bezeichnungen für diese feinstofflichen Energien eingeführt: skalare, longitudinale, Bewegungs-, zeitumgekehrte, Strahlungs-, Gravitations-, Orgon-, vitale, freie, kosmische Energie etc. Zur Zeit ist noch nicht klar, ob diese Energien mit den Nicht-Hertzschen Wellen identisch sind oder nicht.

Man geht davon aus, daß sich diese feinstofflichen Energien von den klassischen EM Vektorfeldern (E und B) Hertz' und Maxwells und auch von den Feldern von Quantenpotentialen (A und O) unterscheiden.[6] Der Ausdruck *subtile (feinstoffliche) Energie* wurde u.a. schon von Einstein verwendet und bezeichnet Energie, die noch nicht meßbar ist. Auch heutzutage können feinstoffliche Energien mit der konventionellen Elektronik nicht gemessen werden. Forscher wie Beck, Puharich, Kelley und Davidson haben zwar Geräte konstruiert, die feinstoffliche Energien aufspüren, doch diese Geräte reagieren auch auf normale elektromagnetische Felder und/oder Quantenpotentiale.

In einem anderen Ansatz wurden biologische Systeme, welche anscheinend für feinstoffliche Energien empfänglich sind, als ›Biodetektoren‹ verwendet. Diese ›neuen‹ Energien werden inzwischen in die mathematischen Formeln der Quantenphysik einbezogen, doch die Biomediziner berücksichtigen sie nach wie vor nicht. Dennoch spielen sie höchstwahrscheinlich bei biologischen Prozessen eine Rolle, da diese auch quantenmechanische Eigenschaften aufweisen. In diesem Artikel wird kurz die physikalische und biologische Bedeutung feinstofflicher Energien aufgezeigt und neues Beweismaterial aus Experimenten vorgelegt, das der Autor und ein paar weitere unorthodoxe Wissenschaftler zusammengetragen haben, um die Hypothese zu untermauern, daß feinstoffliche Energien eine Komponente des bioenergetischen Körpers sind und bei den körpereigenen Heilmechanismen eine Rolle spielen.

Die Theorien von den Wandlereigenschaften von Kristallen und vom holoenergetischen Quantenbewußtsein erklären, wie das Bewußtsein äußere feinstoffliche Energie für tiefgreifenden physiologischen Wandel und Heilung nützt. Die beiden Theorien bauen auf den neuesten wissenschaftlichen Forschungen aus der Quantenelektrodynamik, der Quantenbiologie, der Psychoneuroimmunologie und der Bioelektromagnetik auf.

Der Energiekörper und der natürliche Heilungsprozeß

Die Existenz eines Energiekörpers wird von konventionellen Biomedizinern nach wie vor nicht anerkannt; doch Forschungsarbeiten westlicher Grenzwissenschaftler wie Burr, Becker, Nordenstrom, Popp, Bentov, Frohlich und zahlreicher Forscher aus den ehemaligen Ostblockstaaten unterstützen die These, daß es tatsächlich einen Energiekörper, in Osteuropa auch Bioplasma genannt, gibt. Seine physische Natur wird als elektrisch, magnetisch (alternierend oder statisch) und akustisch beschrieben. Neben diesen physikalischen, also meßbaren Energien, kennen viele esoterische Traditionen in Ost und West die feinstoffliche ›Aura‹, auch als

Prana oder *Chi* bekannt. Der Autor der vorliegenden Arbeit ist der Meinung, daß sich der Energiekörper aus pysikalischen und feinstofflichen Energien zusammensetzt, die auf komplexe, nichtlineare Weise interagieren. Die neuen Energien, die durch diese nichtlineare Interaktion entstehen, unterscheiden sich dabei sowohl quantitativ als auch qualitativ von den einzelnen Komponenten. Dieser Artikel beschäftigt sich hauptsächlich mit der biologischen Rolle dieser feinstofflichen Energien und mit ihrer Beziehung zum eher konventionellen elektromagnetischen Körper.

Die Bioelektromagnetik erforscht die Beziehung zwischen dem elektromagnetischen Körper und Krankheit; dazu wird die Fähigkeit des exogenen elektromagnetischen Feldes, auf die Physiologie einzuwirken und krankes Gewebe zu heilen, erforscht. Becker hat als erster die Möglichkeit aufgezeigt, daß auch endogene (natürlich auftretende), mit dem Energiekörper assoziierte EM-Felder am Heilungsprozeß beteiligt sind; er maß den Wundstrom bei Wunden und Knochenbrüchen.[7] Auch örtlich erzeugte endogene EM-Felder können also ein Medium für den Heilungsprozeß sein.

Die Möglichkeit, daß im Gehirn erzeugte EM-Felder den Gesundungsprozeß unterstützen, ist noch nicht in Betracht gezogen worden. Das neue Gebiet der Psychoneuroimmunologie weist auf eine Verbindung zwischen Körper und Immunsystem hin, die in beiden Richtungen funktioniert. Damit bietet es eine wissenschaftliche Grundlage für das Konzept der Körper/Geist-Interaktionen. Weitere Forschungsergebnisse weisen darauf hin, daß veränderte Bewußtseinszustände, insbesondere streßinduzierte, sich tiefgreifend auf der zellulären Ebene auswirken können.[8] Da unterschiedliche Bewußtseinszustände durch bestimmte Gedankenmuster entstehen und jeder Gedanke ein bestimmtes neuronales Netz aktiviert, könnte die im Muster gespeicherte Gedankeninformation über den Energiekörper zu anderen Teilen des Körpers geleitet werden.

Wie dies genau vor sich geht, ist nach wie vor unbekannt. Manifest wird dieser Vorgang in seinen physiologischen Auswirkungen. Das periphere Nervensystem, welches Botschaften vom Gehirn in den Körper sendet, ist ganz offensichtlich ein Weg. Nordenstrom[9] schlägt als eine weitere Möglichkeit vor, daß die elektrische Aktivität über die Blutbahnen und nicht über die Nerven weitergeleitet wird. Ein dritter Autor erwägt, daß die elektromagnetische Energie über die extrazellulare Matrix (den Raum zwischen den Zellen), die aus einem komplexen Gitternetz besteht, durch den Körper verteilt wird.[10] Dieses Netz setzt sich aus mehreren hochstrukturierten Eiweißmolekülen zusammen, die durch ihre Helixform piezoelektrisch sind und deshalb elektromagnetische Felder weitertragen könnten. Inwieweit diese Mechanismen bei den Akupunkturmeridianen und dem *Chi*-Fluß im Körper eine Rolle spielen, ist noch nicht geklärt.

So ist zwar nach wie vor nicht genau bekannt, wie die elektromagnetischen Felder zu kranken Körperzellen gelangen, sicher jedoch ist, daß sie sich dort heilend auswirken. Zahlreiche Studien aus dem neuen Bereich der Bioelektromagnetik weisen darauf hin, daß sich schwache elektromagnetische Felder mit Informationsmustern, die den natürlichen Mustern im Körper ähnlich sind, tiefgreifend auf die Physiologie von biologischem Gewebe auswirken können.[11] Diese Auswirkungen wurden auf organischer, zellularer und molekularer Ebene beobachtet.

Es gibt eine Reihe von theoretischen Modellen, die zu erklären versuchen, wie Zellen solche schwachen EM-Felder aufspüren, verstärken und nutzen können. Sie suchen außerdem nach einer Hypothese, mit der der biologische Effekt eines elektromagnetischen Informationsmusters vorhergesagt werden kann. Die Theorien, die sich auf die klassische Newtonsche Mechanik stützen, konnten diese elektromagnetischen Auswirkungen nicht hinreichend erklären.

Die Theorie von Frohlich ist da schon erfolgreicher.[12] Sie beschreibt resonante Interaktionen zwischen EM-Feldern und harmonischen Oszillatoren bzw. Dipolen innerhalb biologischer Systeme. Wenn die Oszillationen des EM-Feldes und der harmonischen Oszillatoren eine ähnliche Frequenz aufweisen, resonieren sie miteinander und tauschen Energie aus. Das gleiche Prinzip läßt sich auf das psychoenergetische Heilen anwenden, bei dem zwischen dem Heiler und der disharmonischen Energie der zu heilenden Person eine Resonanz stattfinden kann, durch die die ungesunde, verzerrende Energie neutralisiert wird.

Die noch junge Zyklotronresonanz-Theorie[13] geht davon aus, daß elektrisch geladene Ionen im Körper, zum Beispiel Kalzium und Natrium, mit den EM-Feldern resonieren und sich in einer spiralförmigen Bewegung durch die Zellmembran bewegen. In der Quantenphysik wurde diese Idee noch erweitert und die Spiralbewegung der Energie und die mit Wirbeln assoziierten Anomalien in Verbindung gebracht. Interessanterweise beschreiben Heiler und Hellsichtige die Energie der Chakren als spiralförmig.

Daneben gibt es quantenmechanische Modelle, die sehr viel genauere Vorhersagen und Beschreibungen von elektromagnetischen Phänomenen liefern. Um diese Modelle auf biologische Systeme übertragen zu können, müssen letztere nichtlinear und im Ungleichgewicht sein und Energie fließen lassen. Neuere Versuchsdaten[14] weisen darauf hin, daß biologische Systeme diese Kriterien erfüllen. So reagieren biologische Systeme beispielsweise nichtlinear auf schwache EM-Felder, das heißt die zellulare Reaktion ist größer als die Energie, die dem System zugeführt wird, und/oder unterscheidet sich von dieser. Auch nichtlineare Kopplung zwischen harmonischen Oszillatoren[15] wurde beobachtet. In biologischen Systemen können harmonische Oszillationen zwischen elektrisch geladenen Bereichen innerhalb eines Moleküls oder zwischen Molekülen auftreten. Mathematische Analysen zeigten, daß diese Kopplung nichtlinearer Natur war.

Energetische Interaktionen innerhalb eines Moleküls sind elektromagnetischer Natur und werden als Nahwirkungskräfte beschrieben. Resonante Interaktionen zwischen unterschiedlichen Molekülen bezeichnet man dagegen als Fernkräfte. In biologischen Systemen wurde fernwirkende, nichtlineare Kopplung nachgewiesen. Ein wichtiges Beispiel für den Aktionsmechanismus schwacher EM-Felder ist die nichtlineare Kopplung zwischen Lipidmolekülen in der Zellmembran.[16] Fernwirkende Kopplung findet nicht nur zwischen Molekülen statt, sondern auch zwischen Molekülansammlungen, die makroskopische Strukturen bilden. Nichtlineare Kopplung zwischen verschiedenen neuronalen Netzen[17] könnte beispielsweise auch die Energiematrix hinter Gedanken und sogar das Bewußtsein selbst mit einschließen.

Wir wissen nicht, welcher Natur die fernwirkende nichtlineare Kopplung ist, gehen hier jedoch davon aus, daß sie Nicht-Hertzscher Natur ist und auf der Ebene des Superquantenpotentials stattfindet. Diese Quantenfelder wurden von den Biomedizinern bisher kaum beachtet. Bevor ihre Rolle in biologischen Systemen, beim Heilen und im Bewußtsein beschrieben wird, soll im folgenden kurz auf ihre physikalischen Eigenschaften eingegangen werden.

Nicht-Hertzsche Quantenfelder

Die moderne Quantenphysik hat erkannt, daß die physische Realität mit klassischen EM-Vektoren und ihrer Interaktion mit Materie nicht hinreichend erklärt werden kann. Es ist nachgewiesen worden, daß das magnetische Vektorpotential (A) und das elektrostatische Skalarpotential (0) EM-Vektorfeldern zugrunde liegt, daß EM-Felder also mathematisch von diesen Quantenpotentialen abgeleitet werden.[18] Aharanov und Bohm waren die ersten, die die makroskopische Bedeutung von Quantenpotentialen erkannten.[19] Daraufhin wurden Quantenpotentiale um eine Magnetspule erzeugt, die die Magnetfelder einschließt. Quantenfelder ohne EM-Feld führten zu veränderten Wellenfunktionen bei Elektronen, die durch diesen Raum geschickt wurden.[20] Bohm beschreibt das Quantenpotential als eine implizite Struktur, die der expliziten Ordnung des EM-Feldes zugrunde liegt. Obwohl in unserer vierdimensionalen Realität Quantenpotentiale existieren, geht Bohm davon aus, daß hinter dieser Realität eine noch fundamentalere Energie steht, das Superquantenpotential, das im Quantenpotential eingehüllt ist. Der Autor des vorliegenden Artikels ist der Überzeugung, daß die Nicht-Hertzschen Felder auf dieser Ebene zu finden sind.

Die klassische elektromagnetische Feldtheorie und die klassische Elektrodynamik von Maxwell, Faraday und Hertz[21] beschreiben die Interaktionen von EM-Energie mit Materie (also Elementarpartikeln wie Elektronen) als auf die Materie einwirkende Kräfte. Die Quantenhypothese, zum ersten Mal 1911 von Planck[22] aufgestellt, beschrieb die von Materie erzeugten EM-Felder (den schwarzen Körper bzw. schwarzen Strahler) als gequantelte, diskrete Energiepakete und nicht als kontinuierlichen Prozeß. Außer als schwarzer Körper wurde Materie oft als harmonischer Oszillator modelliert – zwei elementare, entgegengesetzte Ladungen, die miteinander schwingen. Durch das Modell der Strahlung eines solchen Oszillators unter absoluten Nullpunkttemperaturen entstand Plancks Konzept der Nullpunktschwankung und der Nullpunktenergie. Ende der zwanziger Jahre war die Quantenmechanik durch Pioniere wie Schröder, DeBroglie, Dirac und Heisenberg bereits zu einem anerkannten Wissenschaftszweig geworden. Die nichtlinearen Gleichungen der Neuen Physik bestätigten die Existenz der Nullpunktenergie.[23] Leider war die mathematische Beschreibung der Nullpunktenergie infiniter, inkohärenter und chaotischer Natur. Mehrere Wissenschaftler versuchten, die lästigen infiniten Werte dadurch abzuschwächen, daß sie die Mathematik abänderten.

Die Superstring-Theorie beruht auf dem Konzept höherdimensionaler Universen.[24] Im hier vorgelegten Modell existiert die Nullpunktenergie auf der höherdimensionalen Ebene des Superquantenpotentials. Trotz der Schwierigkeiten der Physiker, die Vorstellung der Nullpunktenergie zu interpretieren, konnten mit ihr mehrere makroskopische Phänomene in der physikalischen Chemie erfolgreich erklärt werden. Wurde die Nullpunktenergie in die mathematischen Beschreibungen dieser physikalischen Phänomene einbezogen, kamen die theoretischen Vorhersagen näher an die experimentellen Werte heran. Auch atomare und subatomare Phänomene konnten ähnlich erfolgreich erklärt werden, vor allem, wenn sowohl die Nullpunktenergie als auch die Quantenfeldtheorie berücksichtigt wurde.

Ein Grundsatz der Einsteinschen Relativitätstheorie lautet, daß eine lokale Raum/Zeit-Krümmung (das Hinzufügen von Zeit zum dreidimensionalen Universum) nicht möglich ist. Raum/Zeit wurde mathematisch als Vakuum modelliert, in dem Partikel und Antipartikel im Gleichgewicht sind.[25] Ein Ansatz geht davon aus, daß eine lokale Raum/Zeit-Krümmung möglich ist und sich auf die Größe des Vakuums auswirken würde. Schwankungen in der virtuellen Energie des Vakuums wären demnach für die Nullpunktenergie verantwortlich. Nach diesem Modell existiert das Vakuum in höheren Dimensionen, aus denen auch die virtuelle Nullpunktenergie herkommt.

King bezog diese Ideen in sein virtuelles Plasmamodell ein, um erklären zu können, wie die Nullpunktenergie sich in unserer vierdimensionalen Realität manifestieren und halten kann.[26] Demnach passiert die Nullpunktenergie normalerweise willkürlich unseren dreidimensionalen Raum und hat keinerlei Auswirkungen. In bestimmten Situationen kann es jedoch vorkommen, daß sich der Fluß der Nullpunktenergie leicht verzerrt und orthorotiert und daß dadurch virtuelle Partikel entstehen, die wiederum Elementarpartikel erzeugen. Die Zerlegung dieser virtuellen Partikel erzeugt ein virtuelles Plasma, welches nichtlinear mit der Nullpunktenergie interagieren kann. So kann eine kleine Menge der infiniten

Nullpunktenergie angezapft bzw. kohärent gemacht und ihre Energie zur Bildung makroskopischer metastabiler Plasmawirbelringe benutzt werden. Die Theorie besagt also, daß willkürliche, inkohärente Nullpunktenergie angezapft und zur Bildung kohärenter, strukturierter makroskopischer Phänomene in der vierdimensionalen Realität verwendet werden kann. Kings Theorie steht zwar im Widerspruch zum Dritten Hauptsatz der Thermodynamik, bietet aber eine Erklärung für die experimentell beobachteten Wirbelringe und die mit unterschiedlichen Freienergiegeräten in Verbindung gebrachten Anomalien.

Vor nicht allzu langer Zeit schuf Puthoff ein Modell, das besagt, daß der Grundzustand des Wasserstoffatoms abhängig ist von der absorbierten Menge an Nullpunktenergie.[27] Er berechnete die vom Nullpunktenergiefeld absorbierte Kraft und schloß daraus, daß die Nullpunktenergie das Gleichgewicht zwischen dem Wasserstoff und der Nullpunktenergie aufrechterhält und den Kollaps des Grundzustandes verhindert. Deshalb enthält dieser fundamentalste Zustand der Materie Nullpunktenergie. Durch dieses Ergebnis wird die klassische Interpretation über die Rolle der Nullpunktenergie im Grundzustand erweitert, was auch impliziert, daß die Stabilität der Materie an sich (zumindest in diesem System) über die Nullpunktenergie erhalten wird. Außerdem bestätigt dies die 1916 von Nernst[28] aufgestellte These, daß sich die Nullpunktenergie und Materie in einem Gleichgewichtszustand befinden und daß nur kleine Mengen an Nullpunktenergie zur Erhaltung dieses Gleichgewichts nötig sind. Nernst postulierte außerdem einen Mechanismus, mit dem Nullpunktenergie in Materie umgewandelt werden kann – über die sogenannten ›Ultrapartikel‹, heute als Elementarpartikel bekannt. De Broglie kam zu einem ähnlichen Schluß. Seiner Meinung nach kann Nullpunktenergie mit solchen Partikeln interagieren und deren Masse verändern.[29] Auch die Quantenelektrodynamik geht davon aus, daß Nullpunktenergie die Grundlage für das Strahlungsfeld ist, das alle Partikel und alle Quantenzustände aussenden. Laut Puthoff[30] werden diese Zustände von der Nullpunktschwankung bestimmt.

Auf der Grundlage dieser ungewöhnlichen Eigenschaften der Nullpunktenergie postulierten unorthodoxe Wissenschaftler eine neue Art von Energiefeld, das ähnliche Eigenschaften aufweist, und bezeichneten diese Energie als *skalare Welle*. Es besteht zwar nach wie vor Uneinigkeit darüber, wo diese Energie herkommt, doch ihre Eigenschaften sind höherdimensionaler Natur (auf der Ebene des Superquantenpotentials).

Gemäß King breiten sich skalare Wellen im Hyperraum über Wirbelringe aus, unter bestimmten Bedingungen können sie jedoch wie Nullpunktenergie in unsere vierdimensionale Realität orthorotieren.[31] Indem man die Fortpflanzung skalarer Wellen auf die höheren Dimensionen beschränkt, umgeht man einen Bruch der Gesetze der Quantenphysik.

Bearden, der den Ausdruck *skalare Elektromagnetik* geprägt hat, ist anderer Meinung als King und postuliert, daß skalare Wellen nicht höherdimensionaler Natur sind, sondern durch oszillierende Kontraktion und Entspannung eines stationären Elektrons entstehen. Wenn die Gesamtsymmetrie des Systems gestört ist, entsteht daraus eine skalare ›Druck‹-Welle. Der Bruch der Symmetrie wird auch mit der lokalen Krümmung des Raum/Zeit-Gefüges und der Umwandlung virtueller Partikel in Elementarteilchen in Verbindung gebracht. Da ein Bruch der Symmetrie mathematisch zulässig ist, mußten die Erhaltungssätze geändert werden, was nun auch die negative Zeit (Zeitumkehr) erlaubt. Bearden machte den Vorschlag, noch weitere Änderungen vorzunehmen und auch Energie, Entropie (die Tendenz des Universums zur Unordnung) und Schwerkraft einzubeziehen. Dann gäbe es auch negative Energie, Anti-Schwerkraft und Negentropie (eine Gegenkraft mit der Tendenz, das Universum wieder zur Ordnung zurückzubringen). Auch Skalarwellen würden dann diese Eigenschaften haben.[32]

Für Bearden entsteht durch die Kopplung von herkömmlichen elektromagnetischen Wellen mit skalaren Wellen eine elektromagnetische Welle positiver Energie/positiver Zeit und eine Welle negativer Energie/negativer Zeit, die sich gegenseitig überlagern. Die positive Energiewelle interagiert mit negativ geladenen Elektronen, die negativen Energiewellen dagegen mit den positiv geladenen Protonen im Atomkern. Bearden postuliert weiterhin, daß unter bestimmten Versuchsbedingungen herkömmliche EM-Vektoren und skalare Wellen getrennt werden können. Diese Vorstellung wird durch den skalaren Term in den ursprünglichen Quarternion-Gleichungen Maxwells zur Beschreibung elektromagnetischer Felder unterstützt. Mathematisch hebt die Kreuzung zweier Quarternionengleichungen die Vektorkomponenten auf, der skalare Term bleibt übrig. Als die skalaren Terme zur mathematischen Vereinfachung aus der ursprünglichen Gleichung weggelassen wurden, wurde auch die skalare Elektromagnetik fallengelassen.

Die Möglichkeit, daß skalare Wellen im Gegensatz zu den meisten EM-Feldern direkt mit dem Kern interagieren können, ist verlockend und impliziert, daß diese Energieform mit Materie auf einer sehr fundamentalen subnuklearen Ebene interagieren kann. Nach Bearden werden aufgrund der Anregung der Protonen im Kern durch skalare Wellen virtuelle Protonen ausgesandt, die wiederum mit den virtuellen Photonen interagieren. Diese Theorie entspricht zwar nicht der konventionellen Physik, wird aber durch die Vorstellung viruteller Partikel, wie sie zum erstenmal von Dirac beschrieben wurde[33], unterstützt. Nach Bearden kann durch den Ladungs- und Entladungsprozeß des Kerns mit virtuellen Partikeln der Kern wie ein Kondensator fungieren und Nullpunktenergie ansammeln. Beardens Theorie besagt weiterhin, daß alle Atomkerne im Universum durch skalare Wellen miteinander in Verbindung stehen und ihre virtuellen Partikel miteinander austauschen.[34]

Beardens Ideen werden teilweise von Puharich unterstützt; auch er verwendet den Terminus skalare Welle. Puharich[35] ›blickte‹ mit Hilfe eines

Hellsichtigen in den Atomkern hinein und postulierte, daß Protonen aus zehn magnetischen Monopolen und zehn Antimonopolen bestehen. Diese Monopole kommunizieren miteinander auf sehr komplexe Art und Weise über skalare Wellen und sind für die wohlbekannten Kernkräfte verantwortlich. Die miteinander agierenden Monopole bilden ein Informationsnetzwerk, das holographischer Natur sein dürfte. Auch Monopole aus unterschiedlichen Molekülen stehen miteinander in Kommunikation. Die Hypothesen von Bearden und Puharich entsprechen zwar nicht der konventionellen Physik, werden jedoch durch kürzlich durchgeführte quantenelektrodynamische Forschungen unterstützt, die die Kernbindungskräfte mathematisch als Nullpunktenergie beschreiben.

Inzwischen ist der Ausdruck skalare Welle eingeführt, hat jedoch in der klassischen Physik eine andere Bedeutung. In der Physik bezeichnet ein Skalar eine Menge, die nur durch einen Parameter beschrieben wird, zum Beispiel die Länge, die in allen Koordinatensystemen gleich ist.[36] Ein skalares Feld ist ein Bereich im Raum, der an jedem Punkt durch eine skalare Funktion beschrieben wird. Die Atmosphäre ist ein gern zitiertes Beispiel für ein Skalarfeld, da die Temperatur, eine skalare Funktion, an unterschiedlichen Orten verschieden ist. Byrd führt die normale Batterie als gutes Beispiel für ein Skalar an. Die potentielle Energie in der Batterie ist eine skalare Funktion, die auch an unterschiedlichen Orten gleichbleibt. Außerdem kann die potentielle Energie in einer Batterie nicht direkt gemessen werden; gemessen wird nur ihr Strom, die physikalische Manifestation dieser Energie in unserem vierdimensionalen Raum/Zeit-Gefüge.[37] Um eine Begriffsverwirrung zu vermeiden, bezeichnen wir das skalare Wellenkonzept als Nicht-Hertzsches Quantenfeld, da Nicht-Hertzsche Felder sich nicht an die Gesetze der klassischen elektromagnetischen Feldtheorie von Maxwell und Hertz halten. Das Konzept der Nicht-Maxwellschen Ausbreitung von Energie wurde vorher bereits von DelGiudice[38] aufgestellt.

Experimentelle Erzeugung von Nicht-Hertzschen Feldern

Zur Erzeugung Nicht-Hertzscher Felder wurden die verschiedensten Geräte entwickelt; wahrscheinlich erzeugen sie allerdings auch Quantenpotentiale und herkömmliche EM-Felder. Die meisten dieser Apparaturen erzeugen Nicht-Hertzsche Felder dadurch, daß zwei elektromagnetische Felder, die 180° auseinanderliegen, damit sich ihre EM-Vektoren aufheben, miteinander agieren. Psychotronische Geräte verwenden dazu eine Caduceus-Spule.[39] In der nichtlinearen Optik wird dieser Effekt durch Viererwellenvermischung und Phasenkonjugation erzielt. Bei Versuchen mit Viererwellenvermischung wird ein EM-Feld in einen Raum gebracht, in dem sich die Vektoren gegenseitig aufgehoben haben.

Dadurch entsteht eine Nicht-Hertzsche Welle, die eine größere Amplitude hat als das EM-Feld, das die Reaktion ausgelöst hat.[40] Mit Hilfe dieses Ansatzes können also starke Nicht-Hertzsche Wellen erzeugt werden. In den Experimenten mit Phasenkonjugation wird ein EM-Feld von einem nichtlinearen Spiegel reflektiert.[41] Das daraus resultierende Nicht-Hertzsche Feld wird als phasenkonjugierte Kopie bezeichnet. Diese Kopie reist in der Zeit zurück und nimmt dabei den gleichen Weg wie der EM-Vektor. Raymond Rife verwendete diese Technik in den dreißiger Jahren unseres Jahrhunderts, als er das leistungsstarke Rife-Mikroskop baute. Das Mikroskop benutzte die Konvergenzeigenschaft phasenkonjugierter Wellen und reduzierte dadurch die bei konventionellen EM-Feldern auftretende Verzerrung auf ein Minimum. EM-Felder divergieren, wenn sie sich von ihrer Quelle wegbewegen.

Eine weitere Methode zur Erzeugung Nicht-Hertzscher Wellen aus der nichtlinearen Plasmaphysik besteht darin, ein Plasma abrupt zu pulsen. Plasmen sind komplexe makroskopische Strukturen und bestehen aus verschiedenen EM-Feldern, unter anderem Licht, zirkular polarisierten Alfven-Wellen und Ionenschallwellen. Die Plasmatheorie liefert eine gute Beschreibung der komplexen nichtlinearen Interaktion zwischen diesen Plasmawellen und ihrer nichtlinearen Fortpflanzung über einen selbstfokussierenden Mechanismus. Im Experiment wurden Wirbelringstrukturen, die mit Plasma assoziiert werden, untersucht.[43] Die Nicht-Hertzschen Emissionen von Plasmaröhren sind die Grundlage von Priores Krebsheilmaschine und Rifes Strahlenröhre. Zu guter Letzt gibt es auch noch radionische Geräte, die Nicht-Hertzsche Felder durch psychotronische Plasmageneratoren erzeugen können.

Nicht-Hertzsche Wellen können mit konventionellen EM-Detektoren nicht gemessen werden, da diese nur die Translationsbewegung von Elektronen aufzeigen. Die Vorstellung, daß es eine neue Energie geben könnte, hat auch Einstein fasziniert; er verwendete den Begriff der subtilen (feinstofflichen) Energie, um die Energie zu beschreiben, die noch vorhanden ist, wenn alle anderen bekannten Kräfte nicht mehr da sind, also eine Energie, die nicht meßbar war. Dennoch scheinen die mit oben beschriebenen Geräten erzeugten Nicht-Hertzschen Felder sich in einem anomalen Verhalten bei der Messung von Temperatur, Trägheit oder Masse zu manifestieren.[44], zum Beispiel der Kugelblitz bei Teslas Experimenten mit seiner Vergrößerungsspule.[45] In jüngerer Zeit wurden solche Anomalien in Verbindung mit den modernen Freienergiegeräten beobachtet.

Nicht-Hertzsche Quantenfelder in biologischen Systemen

Die orthodoxen Biologen erkennen zwar das Konzept der Nicht-Hertzschen Felder/Nullpunktenergie nach wie vor nicht an, doch immerhin werden die Grundideen der Quantenmechanik zur Erklärung des immer offensichtlicheren nichtlinearen Verhaltens von biologischen Systemen hinzugezogen. Beobachtungen zeigen, daß biologische Systeme den Gesetzen der Quantenmechanik folgen und deshalb entweder Nicht-Hertzsche Felder beinhalten oder auf sie reagieren. Für diese Hypothese steht der Beweis noch aus, da Quantenfelder ja nicht meßbar sind, doch theoretische und experimentelle Ergebnisse stützen diese Theorie.

Experimentelle Beweise für die Bedeutung Nicht-Hertzscher Quantenfelder in biologischen Systemen beruhen auf der anerkannt wichtigen und universalen Rolle von Kationen und Anionen in physiologischen Prozessen. Die Bioelektromagnetik geht inzwischen davon aus, daß Ionen bei der Wirkung schwacher EM-Felder auf biologische Systeme eine Rolle spielen[47], als Brücke zwischen Energie und Materie. Ionen im Körper können in kohärenten Bereichen zwischen Kristallgittern existieren[48], wie etwa Flüssigkeitskristalle in der Zellmembran. Ihnen wird auch eine Rolle bei der Interaktion zwischen Nullpunktenergie und biologischen Systemen zugeschrieben. Man geht davon aus, daß kohärente Oszillationen von Ionen die Orthorotation der Nullpunktenergie in unserem vierdimensionalen Raum/Zeit-Gefüge erleichtern; genauso könnten ähnliche Oszillationen in biologischem Gewebe die Orthorotation der Nullpunktenergie in biologischen Systemen fördern.

Wir haben bereits über die nichtlineare Interaktion zwischen Ionen (bzw. geladenen Bereichen) in Dipolen gesprochen. Auch diese Interaktionen können kohärent sein. Die Wirkung schwacher EM-Felder auf Zellen führte man auf die Kohärenz zwischen Kalziumionen und Proteinen auf der Zellmembranoberfläche zurück.[50] Sie könnte auch eine Erklärung dafür sein, wie der Körper auf Nicht-Hertzsche Wellen und Nullpunktenergie reagiert. Gemäß Kings Theorie[51] führt diese Kohärenz zu einer effektiveren Interaktion mit der Nullpunktenergie. In bestimmten Situationen können sich Ionen wohl spiralförmig durch die Zelle bewegen.[52] Ist diese Spiralbewegung der Ionen analog zu den Wirbelringen in Plasmen, müßte eine verstärkte Interaktion mit der Nullpunktenergie auftreten. Die Spiralbewegung wäre dann das biologische Äquivalent zu den Ionenschallwellen in Plasmen.

Lawrence und Adey[53] stellten ein umfassendes Quantenmodell vor, das auf Quantenquasipartikeln, den sogenannten *Solitonen* beruht. Die Theorie besagt, daß Glykoproteine auf der Zellmembranoberfläche gemeinsam auf schwache elektromagnetische Felder reagieren und diese Information über Solitonen, welche sich durch die Zellmembran entlang des Rückens spiraliger Proteine ausbreiten, an das Zellinnere weitergeben. Auch andere Wissenschaftler spielten mit dem Gedanken, daß Quantensolitone Träger biologischer Informationen sind. Dabei konzentrierte man sich hauptsächlich auf das DNS-Molekül, und zwar aufgrund seiner spiraligen Natur.[54] Auch anderen Quantenpartikeln wurde eine biologische Rolle zugeschrieben. So weisen beispielsweise Excitonen, die sich am besten in Kristallgittern erhalten und ausbreiten können, Eigenschaften auf, die von der dielektrischen Konstante und der Resonanzfrequenz des Gitters abhängen.[55]

Nach einem Vergleich dieser Informationen ist der Autor der vorliegenden Arbeit der Meinung, daß piezoelektrische Flüssigkeitskristalle in Zellmembranen als Wandler von elektromagnetischer Strahlung und von Nicht-Hertzschen Wellen fungieren.[56] Dieser Theorie von den Wandlereigenschaften der Kristalle zufolge findet eine Umwandlung der verschiedenen Energiearten statt. Dies erweitert die Soliton-Theorie von Adey und Lawrence: 1. werden alle feinstofflichen Energien berücksichtigt; 2. findet dieser Theorie zufolge die Umwandlung in beide Richtungen statt; 3. wird davon ausgegangen, daß die Umwandlung einer Energieform in die andere sowohl in Flüssigkeitskristallen in Membranen und in Festkristallen in Organen (zum Beispiel in der Zirbeldrüse) als auch in den hochstrukturierten spiraligen Proteinen in der Zellmembran stattfinden kann; und 4. entsprechen dieser Theorie zufolge die durch diese Kristallgitter erzeugten Energiefelder im großen und ganzen mehr den natürlichen (endogenen) Energiefeldern, die mit der Selbstheilung in Verbindung gebracht werden, als die verschiedenen exogenen (unnatürlichen/äußeren) Energiefelder, welche in der Energiemedizin Anwendung finden. Die Theorie von den Wandlereigenschaften der Kristalle geht von einem zweiphasigen Wandlerprozeß aus, in dem spirituelle Energie in die dichtere Nicht-Hertzsche Energie und diese wiederum durch die Kristallgitter in Gehirn und Körper in elektromagnetische Energie umgewandelt wird. Die so erzeugten EM-Felder lösen dann die zu beobachtenden biologischen Effekte aus. Vom Autor durchgeführte, im folgenden beschriebene Experimente weisen darauf hin, daß nicht-Hertzsche Felder sich auch direkt auf der Zellebene auswirken. Deshalb ist es auch möglich, daß Nicht-Hertzsche Felder aus der Umwelt (astrophysische oder geologische), aus psychotronischen und radionischen Geräten oder von psychoenergetischen Heilern eine direkte physiologische Reaktion bewirken, ohne daß eine Umwandlung in EM-Felder nötig wäre. Zum dritten erscheint es wahrscheinlich, daß EM-Felder Trägerwellen für nicht-Hertzsche Energie sind. Eine solche Art der Informationsmodulation des EM-Feldes würde auch zusätzliche Heilkräfte für den Körper übermitteln. Da es sehr schwierig, wenn nicht sogar unmöglich ist, Nicht-Hertzsche Felder ohne ein EM-Feld experimentell nachzuweisen, ist zur Zeit noch nicht klar, welche Rolle nun das EM-Feld und welche das Nicht-Hertzsche Feld beim Heilungsprozeß spielt. Dennoch ist ein endogener feinstofflicher Energiekörper, der nicht identisch ist mit dem elektromagnetischen Körper, eine natürliche Folge der Theorie von den Wandlereigenschaften von Kristallen. Die Vermutung liegt nahe, daß Nicht-Hertzsche Felder zumindest ein Hauptbestandteil dieses feinstofflichen Energiekörpers sind.

Man ging zwar davon aus, daß Solitonen als Informationsträger biologisch eine Rolle spielen, doch bis zur Veröffentlichung von DelGiudices Artikel machte man sich keine Gedanken darüber, was aus dem Soliton wurde, wenn es seine Trägeraufgabe für die biologische Information erfüllt hatte.[57] Er erklärte, aufbauend auf die Quantenfeldtheorie, die ungewöhnlichen elektrischen Eigenschaften von Biomolekülen in Wasser damit, daß die Biomoleküle und die Wassermoleküle zwei unterschiedliche oszillierende Dipolsysteme darstellten. Jeder Dipol in einem kollektiven Zustand wurde als Grundzustand betrachtet, mit ganz charakteristischen Nullfrequenzoszillationen (d.h. Nullpunktenergie). Elektromagnetische Kräfte zwischen Dipolsystemen wurden nachgewiesenermaßen von Solitonen erzeugt, die aus den Biomolekülen freigesetzt wurden. Solitonen werden von chemischer Energie im entsprechenden System erzeugt und breiten sich entlang des Rückens des Biomoleküls aus (wie es ja bereits vorher für das DNS-Molekül angenommen wurde).

DNS erleichtert demnach nicht nur die Ausbreitung von Solitonen, sondern wandelt auch – analog den piezoelektrischen Proteinen in Zellmembranen (siehe oben) – Energie um. Merkl hat mit Hilfe von kristallisierten DNS-und RNS-Aufbereitungen – von ihm als *Lebenskristalle* bezeichnet – den Nachweis für diese neuartige Funktion der DNS erbracht.[58] Merkls Auffassung zufolge wandeln Lebenskristalle feinstoffliche Energie (die sogenannten *Rollwellen*) in biologisch nutzbare Energie um.

In einer zweiten Arbeit beschäftigte sich DelGiudice mit der Wechselwirkung zwischen exogenen EM-Feldern und Dipolen. Er bezog sich dabei auf die Quantenfeldtheorie und vertritt den Standpunkt, daß die Energie des EM-Feldes im interagierenden Dipolnetz gespeichert wird und von dort als neues elektromagnetisches Fernwirkungsfeld ausgesandt wird.[59] Im Gegensatz zu den herkömmlichen Nahwirkungskräften können sich Fernwirkungsfelder wohl auf eine völlig neue Art ausbreiten – über einen selbst-fokussierenden, kohärenten Supraleitmechanismus. DelGiudice postuliert, daß Fernwirkungsfelder sich innerhalb von Filamenten mit gebrochener Symmetrie ausbreiten und dadurch eine ›Nicht-Maxwellsche‹ Ausbreitung möglich ist. Erst kürzlich wurde in biologischen Systemen Supraleitfähigkeit meßbar nachgewiesen.[60] DelGiudices Filamente in der wäßrigen Umgebung der Zelle könnten in etwa den Wirbelringen in der gasförmigen Umgebung eines Plasmas entsprechen.

DelGiudices Theorie besagt weiterhin, daß ein Bruch der Symmetrie in Verbindung mit der Ausbreitung von Solitonen in Biomolekülen steht.[61] Wenn die Solitonen ihre Energie ins Wasser entladen haben, ist die Symmetrie auch wieder hergestellt, was zu einer verstärkten Organisation des

Systems führt. Deshalb steht die biologische Selbstorganisation wiederum mit der Erzeugung von Solitonen in Verbindung. Andere quantenmechanische Modelle der Selbstorganisation von biologischen Systemen beziehen sich auf Phasenübergänge[62] und Plasmaanomalien[63]. Nimmt man auch noch Adeys Idee vom Zusammenhang zwischen Solitonen und exogenen elektromagnetischen Signalen hinzu[64], besagen diese Theorien, daß quantenmechanische Partikel das Bindeglied zwischen chemischen und elektromagnetischen Abläufen in biologischen Systemen sind.

Auch Bearden betrachtet einen Bruch der Symmetrie als Voraussetzung für die Ausbreitung skalarer Wellen.[65] Die genaue Beschaffenheit dieser Fernwirkungsfelder ist zwar noch nicht genau bekannt, doch DelGiudice gelangt zu dem Schluß, daß sie erstens zu Quantenpotentialen in Beziehung stehen, zweitens ihre Photonen eine Masse haben, die ungleich Null ist. Drittens breiten sie sich ohne Energieverlust aus (zum ersten Mal von Tesla beschrieben), und viertens können sie mit diversen anomalen Phänomenen in Verbindung gebracht werden. Wenn die Nicht-Maxwellsche Ausbreitung von Solitonen in Wasser tatsächlich mit einem Bruch der Symmetrie einhergeht, wäre dies das erste Beispiel dafür, daß biologische Systeme auf der Superquantenpotentialebene fungieren. Zumindest weisen die Ergebnisse darauf hin, daß dies auf der Quantenpotentialebene der Fall ist.[66] Außerdem gibt es Hinweise dafür, daß biologische Systeme in der Lage sind, herkömmliche EM-Felder in eine neue Art von kohärenten Fernwirkungsfeldern umzuwandeln, was den Wandlungsmechanismus der Theorie von den Wandlereigenschaften der Kristalle untermauert, die der Autor aufgestellt hat.

DelGiudices Forschungsergebnisse weisen dem Wasser eine Schlüsselrolle in biologischen Systemen zu. Mit der physiologischen Rolle des Wassers als Umgebungsmedium von Biomolekülen und auf der Oberfläche der Zellmembran hat sich die Wissenschaft bereits beschäftigt. Mit Hilfe der ›Nuclear Magnetic Resonance‹ (NMR) wurde nachgewiesen, daß dieses Grenzflächenwasser höher strukturiert und organisiert ist als Rohwasser, in dem die verminderte Wasserstoffbindung zwischen einzelnen Wasserdipolen eine eher willkürliche Ausrichtung bewirkt.[67] Experimente, bei denen die Wasserstoffbindung absichtlich aufgebrochen wurde, führten zu einer Veränderung der Ausrichtung bzw. des ›Ordnungsparameters‹; dies weist strukturiertem Wasser eine funktionale Rolle zu.[68] Strukturiertes Wasser in biologischen Systemen hat charakteristischerweise andere elektrische Eigenschaften (zum Beispiel eine andere dielektrische Konstante und Leitfähigkeit) und kann leicht in Rohwasser umgewandelt werden.[69] Damit sind strukturiertes Wasser und Rohwasser im Gleichgewicht. Die genaue Natur der Übergangsenergie zwischen diesen beiden Zuständen ist nicht bekannt, man weiß allerdings, daß sich Protonen über Wasserstoffbindungen zwischen den beiden Wasserphasen fortbewegen können.

Strukturiertes Wasser wird außerdem als Medium für die biologischen Effekte von EM-Feldern angesehen. Die Fähigkeit biologischer Gewebe,

Mikrowellen zu absorbieren, ist proportional zur Menge des strukturierten Wassers.[70] Man geht davon aus, daß die Energie des EM-Feldes zunächst vom strukturierten Wasser absorbiert und dann auf das Gewebe übertragen wird. So besagt eine Theorie, daß ein Phasenübergang im Wasser zu einer verminderten Wasserstoffbindung und damit zu einer veränderten Ausrichtung und/oder Konformation der Moleküle in der Zellmembran führt.[71] Dadurch könnte sich die Empfänglichkeit der Zellmembran für exogene EM-Felder verändern. Da die Anbindung von Ionen an die Zellmembran ein kritischer Punkt bei der Wirkung schwacher EM-Felder auf Zellmembranen ist, besagt eine zweite Theorie, daß eine Veränderung des Wassermantels um diese Ionen kritisch ist.[72] Es wurde beobachtet, daß sich in Wasser, das krankem Gewebe ausgesetzt war, die NMR-Spektren veränderten.[73] Dies ist ein weiterer Hinweis auf die Richtigkeit dieser Theorien.

Wasser besteht bekanntlich aus Wasserstoff- und Sauerstoffionen; für das Verständnis des Zusammenwirkens zwischen Nicht-Hertzschen Feldern und belebter und unbelebter Materie steht der Wasserstoff im Mittelpunkt des Interesses. Puthoff betrachtete den Grundzustand des Wasserstoffatoms als Nullpunktenergiezustand und berechnete mit Hilfe der Quantenelektrodynamik die Menge der vom Wasserstoff absorbierten und abgestrahlten Nullpunktenergie.[74] Puharich schloß über das Wasserstoffmolekül auf den subnuklearen Ursprung der skalaren Energie. Wie bereits erwähnt, stellt Puharich die These auf, daß skalare Wellen in den Monopolen und Antimonopolen der Protonen ihren Ursprung haben.[75] Auch Bearden kommt zu ähnlichen Ergebnissen und vertritt die Meinung, daß die Protonen und Neutronen im Kern, und nicht die Elektronen, die skalare Energie absorbieren, wenn sie mit Materie agiert.[76]

Bearden erweiterte seine Hypothese noch auf biologische Systeme.[77] Er postuliert, daß jede Zelle im Körper aus subatomaren Biopotentialen besteht. Diese Biopotentiale, die sich im Atomkern befinden, setzen sich wiederum aus nicht geordneten, unstrukturierten skalaren Ladungsmustern zusammen, die virtuelle Substrukturen bilden. Bearden zufolge werden exogene skalare Wellen von Zellen absorbiert und laden und organisieren dabei ihre Biopotentiale. EM-Felder dagegen verändern nur die Größe dieser Biopotentiale. Auch Zellen, bei denen ein offener Austausch mit der extrazellularen Umgebung stattfindet, setzen neben normalen Photonen strukturierte/skalare Photonen frei und entladen damit Energie aus ihren Biopotentialen. Die von kranken Zellen freigesetzten skalaren Photonen, die – je nach Krankheit – ein ganz charakteristisches Informationsmuster aufweisen, können dieses kranke Energiemuster an alle Zellen des Körpers weitergeben. Beardens Theorie besagt außerdem, daß jede Krankheit geheilt werden könnte, wenn das kranke Energiemuster isoliert und mit einem phasenkonjugierten Spiegel eine zeitverkehrte skalare Welle geschaffen werden könnte, die das Krankheitsmuster neutralisiert. Ein ähnlicher Ansatz könnte darin bestehen, aus einem aus dem Blut des Patienten gewonnenen Antikörper ein skalares Informationsmuster zu erzeugen. Eine skalare Welle mit dieser Information würde das Immunsystem aufladen und zu einer dauerhaften *skalaren Immunisierung* führen.[78]

Beweismaterial aus Versuchen mit biologischen Systemen

Es gibt zwar eine Reihe von Theorien, die Nicht-Hertzscher Energie in biologischen Systemen eine Bedeutung zumessen, doch experimentelle Beweise dafür gibt es kaum. Eine Richtung von Forschern konzentriert sich auf die biologische Rolle von kohärentem Licht bzw. skalaren Photonen, wie Bearden sie nennt. Gurwitsch zeigte ursprünglich auf, daß Energie von sich schnell teilenden Zellen in der Zwiebelknolle das Wachstum (d.h. mitogenetisch) von sich nicht teilenden Zellen anregt, selbst wenn beide Zellkulturen physisch voneinander getrennt waren.[79] Auch Kaznacheyev untersuchte diese mitogenetische Strahlung und stellte fest, daß kranke Zellen ihre kranke Energie auch dann noch auf gesunde Zellen übertragen konnten, wenn die beiden Kulturen durch Quarzglas voneinander getrennt waren.[80] Kaznacheyev nahm für seine Versuche unterschiedliche Filter als Barrieren her und bewies, daß das ultraviolette Licht Träger der kranken Energie war. Auch Popps Forschungsergebnisse weisen auf die tragende Rolle von Biophotonen hin. Er entdeckte, daß Biophotonen in der Helixstruktur des DNS-Moleküls gespeichert und von dort freigesetzt werden und daß Biophotonen von Natur aus kohärent sind.[81] Andere Forschungsergebnisse stützen diese Schlußfolgerung.[82] Popp stellt die Hypothese auf, daß die von ihm gemessenen Biophotonen aus einem holographischen virtuellen EM-Feld stammen, das den ganzen Körper durchdringt und beim Heilungsprozeß eine Rolle spielt. Doch auch wenn Popps Biophotonen kohärent sein mögen und deshalb auf der Ebene des Quantenpotentials anzusiedeln sind, steht ein Beweis für ihre Nicht-Hertzsche Natur noch aus.

Auch Reids Experimente können mit konventionellen EM-Feldern nicht so einfach erklärt werden. Seine Untersuchungen basierten auf der Beobachtung, daß sich Blut, das unter verschiedenen physiologischen Bedingungen gesammelt worden war, auch in unterschiedlichen Mustern kristallisierte. Da die Kristalle hauptsächlich aus Natriumchlorid bestanden, vereinfachte Reid das System und untersuchte die Kristallisation von einfachen Speisesalzlösungen (Natriumchlorid). Dabei konnten bestimmte chemische Reaktionen (zum Beispiel mit Kupfer) das Kristallisationsmuster des Salzes beeinflussen und die elektrischen Eigenschaften (Impedanz) der Salzlösung sogar dann noch verstärken, wenn sie vier Meter entfernt war. Diese Ergebnisse lassen den Schluß zu, daß diese Phänomene nicht einfach mit Hilfe konventioneller EM-Felder erklärt werden können, sondern daß – laut Reid – der Effekt durch Quantenfelder übertragen wird. Dies weist wiederum darauf hin, daß chemische Reaktionen, wahrscheinlich auch in biologischen Systemen, durch nicht-elektromagnetische Felder zustande kommen und damit Nicht-Hertzsche Felder auch in biologischen Systemen eine Rolle spielen.

Anstatt biologisches Gewebe als Quelle von Nicht-Hertzschen Feldern zu verwenden, könnte man sie alternativ, wie bereits besprochen, auch künstlich erzeugen. Der Plasmaröhrengenerator von Priore erzeugt ein Energiefeld, das theoretisch nicht-Hertzscher Natur ist und nachweislich das Wachstum von Tumorzellen bei Tieren hemmt.[84] Ein Beispiel jüngeren Datums stellen die psychotronischen und die Freienergiegeräte dar; auch sie können Nicht-Hertzsche Wellen erzeugen, selbst wenn ihre Schaltung nicht den konventionellen technischen Prinzipien folgt und die zuvor beschriebene Quantenphysik die Natur der von ihnen erzeugten feinstofflichen Energie nicht unbedingt vorhersagen kann. Auch radionische und psychotronische Geräte wurden zwar ›klinisch‹ erfolgreich eingesetzt, doch ihre Auswirkung auf biologische Systeme wurde nicht wissenschaftlich erforscht.

Vor einigen Jahre fing Puharich mit Hilfe eines Möbiusschen Bandes EM-Felder ein, welche theoretisch einen Nullsummenvektorraum erzeugen sollten. Er koppelte das Möbiussche Band mit einer mechanisch angetriebenen Armbanduhr und erzeugte dadurch eine skalare Abschirmung, durch welche ein Nicht-Hertzsches Feld von 7 bis 8 Hz aufgebaut werden sollte[86]. Dieser Anspruch wurde seitdem allerdings in Frage gestellt. Dennoch gibt es zahlreiche anekdotische Fallbeispiele von Leuten, bei denen durch das Tragen der Abschirmung beträchtliche biologische Auswirkungen erzielt wurden. Byrd ging das Ganze wissenschaftlicher an und beobachtete dabei eine Abnahme der Gesamtamplitude und niedrigere Frequenzen in EEG-Aufzeichnungen bei Personen, die den Schutzschirm trugen. Morley führte Versuche mit Elektro-Diagnosegeräten bei EM-sensitiven Patienten durch, die schädlichen EM-Feldern ausgesetzt waren, und stellte fest, daß sich nach Einsatz des Schutzschirmes die Meridianwerte bei den meisten Organen, die durch die EM-Felder anormale Muster aufwiesen, normalisiert hatten.

Trotz dieser positiven vorläufigen Ergebnisse kann nicht ausgeschlossen werden, daß die beobachtete Wirkung zumindest teilweise auf die Überzeugungen der Versuchspersonen zurückzuführen waren. Einige Berichte lassen allerdings vermuten, daß Placeboeffekte nur eine minimale Rolle spielen, da die positiven Auswirkungen ausblieben, sobald die Abschirmung abgelegt worden war. Um Placeboeffekte auszuschließen und die Wirkung der vermuteten Nicht-Hertzschen Energie, die aus der Abschirmung entsandt wurde, auf zellularer Ebene nachzuweisen, führte der Autor des vorliegenden Artikels eine Reihe von In-vitro-Experimenten mit Nervenzellen und Immunzellen aus Gewebekulturen durch. Dabei wurden, im Unterschied zu den vorherigen Experimenten, die biologischen Auswirkungen mit Hilfe von zwei unterschiedlichen Abschirmungen bestimmt: mit und ohne Möbiussches Band. Ohne Möbiussches Band (die Kontrollvorrichtung) entsteht ein EM-Feld von 7 bis 8 Hertz ohne ein Nicht-Hertzsches Feld. Mit Möbius-Streifen dagegen wird normalerweise ein Nicht-Hertzsches Feld mit einem Rest-EM-Feld erzeugt. Die biologische Wirkung der beiden Abschirmungen (direkt auf den Petri-Schalen) wurde verglichen; dabei wurde zum ersten Mal eine veränderte biologische Reaktion aufgrund des Nicht-Hertzschen Feldes in Anwesenheit eines EM-Feldes beobachtet. Da jedoch nicht bekannt ist, in welchem Ausmaß die beiden Felder miteinander koppeln, gibt dieser Ansatz keinerlei Information über die direkten Auswirkungen Nicht-Hertzscher Felder, wenn kein EM-Trägerfeld vorhanden ist.

Für den Anfang verwendete man Nervenzellen des PC12-Stammes, da der Autor kurz vorher aufgezeigt hatte, daß die funktionalen Eigenschaften der in diesen Zellen vorhandenen Neurotransmitter denen des normalen Gehirns ähnlich sind[87] und daß die Freisetzung[88] und Aufnahme[89] von Noradrenalin (einer dieser Neurotransmitter) sich durch schwache EM-Felder änderte. Daraufhin setzte man die Zellen dreißig Minuten lang den beiden Schutzschirmen aus und stellte dann mit Hilfe des gleichen biochemischen Standardprotokolls die neuen Aufnahmewerte fest. Sechs voneinander unabhängig durchgeführte Experimente lassen den Schluß zu, daß bei experimentellen Abschirmungen (mit dem Möbiusschen Band) die Noradrenalin-Aufnahme im Vergleich mit Kontrollvorrichtungen um weitere 19,5 Prozent gehemmt wird.[90] Aufgrund dieser Ergebnisse läßt sich vermuten, daß Nicht-Hertzsche Felder (in Anwesenheit von EM-Feldern) sich sogar noch tiefgreifender auf biologische Systeme auswirken als konventionelle EM-Felder.

Da das Immunsystem bei der Heilung einer Vielzahl von Krankheiten eine sehr wichtige Rolle spielt, wurde mit der gleichen Methode untersucht, ob Nicht-Hertzsche Felder das Wachstum von Lymphozyten (die für die Zellimmunität entscheidenden weißen Blutkörperchen) in vitro anregen konnten. Mit biochemischen Standardtechniken wurden T- und B-Lymphozyten aus dem Blut freiwilliger gesunder Versuchspersonen aufbereitet und zwei Tage lang in einer Gewebekultur radioaktivem Thymidin ausgesetzt. Mit Hilfe der Thymidin-Rate, die von sich schnell teilender DNS aufgenommen wird, läßt sich die Zellteilung quantitativ bestimmen. Unter dem Kontrollschirm war die Wachstumsrate der Lymphozyten (90 ± 31 cpm/10^5 Zellen) um 34 Prozent höher, verglichen mit Zellen ohne ein exogenes Feld. Wurde der experimentelle Schutzschirm verwendet, stieg die Wachstumsrate auf 159 ± 53 cpm/10^5 Zellen. Auch bei diesem Versuch verstärkte das Nicht-Hertzsche Feld also die biologische Reaktion, und zwar in diesem Fall um 76 Prozent!

Diese anfänglichen Versuche demonstrierten wohl zum ersten Mal die direkte Wirkung von Nicht-Hertzschen Feldern auf der Zellebene; Placeboeffekte konnten in diesem Fall so gut wie ausgeschlossen werden. Das verwendete Trägersystem, der Schutzschirm, ist allerdings etwas unkonventionell, und die Output-Frequenzen und -Amplituden waren unveränderlich. In Zusammenarbeit mit T. Gagnon von Dynamic Engineering führte der Autor mit einem von diesem neu entwickelten Trägersystem weitere Untersuchungen über die Auswirkung von Nicht-Hertzschen Feldern auf das Lymphozytenwachstum durch.

Das hierbei verwendete Trägersystem, ›Structured-Electromagnetic Quotient Stiumuli‹ (S-EMQS), besteht aus zwei konzentrischen Spulen in einem Wandler, über die Strom in entgegengesetzte Richtungen (antiparallel) geschickt wird. Drei Milliampere Strom wurden in einer Reihe von S-EMQS-Hüllen alle fünf Mikrosekunden hindurchgeschickt. Jede Hülle bestand aus drei bis sieben sie überlagernden, computererzeugten Quadratwellen mit einer Frequenz von 2 bis 6 KHz. Damit wurden frisch isolierte Lymphozyten innerhalb von zwölf Stunden viermal zehn Minuten lang behandelt, und nach weiteren zwölf Stunden wurde ihre Wachstumsrate wie oben beschrieben ermittelt. Kontrollzellen, die nicht mit Energie behandelt wurden, zeigten niedrigere Wachstumsraten (358 cpm/10^5 Zellen). Die im S-EMQS erzeugten Nicht-Hertzschen Felder führten ohne Zuhilfenahme von chemischen Wachstumsfaktoren zu einem zwanzigfachen Zellwachstum (6880 ± 183 cpm/10^5 Zellen).[92]

Auch mit konventionellen EM-Feldern kann das Lymphozytenwachstum angeregt werden, normalerweise allerdings nicht in dieser Größenordnung.[93] Die interessante Frage war nun: Beruhte dieser Effekt auf den Nicht-Hertzschen Feldern oder auf den speziellen, komplexen Frequenzen im S-EMQS-Signal? Deshalb wurde der Versuch mit einer herkömmlichen Spule (Impedanz angepaßt an die Caduceus-Spule) und den exakt gleichen Frequenzen mit Parallelstrom durchgeführt, wodurch lediglich EM-Felder entstanden. Die Wachstumsrate betrug in diesem Fall nur das Siebenfache, was wie die vorherigen Versuche mit dem Schutzschirm darauf hinweist, daß die biologischen Veränderungen nur teilweise auf der EM-Frequenz-Information und in weitaus größerem Maße auf dem Informationsmedium, also dem Nicht-Hertzschen Feld, beruhen.

Der nächste Versuch bestand darin, mit einem etwas höheren Strom (9 Milliampere) die feinstofflichen Frequenzinformationsmuster auf die Gitterstruktur von Wasser zu übertragen. Das mit Nicht-Hertzschen Feldern geladene Wasser wurde dann auf seine biologische Aktivität hin untersucht. Mit einem abgeänderten S-EMQS-Signal (was das Lymphozytenwachstum weniger stark anregte, wie wir feststellen mußten) erhöhte sich das Zellwachstum bei Verwendung einer Caduceus-Spule um 87 Prozent (verglichen mit Zellen, denen keine Energie zugeführt wurde); das aufgeladene Wasser führte zu einer 61prozentigen Wachstumssteigerung. Es wurde zwar nicht wissenschaftlich erforscht, wie lange das Wasser seine Ladung halten kann, doch Gagnon stellte fest, daß mit einer speziellen S-EMQS-Kammer behandeltes Wasser seine Ladung über Monate aufrechterhielt. Mit der nächsten Versuchsreihe bewiesen wir, daß

Informationmuster im Wasser durch nachträglich hinzugefügte Nicht-Hertzsche Felder restrukturiert werden konnten. Mit einem zweiten Satz von S-EMQS-Signalen, die das Lymphozytenwachstum behindern sollten, wurde das ursprüngliche Muster (zur Wachstumssteigerung) überlagert. Dieses doppelt geladene Wasser führte zu einem 68prozentigen Wachstumsrückgang und setzte somit die ursprüngliche Information außer Kraft.

Diese Versuchsergebnisse zeigen, daß in Nicht-Hertzschen Feldern – im Unterschied zu herkömmlichen EM-Feldern, die ihre Energie nur sehr beschränkt auf Wasser übertragen können[95] – die feinstoffliche Information in der Gitterstruktur des Wassers ziemlich lange gespeichert werden kann. Des weiteren kann die Information aus dem Wasser gelöst werden und hat dann die gleiche biologische Wirkung wie das ursprüngliche Nicht-Hertzsche Feld. Diese offensichtliche Energieübertragung ohne Energieverlust stützt Teslas These, daß Energie sich auf dem Planeten ohne Verluste ausbreiten kann.[96] Die S-EMQS-Ergebnisse unterstützen auch DelGiudices Idee von der Nicht-Maxwellschen Ausbreitung in Wasser ohne Energieverlust.[97]

Diese Ergebnisse könnten auch eine Erklärung für das anomale Verhalten von homöopathischen Heilmitteln liefern, die die energetische Informationsmatrix einer chemischen Verbindung oder Droge über sehr lange Zeit speichern können. Die Tatsache, daß diese gespeicherte Information biologisch genau das Gegenteil bewirken kann, weist auf die Richtigkeit von Beardens Idee, daß kranke Energie im Körper durch eine Drehung um 180° neutralisiert werden kann, da dadurch das energetische Gegenstück entsteht. Die Tatsache, daß Nicht-Hertzsche Felder geladenes Wasser neutralisieren können, unterstützt diese Idee. Nicht-Hertzsche Quantenfelder könnten also die physische Energie der Homöopathie sein.

Quantenfelder und psychoenergetisches Heilen

Quantenfelder könnten auch den energetischen Mechanismus des psychoenergetischen Heilens darstellen. Diese Hypothese beruht darauf, daß manche der Phänomene des psychoenergetischen Heilens mit Nicht-Hertzschen Feldern erklärt werden können. Wie bereits besprochen gehen wir davon aus, daß der feinstoffliche Energiekörper und die Heilungsenergie aus EM-Feldern, Quantenfeldern und noch nicht charakterisierten feinstofflichen Energieformen bestehen. Fernheilung kann beispielsweise mit EM-Feldern allein nicht erklärt werden. Die Fähigkeit von Quantenfeldern, sich ohne Energieverlust fortzupflanzen, könnte dieses Phänomen dagegen durchaus erklärbar machen. Daß Heiler ihre Energie auf eine einzelne Person oder eine bestimmte Petri-Schale ›konzentrieren‹ können, mag damit erklärt werden, daß Quantenfelder konvergieren und nicht divergieren. Plötzliche Heilungen beruhen vielleicht darauf, daß Quantenfelder zeitunabhängig sind und sich schneller als Licht fortbewegen können. Aufgrund dieser Beobachtungen liegt die Vermutung nahe, daß die energetische Information mittels Nicht-Hertzscher Quantenfelder vom Heiler auf den Patienten übertragen wird.

Experimente mit Heilern

Die Experimente, die das Phänomen der energetischen Heilung verifizieren sollten, beschränkten sich fast immer auf phänomenologische Beobachtungen über die effektive Einflußnahme von Heilern auf biologische Systeme. Diese Studien wurden durch zahlreiche komplexe Faktoren behindert, welche bei Versuchen mit Menschen zum Tragen kommen: zum einen der Placeboeffekt, zum anderen die emotionale Verfassung von Versuchsperson und Heiler und auch die Aufnahme von chemischen Stoffen (Medikamente/Nahrung) vor dem Experiment, um nur einige zu nennen. All dies muß berücksichtigt werden. Neben diesen inneren spielen auch externe Faktoren eine Rolle: das elektromagnetische Umfeld, astrologische/astronomische Konstellationen, feinstoffliche energetische Einflüsse außerhalb des Wirkungsbereichs des Heilers. Verschiedentlich wurden deshalb nichtmenschliche Versuchsobjekte benutzt, um diese Verwirrung stiftenden Variablen auf ein Minimum zu beschränken.[98] Diese Studien kamen zu dem Ergebnis, daß Heiler biologische Systeme beeinflussen können, und zwar auf der Organismusebene (Tiere), der Zellebene (Gewebekulturen) und der subzellularen Ebene (Enzyme innerhalb von Zellen). Heiler können also im Körper direkte Veränderungen bewirken, die nicht über den Geist (bestimmte Überzeugungen) der Versuchsperson laufen.

Diese Experimente weisen darauf hin, daß es ein weites Spektrum von biologischen Reaktionen auf die Heilungsenergie gibt; die Frage der Spezifizität ist allerdings noch nicht gelöst. Aufgrund des tiefgreifenden Einflusses des Gehirns/Geistes auf die Kontrolle physiologischer Prozesse nahm man die biochemische Kommunikation im Gehirn als biologischen Endpunkt, über den die Vielzahl physiologischer Reaktionen auf Heilungsenergie laufen könnte. Neuronale Übertragung zwischen Nervenzellen geschieht durch eine Gruppe von chemischen Substanzen, den Neurotransmittern. Die Funktion von Noradrenalin und Dopamin, eine Klasse von Neurotransmittern, die für das adrenergene Nervensystem von Bedeutung sind, wurde in Versuchen an lebenden Mäusen und in vitro anhand von Säugetierzellkulturen untersucht. Im Tierversuch[99] wurde unter anderem die Menge an Neurotransmittern gemessen, in der Zellstudie[100] stellte man die Aktivität des Enzyms Monoaminoxidase fest, das für die tatsächliche Menge an Neurotransmittern zuständig ist. Da der Autor des vorliegenden Artikels bereits vorher die Auswirkung von EM-

Feldern auf das Noradrenalin in Nervenzellenkulturen untersucht hatte[101], sollte nun herausgefunden werden, ob Heilungsenergie und EM-Energie den gleichen biologischen Endpunkt hatten. Es wurde festgestellt, daß sowohl EM-Felder als auch Heilungsenergie sich auf die Neurotransmitter auswirkten und quantitativ und qualitativ ähnliche biologische Reaktionen auslösten, zum Beispiel erhöhte adrenergene Neurotransmitteraktivität. Die oben beschriebenen Experimente deuten darauf hin, daß auch die durch die skalare Schutzvorrichtung erzeugten Nicht-Hertzschen Quantenfelder diese Neurotransmitter in Nervenzellenkulturen verstärken.[102] Diese Ergebnisse untermauern die Hypothese, daß Heilungsenergie sowohl aus Quantenfeldern als auch aus herkömmlichen EM-Feldern besteht.

Anstatt sich mit dem Patienten bzw. dem Ziel der Heilungsenergie auseinanderzusetzen, kann man alternativ auch den Heiler selbst untersuchen. Bei solchen Studien wurde der psychologische und neurophysiologische Zustand von Heilern untersucht, um auf ihren jeweiligen Bewußtseinszustand schließen zu können. Der neurophysiologische Ansatz wurde ausgiebig von Cade und Blundell in England angewandt; sie verwendeten ein speziell zu diesem Zweck abgeändertes EEG, den sogenannten ›Geistesspiegel‹ (Mind Mirror), auf welchem die relativen Beta-, Alpha-, Theta- und Delta-Frequenzen jeder Gehirnseite sichtbar waren.[103] Unterschiedliche Bewußtseinszustände wurden durch entsprechende Gehirnwellenmuster charakterisiert. Es gab zwar kein universelles Muster für den ›heilenden Bewußtseinszustand‹, dafür stellte sich heraus, daß der ›Patient‹ das Gehirnwellenmuster des Heilers übernehmen konnte, und zwar vermutlich zum Zeitpunkt des Energieaustausches.

In anderen Versuchen wurde ein normales EEG verwendet, und man stellte fest, daß der Heilzustand sich in seinen Gehirnwellenmustern sehr wohl von anderen alternativen Bewußtseinszuständen, wie zum Beispiel Schlaf oder Hynose, unterschied.[104] Auch die bis jetzt festgestellten Ergebnisse mit Laskow mittels eines normalen EEG am Biofeedback Institute in Cotati, Kalifornien, weisen in die gleiche Richtung.

Krippner[105] und Cooperstein[106] gingen den psychologischen Weg, um den Bewußtseinszustand von Heilern charakterisieren zu können. Sie definierten mit Hilfe von speziellen Tests mehrere psychologische Charakterzüge, die den unterschiedlichen Heilertypen zugeschrieben werden, zum Beispiel: magnetisch, spirituell, energetisch etc.

Nur wenige Studien haben den biologischen und den psychologischen Ansatz miteinander verbunden. Bill Sweet und Gladys Myers aus der Spindrift-Gruppe stellten zwischen zwei unterschiedlichen heilenden Bewußtseinszuständen Vergleiche an – dem zielgerichteten und dem qualitativen.[107] Da beim – wie sie es nannten – qualitativen Heilen der eigene Wille dem Willen Gottes untergeordnet wird, gibt es im Unterschied zum zielgerichteten Heilen keine fokussierte Intention. Diese unterschiedlichen Bewußtseinszustände führten auch zu unterschiedlichen biologischen Auswirkungen beim Wachstum von Hefe und Samen. Sweet und Myers schließen daraus, daß qualitatives Heilen effektiver ist, wenngleich diese Interpretation wahrscheinlich vom jeweiligen biologischen Endpunkt abhängt, denn wir kamen bei unseren – im folgenden dargestellten – Versuchen mit Tumorzellen nicht zu diesem Ergebnis.

Eine andere Versuchsreihe von Beverly Rubik[108] untersuchte den Zusammenhang zwischen biologischer Reaktion und unterschiedlichen heilenden Bewußtseinszuständen. Bei diesen Experimenten wurden unterschiedliche biologische Endpunkte verwendet, um herauszufinden, ob Leonard Laskow eine Bakterienzellenkultur vor der hemmenden Wirkung eines Antibiotikums (Ampicillin) schützen konnte. Laskow war dabei durch einen unterschiedlichen Bewußtseinsfokus in der Lage, die Bakterien zum einen vor der tödlichen Wirkung des Antibiotikums zu schützen oder – ohne Antibiotikum – ihr Wachstum je nach Intention hemmen.

Heilexperimente mit Laskow

1. Versuchsprotokoll

Welche Rolle spielt nun das Bewußtsein im holoenergetischen Heilungsprozeß? Wie hängen unterschiedliche mentale Inhalte (Bilder, Intentionen und Gedanken) mit biologischen Veränderungen in Gewebekulturen zusammen? Diese Fragen standen nun im Mittelpunkt des Interesses. Um die Hypothese zu beweisen, daß Heileffekte zielspezifisch sind, wurde ein neuer biologischer Endpunkt gewählt. Tumorwachstum in Zellkulturen eignete sich gut, da es mit Hilfe modernster biochemischer Techniken quantitativ meßbar und klinisch von großer Bedeutung ist. Es wurde unter anderem die DNS-Synthese durch den Einbau von radioaktivem Thymidin gemessen. Dann wurde die Wachstumsrate der Zellen in Abhängigkeit von der Gesamtzahl der Zellen, die im Hämozytometer gezählt wurden, erfaßt.

Laskow brachte sich in einen besonderen Bewußtseinszustand und konzentrierte sich geistig und energetisch auf drei Petri-Schalen in seiner Hand. Eine andere, nicht heilende Person hielt gleichzeitig im angrenzenden Raum entsprechende Zellen aus der gleichen Stammkultur. Diese Person las dabei ein Buch, um die Interaktion von Bewußtsein und Zellen auf ein Minimum zu reduzieren. Beide Reagenzgläser ($n = 6$) wurden daraufhin zur Gewebekulturhaube zurückgebracht, blind etikettiert und durcheinandergemischt. Der Autor des vorliegenden Artikels kennzeichnete dann die Zellen mit radioaktivem Thymidin und maß nach 24 Stunden die Zellvermehrung. Genau die gleiche Versuchsanordnung wurde in einem Parallelversuch mit destilliertem Wasser in einem verschlossenen Plastikröhrchen verwendet. Dieses Wasser und Kontrollwasser wurden dann zu einem Standardmedium für Gewebekulturen verarbeitet, das den Zellen zu Beginn der 24-Stunden-Periode zugefügt wurde.

2. Heilende Bewußtseinszustände

Laskow untersuchte fünf unterschiedliche mentale Intentionen, die zum Teil integraler Bestandteil des holoenergetischen Heilungsprozesses sind. Seiner Beschreibung zufolge war er die ganze Zeit in einem Zustand der Liebe, durch den er mit den Tumorzellen resonieren konnte. Die Technik hierzu ist eine Meditationsform, die willentliches Fokussieren und Sammeln von Energie möglich macht. Laskow bezeichnet diese Intentionen als unterschiedliche Bewußtseinsinhalte. Er unterscheidet zwischen: 1. dem Zurückkehren zur natürlichen Ordnung und Harmonie, also der normalen Zellwachstumsrate; 2. dem Kreisenlassen von Energie im Kleinen Energiekreislauf; 3. dem Zulassen, daß Gottes Wille durch seine Hände fließt; 4. bedingungsloser Liebe und 5. Dematerialisation.

Laskow beschreibt den psychoenergetischen Bewußtseinszustand folgendermaßen:

»Mit Hilfe der Ausgleichsatmung, die meine beiden Gehirnhälften ausbalancierte und in harmonische Verbindung brachte, wechselte ich in einen ›transpersonalen Heilungszustand‹ über. Darauf folgten die Techniken zum Verbinden, Zentrieren und Energetisieren. Ich erreichte dadurch einen Zustand der Liebe, durch den mein Geist mit den Tumorzellen resonieren konnte, als ich mich auf sie konzentrierte. In diesem transpersonalen Zustand der Liebe änderte ich den Inhalt meines Bewußtseins, um speziell die unterschiedlichen Einflüsse mentaler Inhalte auf Tumorzellenwachstum auswerten zu können. Dabei handelte es sich um fünf unterschiedliche Intentionen; bei jeder mentalen Intention hielt ich Petri-Schalen mit Tumorzellen in den Händen.

Wir wollten die Intentionen variieren. Meine erste Intention war die fokussierte Instruktion, daß die Tumorzellen zur natürlichen Ordnung und Harmonie, also zu einer normalen Wachstumsrate zurückfinden sollten, anstatt weiter die hohe Wachstumsrate von Tumorzellen zu haben. Eine andere Intention bestand darin, ›Gottes Willen durch meine Hände fließen zu lassen‹, also keine spezifischen Anweisungen zu geben. Mit der Intention der bedingungslosen Liebe dagegen war überhaupt keine bestimmte Richtung verbunden. Bei der Heilarbeit wechsle ich in einen transpersonalen Zustand bedingungsloser Liebe; in diesem Zustand gebe ich der Energie keine bestimmte Richtung.

Für die Dematerialisation verwendete ich zwei Formen, das Dematerialisieren ins Licht sowie in das Nichts. Ich wollte herausfinden, ob die Zellen dem ›Unbekannten‹ Widerstand entgegensetzten oder ob es vielleicht besser ist, sie ins Licht zu führen. Dies ist wichtig für Menschen, die Heilarbeit leisten, und zwar in bezug auf die Richtung, die sie Tumorzellen und anderen aufzulösenden Energieformen geben. Ist es einfacher, ihnen eine Richtung zu geben oder sie in ihr Potential freizusetzen, dies jedoch ohne Licht?«

3. Versuchsergebnisse bei Tumorzellen

Es zeigte sich, daß die unterschiedlichen Bewußtseinsinhalte sich in ihrer biologischen Reaktion unterschieden. Dabei wirkten sich die Intentionen nur zum Teil wachstumshemmend aus. Am effektivsten war die Intention ›zur natürlichen Ordnung und Harmonie zurückzukehren‹ (Wachstumshemmung um 39 Prozent). Das Wirkenlassen von Gottes Wille war nur halb so effektiv (21 Prozent). Die Intention der bedingungslosen Liebe wirkte sich weder hemmend noch steigernd auf die Wachstumsrate aus; sie war eher neutral und schien auf eine Akzeptanz der gegenwärtigen Umstände hinzuweisen. Für Heiler sind diese Ergebnisse sehr wichtig, denn sie lassen darauf schließen, daß bestimmte heilende Bewußtseinszustände effektiver sind als andere. Wie bereits erwähnt, ist jedoch nicht bekannt, inwieweit diese Auswirkungen zielspezifisch sind. Ein anderer biologischer Endpunkt hätte vielleicht zu anderen Ergebnissen geführt. So war die Behandlung von Wasser mit dem Kleinen Energiekreislauf (41 Prozent Hemmung) genauso erfolgreich wie das Zurückkehren zur natürlichen Ordnung, obwohl bei der direkten Behandlung von Tumorzellen sehr unterschiedliche Ergebnisse festzustellen waren. Auf der anderen Seite könnten für einen anderen Heiler die Inhalte und Bewußtseinszustände Laskows nicht so optimal, die Ergebnisse also heiler-spezifisch sein. Solche Fragen können allerdings mit weiteren Studien und dem gleichen Versuchsaufbau durchaus geklärt werden. So werden andere Studien unterschiedliche Bewußtseinszustände bei unterschiedlichen biologischen Endpunkten vergleichen.

4. Die Rolle von Gedanken, Bildern und Intentionen

Mit der nächsten Versuchsreihe sollte der spezielle Bewußtseinsinhalt zur Bestimmung der Rolle von nichtfokussierten Gedanken, Bildern und Intentionen genauer definiert werden. In einem vorgegebenen Bewußtseinszustand wurden diese Inhalte verändert und die Wirkung auf die Wachstumsrate von Tumorzellen untersucht. Dabei stellte sich heraus, daß veränderte Intentionen und Bilder, die mit dem Heilungsprozeß in Verbindung standen, eine andere biologische Wirkung zeigten, nichtfokussierte Gedanken dagegen nicht. Wenn Laskow im Bewußtseinszustand des Kleinen Energiekreislaufes war und mental nur noch drei Zellen in den Reagenzgläsern visualisierte, verminderte sich das Zellwachstum um 18 Prozent. Wenn er dagegen mental nur eine Zelle imaginierte, wo im Glas viel mehr Zellen visualisiert worden waren, erhöhte sich die Wachstumsrate um 15 Prozent. Diese Ergebnisse sind bemerkenswert, da sie darauf hinweisen, daß durch geänderte mentale Bilder nicht nur unterschiedliche biologische Reaktionen ausgelöst wurden, sondern der biologische Prozeß des Zellwachstums sogar umgekehrt werden konnte.

Als nächstes wurde die Heilwirkung von Intentionen – als fokussierter, geplanter Wille – untersucht. Die Zellen wurden willentlich instruiert, zu ihrer normalen Ordnung und Wachstumsrate zurückzukehren, ohne jedoch dabei zu visualisieren, um Bilder und Intentionen nicht zu vermischen. Ähnlich wie im vorigen Experiment wurde vom Bewußtseinszustand des Kleinen Energiekreislaufes ausgegangen. Fokussierte Intention mit der Absicht, die Zellen zu ihrer natürlichen Ordnung und einer normalen Wachstumsrate zurückzubringen, hatte in etwa die gleiche Hemmwirkung (20 Prozent) wie Visualisierung.

Durch Visualisierung und Intention zusammen verdoppelte sich der Wachstumsrückgang auf 40 Prozent, was darauf schließen läßt, daß sowohl Intention als auch Visualisierung in gleichem Maße eine psychoenergetische Wachstumshemmung bei Tumorzellkulturen bewirken.

5. Versuchsergebnisse bei Wasser

Vorangegangene Studien hatten ergeben, daß Heiler auf die physikalischen und chemischen Eigenschaften von Wasser[109] einwirken konnten und dieses energetisch geladene Wasser wiederum biologische Systeme beeinflußte[110]; nun sollten diese Versuche mit der beschriebenen Anordnung ausgedehnt werden. Vor allem war es interessant zu erfahren, ob die energetischen Informationsmuster, die unterschiedlichen Bewußtseinszuständen und -inhalten zugeordnet wurden, Unterschiede aufwiesen und ob diese Muster auf Wasser übertragen werden konnten. Wenn die energetischen Muster im Wasser durch unterschiedliche biologische Reaktionen bestimmt werden konnten, bedeutete dies, daß spezielle Spektralmuster unterschiedlichen Bewußtseinszuständen und -inhalten entsprachen. Die logische Grundlage dieser Hypothese beruht auf der Fähigkeit von Heilern, die Spektralmuster von Wasser zu verändern.[111] Bereits in anderen Versuchen hatte Laskow gezeigt, daß er die Raman-Spektren von Wasser, welches er holoenergetisch geladen hatte, unspezifisch abändern konnte.[112] Wir wollten nun herausfinden, ob ein veränderter Bewußtseinsinhalt und -zustand sich hemmend auf das Tumorwachstum auswirken konnte, wenn Wasser psychoenergetisch behandelt und dann als Wachstumsmedium verwendet wurde.

Alle Ergebnisse weisen darauf hin, daß Wasser tatsächlich die mit unterschiedlichen Bewußtseinsinhalten verbundenen Informationen speichern und übertragen kann. Wasser, das mit der Intention, zu der natürlichen Ordnung und Harmonie zurückzukehren, behandelt wurde, bewirkte eine 28prozentige Wachstumshemmung, was der direkten Behandlung ziemlich nahekommt. Die große Überraschung zeigte sich bei zwei Intentionen, die bei direkter Behandlung nicht effektiv waren, bei der Übertragung durch Wasser jedoch sehr wohl Wirkung zeigten. Bedingungslose Liebe hemmte das Wachstum um 21 Prozent, die Dematerialisations-Intention um 27 Prozent. Dies zeigt, daß die Wirksamkeit unterschiedlicher fokussierter Bewußtseinsinhalte vom Ziel abhängt; Wasser ist dabei wohl ein eher universelles Ziel. Es ist gut möglich, daß reines Wasser bestimmte Energieformen und Informationen besser aufgreifen kann als Zellen. In anderen Situationen, unter anderen energetischen Bedingungen, kann Wasser Informationen vielleicht nicht speichern und freisetzen. Praktisch heißt das, daß Heiler ihren Patienten vorher behandeltes ›Heil‹-Wasser zu trinken geben können, eine Vorgehensweise, auf der auch das Segnen von Nahrung und Wein beruht.

Zusammengefaßt läßt sich also folgendes feststellen:

1. Nicht-Hertzsche Felder können sich tatsächlich auf biologische Systeme auswirken, unabhängig von den Überzeugungen des einzelnen.
2. Wasser ist ein Schlüsselmedium bei dieser Reaktion.
3. Diese Interaktion unterscheidet sich sowohl qualitativ als auch quantitativ von der Reaktion auf EM-Felder. Wenn EM-Felder tatsächlich nur Derivate Nicht-Herztscher Felder sind und letztere mit Materie auf der Kernebene (statt mit den Elektronen auf der Schale) interagieren, können Nicht-Hertzsche Felder biologische Systeme auf einer sehr tiefen Ebene beeinflussen und sollten in der Energiemedizin der Zukunft eine Schlüsselrolle spielen.

6. Magnetfeld-Emission von Laskows Händen

Die beschriebenen Versuchsergebnisse zeigen, daß energetische Informationsmuster, die bestimmten Intentionen und Bildern zugeordnet sind, sich in unserer vierdimensionalen Realität als biologisch erkennbare Veränderungen in Wasser manifestieren können. In anderen Studien manifestierten sich energetische Muster als Gehirnwellenspektren im Heilungszustand[113] und als spektrographische Veränderungen in Wasser[114], das psychoenergetisch aufgeladen worden war. Um die Zusammenhänge zwischen energetischen Mustern und unterschiedlichen Bewußtseinszuständen und -inhalten, die mit dem holoenergetischen Heilen verbunden sind, noch weiter zu erforschen, wurden nun die temporären Muster der Magnetfelder gemessen, welche von Laskows Händen ausgingen.

Die Magnetfelder wurden mit Hilfe eines Saturationskernmagnetometers gemessen. Laskow umfaßte diese elektromagnetische Sonde, ohne sie dabei direkt zu berühren. Die Magnetfeldmuster wurden graphisch dargestellt. Nicht-Heiler waren nicht in der Lage, das Magnetometer zu beeinflussen. Beim Berühren oder Bewegen der Sonde entstanden charakteristische, scharfe Muster, die sich deutlich von energetischen Mustern unterschieden.

Ein wesentlicher Teil des holoenergetischen Heilungsprozesses ist die (energetische) Öffnung des Scheitelchakras am Anfang. Das Magnetmuster, das beim Öffnen von Laskows Scheitelchakra entstand, wurde aufgezeichnet und unterschied sich deutlich von anderen aufgezeichneten Mustern; es hatte einen sehr scharfen Anfang, eine genauso scharfe Auflösung und dauerte nur acht Sekunden. Es war also sehr kurzlebig und veränderte das Magnetfeldmuster nur in dieser kurzen Lebensdauer. Auch die schnelle Rückkehr zur normalen Ausgangsbasis war für andere Bewußtseinszustände nicht unbedingt charakteristisch.

Bei einigen Aufzeichnungen ging das Magnetmuster um Laskows Hände interessanterweise nach unten, was auf ein Nachlassen der Magnetfeldstärke hinweist. Dies könnte darauf zurückzuführen sein, daß Laskows Hände ein Nicht-Hertzsches Feld erzeugten, das das Magnetfeld im Hintergrund teilweise aufhob und verminderte.

Da wir beobachtet hatten, daß nicht alle Bewußtseinsinhalte bzw. -zustände Magnetfelder erzeugten, verglichen wir die Muster von zwei Zuständen mit unterschiedlichen biologischen Reaktionen, wie sie beim Experiment mit Tumorzellen gemessen worden waren. Es wurden also zwei Magnetmuster miteinander verglichen: dasjenige, als Laskow im Zustand der bedingungslosen Liebe war, und jenes bei der Intention der natürlichen Ordnung. Und die Magnetmuster wiesen tatsächlich Unterschiede auf. Verglichen mit dem starken Effekt bei der Intention der natürlichen Ordnung erzeugte der Zustand der bedingungslosen Liebe nur ein schwaches, unspezifisches Muster. Noch wichtiger ist jedoch, daß es einen Zusammenhang zwischen Magnetmuster und der biologischen Auswirkung des jeweiligen Bewußtseinszustandes gibt, denn auch die biologische Reaktion auf den Zustand der bedingungslosen Liebe war nur schwach. Dies könnte auf fehlende spezifische Bilder oder Intentionen (kritische Bewußtseinsinhalte, wie oben beschrieben) zurückzuführen sein, denn der Zustand der bedingungslosen Liebe ist eher ein universeller Träger von feinstofflicher energetischer Information. Der Träger an sich scheint ohne Modulation die Tumorzellen nicht zu beeinflussen, fast als bestünde eine Art bedingungsloser Akzeptanz der jeweiligen Situation.

Die Muster waren dann am konstantesten, wenn Laskow die unterschiedlichen Bewußtseinszustände und -inhalte spontan erzeugen konnte und nicht eine bestimmte Reihenfolge einhalten mußte. Eines der interessantesten Muster entstand, als Laskow innerlich darum bat, daß der Geist ihn durchströmen und sich der Wissenschaft als charakteristische Signatur zeigen möge. Die daraus entstandene Aufzeichnung stellte ein einzigartiges und völlig anderes Muster dar, mit scharfen, häufigen Spitzen in negativer Richtung.

7. Modulation von Laskows Magnetfeld mit Nicht-Hertzscher Energie

Da es zur Zeit noch nicht möglich ist, die feinstoffliche Energie, die der Körper während einer psychoenergetischen Heilbehandlung aussendet, zu messen, kann die Hypothese, daß diese Energie Nicht-Hertzscher Natur ist, nur schwer bewiesen werden. Magnetfeldemissionsmuster stellen anscheinend eine meßbare Manifestation psychoenergetischer Heilenergie dar; wir postulierten nun, daß Nicht-Hertzsche Felder diese Magnetmuster modulieren könnten. Dies ist ein völlig neuartiger experimenteller Ansatz. Die Hypothese sollte mit Hilfe des skalaren Schutzschildes getestet werden. Es wurde während einer Versuchssitzung in Laskows Energiefeld gestellt. Die so gewonnenen Aufzeichnungen zeigen, daß vor Hinzunahme der Abschirmung das Magnetmuster konsistent war und viele scharfe, kleine positive Spitzen aufwies. Nach Hinzunahme des Schutzschildes änderte sich das Magnetmuster erheblich. Es hatte eine qualitativ ähnliche Form, die Gesamtmagnitude erhöhte sich jedoch allmählich. Daraus läßt sich schließen, daß während einer holoenergetischen Heilbehandlung das Magnetfeld von Laksows Händen durch Nicht-Hertzsche Quantenfelder verstärkt wird.

Die Natur der Heilungsenergie

Die hier vorgelegten Daten unterstützen die Hypothese, daß Nicht-Hertzsche Felder ein Medium für bestimmte Aspekte des psychoenergetischen Heilens sind, nämlich 1. für die Fähigkeit von Wasser, feinstoffliche Informationen eines Heilers oder eines Nicht-Hertzschen Feldes lange Zeit zu speichern; 2. diese Informationen auf biologische Systeme zu übertragen und 3. die Fähigkeit Nicht-Hertzscher Energie, die magnetischen Strahlungen eines Heilers zu modulieren. Nimmt man noch Puharichs Bericht hinzu, daß die Manifestation Nicht-Hertzscher Energie eines Heilers meßbar ist und nicht von Entfernungen abhängt[115], ist die logische Schlußfolgerung, daß neben herkömmlichen EM-Feldern noch andere Energien beteiligt sind. Es ist nicht bekannt, wie EM-Felder, das Medium für ›magnetisches Heilen‹, und Nicht-Hertzsche Felder in den Heilungsprozeß eingreifen. Möglicherweise sind EM-Felder das Trägermedium für die feinstofflichen Informationen der nicht-Hertzschen Energie.

Aktion über Entfernung ist in der Quantenphysik nichts Neues und könnte das Phänomen der Fernheilung erklären. Bells Theorem von der Nichtlokalität ist ein Ansatz hierzu.[116] Nichtlokalität ist eines der Schlüsselkonzepte der Quantenmechanik und beruht darauf, daß alle Materie im Universum durch nicht-lokale Kräfte (und auch durch lokale Kräfte wie die Schwerkraft, die Kern- und die elektromagnetische Energie) in Verbindung steht. Die Natur dieser nicht-lokalen Kräfte ist bis heute ein Rätsel.

Bohms Theorie von der impliziten/expliziten Ordnung ist einer der wichtigsten Ansätze der Quantenphysik, um eine Erklärung für den Energietyp zu finden, der Aktion auf Entfernung ermöglicht.[117] Bohm postuliert, daß unsere normale vierdimensionale explizite Realität innerhalb einer subtileren impliziten Ordnung existiert. Da diese implizite Ordnung sich als explizite Ordnung manifestieren oder aktualisieren kann, ist sie eine potentielle, nicht manifeste Energie. Bohm bezieht sich auf die Quantenfeldtheorie, wenn er diese Energie als das Quantenpotential definiert; er bewies mathematisch, daß herkömmliche EM-Felder sich aus dem zugrundeliegenden Quantenpotenital manifestieren.[118] Das Quantenpotential bringt also Materie über das EM-Feld in Form (manifestiert sie).

In jüngerer Zeit wurde Bohms Theorie noch durch das Konzept des Superquantenpotentials hinter dem Quantenpotential erweitert.[119] Das vierdimensionale Quantenpotential ist also eine Manifestation des noch feinstofflicheren Superquantenpotentials. Das Superquantenpotential und die ›aktive Information‹ in ihm beziehen sich auf eine feinstoffliche, höherdimensionale Ordnung. Auf diese Weise kann Information von der subtilen, höherdimensionalen Superquantenebene in die gewöhnliche Materie des vierdimensionalen Raum/Zeit-Gefüges übertragen werden. Das Quantenfeld, das dem Superquantenpotential zugeordnet wird, ist wahrscheinlich analog, wenn nicht sogar identisch mit dem beschriebenen Nicht-Hertzschen Feld. Das Reich des Superquantenpotentials ist vermutlich auch die Quelle der Nullpunktenergie. Bohms Theorie geht weiterhin von einem aller Materie gemeinsamen ›Informationspool‹ aus und erklärt damit nicht-lokale Aktion über eine Distanz und die Verbundenheit aller Materie im Kosmos.

Bohm hat inzwischen das Konzept der impliziten Ordnung auf den Bereich des Geistes ausgedehnt, wo das Auf und Ab der Gedanken der impliziten Ordnung analog ist.[120] Nach Bohm liefert das Superquantenpotential die feinstoffliche Information hinter Gedanken. Aktive Information auf der Ebene des Superquantenpotentials wird als Brücke zwischen Geist und Körper betrachtet.

Die Heiltheorie vom holoenergetischen Quantenbewußtsein

Die Theorie vom holoenergetischen Quantenbewußtsein weitet Bohms Theorie aus und schließt Interaktionen zwischen dem Geist des Heilers und des Patienten ein. Gemäß dieser Theorie sind Bewußtseinsinhalte mit Ausnahme nicht fokussierter Gedanken, also Intentionen und Bilder, entscheidende Bestandteile des psychoenergetischen Heilens. Die holoenergetische Theorie nimmt auch Bezug auf Beardens Konzept des Biopotentials[121] als biologische Entsprechung des Quantenpotentials. Das sogenannte holoenergetische Feld des Heilers wird aktiviert und kann seine feinstofflichen Informationsmuster über Nicht-Hertzsche Felder auf den Patienten übertragen. Sobald der Patient die Information empfangen hat, wird sein holoenergetisches Feld aktiviert und körpereigene Heilmechanismen ausgelöst.

Das holoenergetische Feld ist ein feinstofflicher energetischer Aspekt des Geistes, der über das Biopotential Bewußtsein und Geist mit dem Körper verbindet. Es bezieht also Informationen aus 1. Gedanken, Bildern und Intentionen aus dem Geist, 2. dem Bewußtsein über die spirituelle Welt und 3. dem Bewußtsein über die biologische Welt. Diese feinstofflichen Energiemuster im holoenergetischen Feld einer Person können harmonisch oder disharmonisch sein. Das Erkennen, Verstehen,

Loslassen und Umformen disharmonischer Muster ist ein wesentlicher Teil des holoenergetischen Heilungsprozesses.

Nachdem feinstoffliche energetische Informationsmuster im Geist über das holoenergetische Feld auf das Biopotential übertragen wurden, wird die Information über herkömmliche EM-Felder an das Gehirn/den Körper weitergeleitet. Dabei arbeiten der Geist und das holoenergetische Feld auf den höherdimensionalen Ebenen des Superquantenpotentials, das Biopotential und der Körper dagegen auf der normalen vierdimensionalen Ebene. Dieser Prozeß, der Körper und Geist verbindet, ist der körpereigene Heilmechanismus. Ausgelöst wird er durch Aktivierung des holoenergetischen Feldes.

So kann das holoenergetische Feld des Patienten beispielsweise durch Informationen aus dem holoenergetischen Feld des Heilers aktiviert werden. Wird das Feld des Heilers wiederum vom Geist aktiviert, wird die heilende Information mit der liebenden Intention des Heilers über die Ebene des Superquantenpotentials auf den Patienten übertragen. Heilung kann auch auf der Quantenpotentialebene stattfinden (über das Biopotential) oder durch direkte Interaktion mit dem physischen/chemischen Körper. Auf welcher Ebene geheilt wird, hängt vom Heiler und der Behandlungsmethode ab. Auch Selbstheilung kann so induziert werden.

Die Theorie des holoenergetischen Quantenbewußtseins wird durch die in diesem Artikel vorgestellten Daten untermauert. Sie haben gezeigt, daß feinstoffliche Energiemuster des Geistes, die verschiedenen Bewußtseinszuständen und -inhalten entsprechen, mit dem Magnetometer gemessen und durch Nicht-Hertzsche Quantenfelder verändert werden können. Die Tatsache, daß Nicht-Hertzsche Felder sich direkt auf der Körper/Geist-Ebene auswirken, weist ihnen eine Schlüsselrolle im psychoenergetischen Heilen zu. Zur Zeit ist der genaue Aktionsmechanimus Nicht-Hertzscher Felder noch unbekannt, doch die holoenergetische Theorie geht davon aus, daß sie das holoenergetische Feld des Heilers aktivieren und damit die Übertragung feinstofflicher Information vom Heiler und aus höheren Bereichen ermöglichen. Ein besseres Verständnis und Anwenden dieser feinstofflichen höherdimensionalen Energie könnte also die Heilkunde bereichern und dem Wohle der Menschheit dienen.

Anmerkungen

1 R.O. Becker und A.A. Marino, *Electromagnetism and Life* (New York: State University Press, 1982).

2 D.T. Barry, »Muscle Sounds from Evoked Twitches in the Hand«, in: *Arch. Phys. Med. Rehabil.* 72 (1991): 573.

3 R.P. Feyman, »Space-time Approach to Quantum Electrodynamics«, in: *Phys. Rev.* 76 (1949): 769.

4 D. Bohm, »A Suggested Interpretation of Quantum Theory in Terms of Hidden Variables«, in: *Phys. Rev.* 85 (1952): 166.

5 D. Bohm, »Toward a New Theory of the Relationship of Mind and Matter«, in: *Frontier Perspectives* 1 (1990): 9.
6 T.E. Bearden, »Comments on the New Tesla Electromagnetics: Discrepancies in Present EM Theory«, in: *Planet. Assoc. Clean Energy Newsletter* 3 (1982): 10.
7 R.O. Becker, »The Basic Biological Data Transmission and Control System Influenced by Electrical Forces«, in: *Ann. N. Y. Acad. Sci.* 238 (1974): 236.
8 R. Ader, Hrsg., *Psychoneuroimmunology* (New York: Academic Press, 1981).
9 B.E.W. Nordenstrom, »Biokinetic Impacts on Structure and Imaging of the Lung: The Concept of Biologically Closed Electric Circuits«, in: *AJR* 145 (1985): 447.
10 G. Rein, »Bioelectromagnetism and Psychic Healing«, in: *Light* 103 (1983): 116.
11 P.E. Tyler, Hrsg., »Biological Effects of Non-Ionizing Radiation«, in: *Ann. N.Y. Acad. Sci.* 247 (1975).
12 H. Frohlich, »Long Range Coherence and Energy Storage in Biological Systems«, in: *Int. J. Quantum Chem.* 2 (1968): 641.
13 A.R. Liboff, »Geomagnetic Cyclotron Resonance in Living Cells«, in: *J. Biol. Phys.* 13 (1985): 99.
14 W.R. Adey und A.F. Lawrence, *Nonlinear Electrodynamics in Biological Systems* (New York: Plenum Press, 1984).
15 J.E. Treherne, W.A. Foster, et al., »Cellular Oscillators«, in: *J. Exper. Biol.* 81 (1979).
16 A.F. Lawrence und W.R. Adey, »Nonlinear Wave Mechanisms in Interactions Between Excitable Tissue and Electromagnetic Fields«, in: *Neurol. Res.* 4 (1982): 115.
17 F.E. Yates, »Physical Causality and Brain Theories«, in: *Am. J. Physiol.* 238 (1980): 277–290.
18 S. Olariu und I. Pepescu, »The Quantum Effect of Electromagnetic Fluxes«, in: *Rev. Modern Phys.* 57 (1985): 339.
19 Y. Aharonov und D. Baphm, »Significance of Electromagnetic Potentials in Quantum Theory«, in: *Physics Rev.* 115 (1959): 485.
20 R. Chambers, »Shift of an Electron Interference Pattern by Enclosed Magnetic Flux«, in: *Phys. Rev. Lett.* 5 (1960): 3.
21 J.C. Maxwell, *A Treatise on Electricity and Magnetism*, Band 1 (New York: Dover Publications, 1954), S. 54.
22 M. Planck; *The Mechanics of Deformable Bodies* (London: MacMillan & Co. 1932).
23 T.H. Boyer, *Phys. Rev. D.* 13 (1976): 2832.
24 H. Everett, *The Many World Interpretation of Quantum Mechanics: A Fundamental Exposition* (Princeton, NJ: Princeton Univ. Press, 1973).
25 S.M. Christensen, *Particles Do Not Exist, Quantum Theory of Gravity* (Oxford: Oxford Univ. Press, 1984).
26 M. King, *Tapping the Zero-Point Energy* (Provo, UT: Paraclette, 1990).
27 H.E. Puthoff, »Gravity as a Zero-Point-Fluctuation Force«, in: *Physics Rev.* A 39 (1989): 2333.
28 Vgl. E.T. Wittaker, *A History of the Theories of Aether and Electricity* (New York: Philosophical Library, 1954).

29 L. DeBroglie, *Nonlinear Wave Mechanics* (New York: Elsevier, 1960).
30 Vgl. Anm. 27.
31 Vgl. Anm. 26.
32 T.E. Bearden, *AIDS: Biological Warfare* (Greenville, TX: Tesla, 1988).
33 P.A.M. Dirac, »Quantum Theory of the Electron«, in: *Proc. Royal Soc. London* A117 (1928): 610.
34 Vgl. Anm. 32.
35 A Puharich, »A Unified Field Theory«, in: *14th USPA Conference on Bioenergy*, Dayton, OH, 1988.
36 Vgl. Anm. 3.
37 E.A. Byrd, persönliche Mitteilung.
38 E. DelGiudice, S. Doglia, etal., »Magnetic Flux Quantization and Josephson Behavior in Living Systems«, in: *Physica Scripta* 40 (1989): 786.
39 W.B. Smith, *The New Science* (Mississauga, Ontario: Fern-Graphic, 1964).
40 R.L. Abrams und R.C. Lind, »Degenerate Four-wave Mixing in Absorbing Media«, in: *Opt. Lett.* 2 (1978): 94.
41 D.M. Pepper, »Nonlinear Optical Phase Conjugation«, in: *Optical Engineer* 21 (1982): 155.
42 D.R. Wells, »Dynamic Stability of Closed Plasma Configurations«, in: *J. Plasma Phys.* 4 (1970): 654.
43 W.H. Bostick, »Experimental Study of Plasmoids«, in: *Phys. Rev.* 106 (1957): 404.
44 H. Aspden, »The Principles Underlying Regenerative Free Energy Technology«, in: *Proc. 26th Intersoc. Energy Convers. Engineer. Conf.*, Boston, MA, 1991.
45 N. Tesla, »Possibilities of Electro-static Generators«, in: *Scientific American* 150 (1934): 132.
46 Vgl. Anm. 44.
47 W.R. Adey, »Tissue Interactions with Non-Ionizing Electromagnetic Fields«, in: *Physiol. Rev.* 61 (1981): 435.
48 J. Bednar, *Internat. J. Radiation Biol.* 48 (1985): 147.
49 Vgl. Anm. 26.
50 Vgl. Anm. 16.
51 Vgl. Anm. 26.
52 A.R. Liboff in: *Interactions Between EM Fields and Cells,* hrsg. von A. Chiabrera et al. (New York: Plenum, 1986).
53 Vgl. Anm. 16.
54 S.W. Englander, N.R. Kallenbach, et al., *Proc. Natl. Acad. Sci.* 77 (1980): 7222.
55 R.S. Know, *Theory of Excitons, Solid State Physics* (New York: Academic Press, 1963).
56 G. Rein, »Psychoenergetic Mechanism for Healing with Subtle Energy«, in: *Mechanisms of Psychic Perception*, hrsg. von J. Millay und S.-P. Sirag.
57 E. DelGiudice, S. Doglia, et al., »A Quantum Fields Theoretical Approach to Collective Behavior of Biological Systems«, in: *Nucl. Phys.* B251 (1985): 375.
58 G. Merkl, »The Third Application of Scalar Technology – Part 2: The Genesis Factor«, in: *Extraord. Sci.* (Juli–Sept. 1990): 12.
59 Vgl. Anm. 38.

60 F.W. Cope, »On the Relativity and Uncertainty of EM Energy Measurement at a Superconductive Boundary«, in: *Physiol. Chem. Physics* 13 (1981): 231.
61 Vgl. Anm. 57.
62 H. Halken, *Synergetics* (New York: Springer Verlag, 1978).
63 Vgl. Anm. 26 und 42.
64 Vgl. Anm. 16.
65 Vgl. Anm. 32.
66 Vgl. Anm. 38 und 60. Des weiteren: M. Conrad, »Quantum Mechanics and Cellular Information Processing«, in: *Biomed. Biochim. Acta.* 49 (1990): 743.
67 G.D. Fullerton, V.A. Ord, et al.; »An Evaluation of the Hydration of Lysozyme by NMR«, in: *Biochem Biophys. Acta* 869 (1986): 230.
68 S. Das und G.S. Singhal, »Role of Interfacial Structured Water in Membranes«, in: *J. Membrane Biol.* 86 (1985): 221.
69 B. Ecanow, B. Gold, et al., »Structured Water in Biology: A Revolution in the Making«, in: *J. Pharm. Sci.* 65 (1976): iv.
70 A.W. Dawkins, N.R. Nightinglate, et al., »The Role of Water in Microwave Absorption by Biological Material«, in: *Phys. Med. Biol.* 24 (1979): 1168.
71 E.S. Ismailov, »Influence of Ultra-high Frequency EM Irradiation on Electrophoretic Mobility«, in: *Biofizika* 22 (1977): 493.
72 F.W. Cope, »Pathology of Structured Water and Associated Cation«, in: *Physiol. Chem. Phys.* 9 (1977): 547.
73 W. Drost-Hanson und J.S. Clegg, Hrsg., *Cell-Associated Water* (New York: Academic Press, 1979).
74 Vgl. Anm. 27.
75 Vgl. Anm. 35.
76 Vgl. Anm. 32.
77 Vgl. Anm. 32.
78 Vgl. Anm. 32.
79 A.A. Gurwitsch, »Die mitogenetische Strahlung der markhaltigen Nerven«, in: *Pflugers Arch. ges. Physiol.* 231 (1932): 234.
80 V.P. Kaznacheyev, L.P. Mikhailova, et al., »Distant Intercellular Interactions in a System of Two Tissue Cultures«, in: *Psychoenergetic Systems* 1:3 (März 1976).
81 F.A. Popp, et al., Hrsg., *Electromagnetic Bio-Information* (Baltimore: Urban & Schwarzenberg, 1979), S. 123.
82 R. Edward, M.C. Ibison, J.J. Kenyon und R.R. Taylor, »Measurements of Human Bioluminescence«, in: *Acupuncture & Electrotherap. Res. Internat. J.* 15 (1990): 85.
83 B.L. Reid, »On the Nature of Growth Based on Experiments Designed to Reveal a Structure for Laboratory Space«, in: *med. Hypoth.* 29 (1989): 127.
84 M.R. Rieviere, A. Priore, et al., »Action de Champs Electromagnetiques Sur les Greffes de la Tumeur TB«, in: *Compt. Rend. Acad. Sci.* 259 (1964): 4895.
85 Vgl. Anm. 44.
86 H.K. Puharich, »Method and Means for Shielding a Person from the Polluting Effects of ELF Magnetic Waves and Other Environmental Pollution«, US Patent Nr. 616-183, Juni 1984.

87 L.L. Green und G. Rein, »Synthesis, Storage and Release of Acetylcholine by a Noradrenergic Pheochromocytoma Cell Line«, in: *Nature* 268 (1977): 349.
88 R. Dixey und G. Rein, »Noradrenaline Release Potentiated in a Clonal Nerve Cell Line by Low-Intensity Pulsed Magnetic Fields«, in: *Nature* 296 (1982): 253.
89 G. Rein und K. Korins, et al., »Inhibition of Neurotransmitter Uptake in Neuronal Cells by Pulsed EM Fields«, in: *Proc. 9th Bioelectromeg. Soc.* (June 1987).
90 G. Rein, »Biological Interactions with Scalar Energy-Cellular Mechanisms of Action«, in: *Proc. 7th Internat. Axxoc. Psychotronics Res.* (1988).
91 G. Rein, »Effect of Non-Hertzian Scalar Waves on the Immune System«, in: *Jour. U.S. Psychotronics Axxoc.* 1:2 (Frühjar 1989): 15.
92 T.A. Gagnon und G. Rein, »The Biological Significance of Water Structured with Non-Hertzian Time-Reversed-Waves«, in: *Jour. U.S. Psychotronics Assoc.* 4 (Sommer 1990): 26.
93 P. Conti, G.E. Gigante, et al., »Reduced Mitogenic Stimulation of Human Lymphocytes by ELF Electromagnetic Fields«, in: *FEBS Letters* 162 (1983): 156.
94 Vgl. Anm. 92.
95 C.W. Smith und S. Best, *Electromagnetic Man* (London: J.M. Dent & Sons, Ltd., 1989).
96 N. Tesla, »Transmission of Energy Without Wires«, in: *Scientific Amer. Suppl.* 57 (1904): 23760.
97 Vgl. Anm. 38.
98 D.J. Benor, »Survey of Spiritual Healing Research«, in: *Complimentary Med. Res.* 4 (1990): 9.
99 G. Rein, »An Exosomatic Effect on Neurotransmitter Metabolism in Mice«, in: *Sec. Internat. S.P.R. Conf.*, Cambridge Univ., 1978.
100 G. Rein, »A Psychokinetic Effect on Neurotransmitter Metabolism: Alterations in the Degradative Enzyme MAO«, in: *Reserach in Parapsychology* (1986): 77.
101 Vgl. Anm. 88 und 89.
102 Vgl. Anm. 90.
103 M.C. Cade und N. Coxhead, *The Awakened Mind* (New York: Delacorte, 1979).
104 C.T. Tart, *Altered States of Consciousness* (New York: John Wiley & Sons, 1969).
105 S. Krippner und A. Villoldeo, *The Realms of Healing* (Millbrae, CA: Celestial Arts, 1976).
106 M.A. Cooperstein, »The Myths of Healing: A Descriptive Analsysis of Transpersonal Healing Experiences«, Doktorarbeit, Saybrook Institute, San Francisco, CA, 1990.
107 B. Sweet, »Spindrift and the Politics of Prayer«, in: *Spindrift's Occasional Newsletter* 4 (1991): 1.
108 E.A. Rauscher und B.A. Rubik, »Human Volitional Effects on a Model Bacterial System«, in Psi Res. 2 (1983): 38.
109 D. Dean und E. Brame, »Physical Changes in Water by Laying-on of Hands«, in: *Proc. 2nd Internat. Conf. Psychotronic Res.* (1975): 200.

110 G. Rein, »Psychobiological Mechanism for Subtle Energies«, in: *14th U.S. Psychotronics Assoc. Conf.*, Dayton, OH, 1988.
111 S.A. Schwartz, R.J. DeMattei, et al., »infrared Spectra Alteration in Water Proximate to the Palms of Therapeutic Practitioners«, in: *Subtle Energies* 1 (1991): 43.
112 W. Gough, »Joint U.S.-China Experiment on the Effect of External Qi on Molecular Structure Using Raman Spectroscopy«, unveröffentlichter Bericht.
113 Vgl. Anm. 103 und 104.
114 Vgl. Anm. 111.
115 A. Puharich, *ELF Magnetic Model of Matter and Mind*, Essentia Res. Assoc., Route 1, Box 545, Dobson, NC, 1987.
116 J.S. Bell, »On the Einstein Podolsky Rosen Paradox«, in: *Physics* 1 (1964): 195.
117 D. Bohm, *Wholeness and the Implicate Order* (London: Routledge & Kegan Paul, 1980).
118. Vgl. Anm. 4.
119 Vgl. Anm. 5.
120 Vgl. Anm. 5.
121 Vgl. Anm. 32.

B

E.A. Rauscher, Ph.D., und Beverly Rubik, Ph.D.: »Auswirkungen menschlichen Willens auf ein Modell-Bakteriensystem«*

In vier umfassenden Studien untersuchten wir, welche Feldwirkung menschliche Willensintention auf die Wachstumsbeschleunigung von Bakterien unter Gifteinwirkung hat. ST1- und ST171-Stämme von *Salmonella typhimurium* wurden unter sterilen Bedingungen den Antibiotika Tetrazyklin und Chloramphenicol ausgesetzt, die beide die Proteinsynthese beeinträchtigen. Das Wachstum wurde spektrophotometrisch gemessen. Mehrere Muster jeder Testbedingung wurden dann zwei Minuten lang der Willensintention von Heilern ausgesetzt, um herauszufinden, ob die Wirkung der wachstumshemmenden Substanzen reduziert werden konnte. Für alle Versuchsfälle gab es Kontrollen zum Vergleich, die auf umfassenden früheren Versuchen aufbauten.

Willensintention und ›Handauflegen‹ durch Olga Worrel minderte die Wirkung des Tetrazyklin. Im Vergleich zur Kontrollgruppe betrug der Maximalwert 121 Prozent höhere Überlebensergebnisse bei 1 Mikrogramm/Milliliter Tetrazyklin in 23 Stunden. Die Kulturen, die mit zehn Mikrogramm/Milliliter Tetrazyklin behandelt wurden, wiesen eine maximale Überlebensrate von 28 Prozent auf. Bei Verwendung von 100 Mikrogramm/Milliliter Chloramphenicol waren die Ergebnisse ähnlich.

Zum Vergleich wurde der Versuch auch mit einer Person durchgeführt, die die Kulturen nicht willentlich beeinflussen konnte; dies hatte keinerlei Auswirkung auf die Bakterien. Wir schließen daraus, daß sich bei Bakterienkulturen, die unterschiedlichen wachstumshemmenden Antibiotika in unterschiedlichen Dosen ausgesetzt werden, die Behandlung durch einen Heiler nachweislich auf die Wachstumsrate auswirkt.

* Auszug aus einem Artikel, der im März 1983 in *Psi Research* veröffentlich wurde (S. 38–47).

Literatur

Achterberg, Jeanne: Gedanken heilen. Die Kraft der Imagination. Grundlagen einer neuen Medizin. Rowohlt 1990.
Badgley, Lawrence E.: Healing Aids Naturally. Human Energy Press 1986.
Bailey, Alice: Eine Abhandlung über die Sieben Strahlen. Bd. 4: Esoterisches Heilen. EDIS 1988.
Becker, Robert O.: Der Funke des Lebens. Heilkraft und Gefahren der Elektrizität. Piper 1994.
Bennet, Hal/Samuels, Mike: The Well Body Look. Random House 1983.
Bentov, Itzhak: Stalking the Wild Pendulum. Destiny Books 1988.
Bird, Christopher: The Divining Hand. New Age Press 1979.
Bohm, David: Wholeness and the Implicate Order. Arkana 1980.
Bonewitz, Ra: Der Kosmos der Kristalle. Vom Umgang mit Mineralien, ihren Energien und Heilwirkungen. Kösel 1987.
Borysenko, Joan: Gesundheit ist erlernbar. Hilfe zur Selbsthilfe. Droemer Knaur 1991.
Bradshow, John: Wenn Scham krank macht. Ein Ratgeber zur Überwindung von Schamgefühlen. Droemer Knaur 1991.
Brennan, Barbara Ann: Licht-Arbeit. Das große Handbuch der Heilung mit körpereigenen Energiefeldern. Goldmann 1993 (Nachaufl.).
Brown, Molly: The Unfolding Self. Psychosynthesis Press 1983.
Campbell, Joseph: Die Kraft der Mythen. Bilder der Seele im Leben des Menschen. Artemis 1994.
Chopra, Deepak: Die heilende Kraft. Bastei-Lübbe 1992.
– Die Körperseele. Grundlage und praktische Übungen der Ayurveda-Medizin. Droemer Knaur 1993.
– Die unendliche Kraft in uns. Heyne 1994.
Dossey, Larry: Wahre Gesundheit finden. Krankheit und Schmerz aus ganzheitlicher Sicht. Droemer Knaur 1991.
Ferrucci, Piero: Werde was du bist. Selbstverwirklichung durch Psychosynthese. Rowohlt 1986.
Frankl, Viktor E.: Der Mensch vor der Frage nach dem Sinn. Piper 1993.
Gerber, Richard, M. D.: Vibrational Medicine. Bear 1988.
Gittleman, Ann Louise: Beyond Pritkin. Bantam 1988.
Godmann, David: Be As You Are: The Teachings of Sri Ramana Maharshi. Arkana 1985.
Green, Elmer/Green, Alyce: Beyond Biofeedback. Dell 1977.
Jahn, Robert G./Dunne, Brenda J.: Margins of Reality. Harcourt Brace Jovanowich 1987.
Joy, Brugh: Joy's Way. J. P. Tarcher 1978.

Justice, Blaire: Who Gets Sick? J. P. Tarcher 1988.
Kessel, Richard G./Kardon, Randy H.: Tissues & Organs: A Test-Atlas of Scanning Electron Microscopy. W. H. Freeman 1979.
Keyes, Ken Jr./Keyes, Penny: The Power of Unconditional Love. Loveline Books 1990.
Die *Lazaris*-Botschaft. Ein Geistwesen als Führer zum höheren Selbst. Goldmann 1991 (Neuaufl.).
LeShan, Lawrence: Diagnose Krebs. Wendepunkt und Neubeginn. Ein Handbuch für Menschen, die an Krebs leiden, für ihre Familien und für Ärzte und Therapeuten. Klett-Cotta ²1993.
– The Medium, the Mystic and the Physicist. Ballantine 1966.
– How to Meditate. Little Brown 1974.
Meek, George W.: Healers and the Healing Process. Quest 1977.
Metzner, Ralph: Die Brunnen der Erinnerung. Von den mythologischen Wurzeln unserer Kultur. Aurum 1994.
– Opening to the Light: Tarcher 1986.
– Sucht und Transzendenz. Die Grüne Kraft 1993.
Milewski, John/Harford, Virginia: The Crystal Sourcebook. Mystic Crystal Publications 1987.
Motoyama, Hiroshi: Theories of the Chakras. Quest 1981.
Nielsen, Greg/Polansky, Joseph: Die Magie des Pendels. Heyne 1990.
Nilsson, Lennart: Eine Reise in das Innere des Körpers. Das Abwehrsystem des menschlichen Organismus. Rasch und Röhring 1992.
Porter, Garrett/Norris, Patricia A.: Why Me? Harnessing the Healing Power of the Human Spirit. Stillpoint Publishing 1985.
Rendel, Peter: Einführung in die Chakras. Die sieben Energiezentren des Menschen. Sphinx 1993.
Roman, Sanaya/Packer, Duane: Opening to Channel. H. J. Kramer 1987.
Ross, T. Edward/ Wright, Richard D.: The Divining Mind. Destiny Books 1990.
Rossi, Ernest L.: Die Psychologie der Seele-Körper-Heilung. Neue Ansätze in der therapeutischen Hypnose. Synthesis 1991.
Rossman, Martin: Healing Yourself. Walker 1987.
Selby, Uma: The Complete Crystal Guidebook. U-Read Publications 1986.
Shealy, C. Norman/Myss, Caroline M.: Auch Du kannst Dich heilen. Emotionale, psychische und geistige Faktoren, die Gesundheit und Heilung fördern. Laredo 1994.
Siegel, Bernie S.: Love, Medicine and Miracles. Harper & Row 1986.
– Mit der Seele heilen. Gesundheit durch inneren Dialog. Econ 1991.
– Prognose Hoffnung. Heilerfolge aus der Praxis eines mutigen Arztes. Econ ³1994.
Simmons, Robert H.: Achieving Human Organization. D. Spencer 1981.
Simonton, O. Carl/Simonton, Stephanie Matthews/Creighton, James: Wieder gesund werden. Eine Anleitung der Selbstheilungskräfte für Krebspatienten und ihre Angehörigen. Rowohlt 1982.

Small, Jacquelyn: Transformers. DeVorss 1982.
Talbot, Michael: Das holographische Universum. Die Welt in neuer Dimension. Droemer Knaur 1994.
Tansley, David V.: Radionik. Energetische Diagnose & Behandlung. Synthesis 1989.
– Auren, Chakren und die Strahlen des Lebens. Synthesis 1994.
Thich, Nhat Hanh: Das Wunder der Achtsamkeit. Buddhas Lehre vom Leben im gegenwärtigen Augenblick. Theseus 1991,
– Mit dem Herzen verstehen. Kommentar zu dem Prajanaparamita Herz Sutra. Theseus [3]1993.
Vaughan, Frances E.: Intuitiver leben. Wie entwickle ich mein inneres Potential. Fischer 1991.
Weil, Andrew: Natürliche Gesundheit – natürliche Medizin. Econ 1993.
Westlake, Aubrey T.: Medizinische Neuorientierung. Vis medicatrix naturae. Von der Huna-Philosophie zu den Orgon-Experimenten. Origo o. J.
Wilber, Ken: Die drei Augen der Erkenntnis. Auf dem Weg zum neuen Weltbild. Kösel 1988.
Wolf, Fred A.: Körper, Geist und neue Physik. Eine Synthese der neuesten Erkenntnisse von Medizin und moderner Naturwissenschaft. Insel 1993.
Woolf, V. Vernon: Holodynamics: How to Develop and Manage Your Personal Power. Harbinger House 1990.
Young, Arthur M.: Which Way Out? Robert Briggs 1980.

Register